库萨哲学及其历史意义研究

A Study on Nicholas of Cusa's
Philosophy and Its Historical Significance

李 华 著

图书在版编目(CIP)数据

库萨哲学及其历史意义研究/李华著. —北京：北京大学出版社，2020.2
（国家社科基金后期资助项目）
ISBN 978-7-301-31160-8

Ⅰ.①库… Ⅱ.①李… Ⅲ.①尼古拉（库萨的）（Nich'olar cusanus 1401—1464）—哲学—研究 Ⅳ.①B503.921

中国版本图书馆 CIP 数据核字（2020）第 022642 号

书　　名	库萨哲学及其历史意义研究
	KUSA ZHEXUE JIQI LISHI YIYI YANJIU
著作责任者	李　华　著
责任编辑	田　炜
标准书号	ISBN 978-7-301-31160-8
出版发行	北京大学出版社
地　　址	北京市海淀区成府路 205 号　100871
网　　址	http://www.pup.cn　新浪微博：@北京大学出版社
电子信箱	pkuwsz@126.com
电　　话	邮购部 010-62752015　发行部 010-62750672
	编辑部 010-62752025
印刷者	北京鑫海金澳胶印有限公司
经销者	新华书店
	965 毫米×1300 毫米　16 开本　13.5 印张　235 千字
	2020 年 2 月第 1 版　2020 年 2 月第 1 次印刷
定　　价	48.00 元

未经许可，不得以任何方式复制或抄袭本书之部分或全部内容。
版权所有，侵权必究
举报电话：010-62752024　电子信箱：fd@pup.pku.edu.cn
图书如有印装质量问题，请与出版部联系，电话：010-62756370

国家社科基金后期资助项目
出版说明

　　后期资助项目是国家社科基金设立的一类重要项目,旨在鼓励广大社科研究者潜心治学,支持基础研究多出优秀成果。它是经过严格评审,从接近完成的科研成果中遴选立项的。为扩大后期资助项目的影响,更好地推动学术发展,促进成果转化,全国哲学社会科学工作办公室按照"统一设计、统一标识、统一版式、形成系列"的总体要求,组织出版国家社科基金后期资助项目成果。

全国哲学社会科学规划办公室

目 录

导 论 ··· 1
  一 问题的缘起 ·· 1
  二 内在性世界观与早期近代哲学 ································· 4
  三 近现代思想的统一性 ··· 7
  四 库萨的内在性思想 ·· 10

第一部分 库萨哲学前史研究

第一章 库萨的思想史任务 ·· 15
  第一节 库萨哲学的时代背景及其核心主题 ···················· 15
  第二节 前人研究综述 ·· 20
    一 19世纪下半叶库萨研究中的泛神论与一神论争论 ····· 20
    二 20世纪对库萨思想与近代思想之相关性的研究 ········ 23
    三 20世纪对库萨思想前史的探究 ···························· 27
    四 国内的库萨研究 ·· 30
  小 结 ·· 31

第二章 库萨哲学思想的渊源 ·· 33
  第一节 内在性思想与一-多关系问题 ····························· 33
  第二节 新柏拉图主义的"一的思想"
         ——以普罗丁为例 ·· 37
  第三节 托名狄奥尼修斯和埃克哈特大师 ······················· 41
    一 托名狄奥尼修斯 ·· 42
    二 埃克哈特大师 ··· 45
  第四节 库 萨 ·· 48

第二部分　库萨哲学的发展过程研究

第三章　库萨早期哲学思想
　　——论作为对立面的相合的上帝 …… 55
第一节　"有学识的无知"与"极大" …… 57
　　一　绝对极大 …… 60
　　二　限定的极大或宇宙 …… 65
第二节　对立面的相合 …… 70
　　一　作为认识的对立面的相合 …… 70
　　二　对立面的相合作为联结的力量 …… 74
　　三　指责与回应 …… 76
小　结 …… 78

第四章　库萨中期论无限精神与人类精神 …… 80
第一节　统一性思想：无限精神的内在性 …… 83
第二节　猜　想 …… 90
第三节　人是第二上帝 …… 96
小　结 …… 101

第五章　库萨晚期的存在论奠基与思想完成 …… 102
第一节　能-在思想的重要性 …… 103
第二节　问题的起源 …… 107
第三节　能-在 …… 112
　　一　能-在思想作为潜能-实现学说之改造 …… 112
　　二　能-在思想作为三位一体学说与潜能-实现学说的结合 …… 116
　　三　能被造(posse fieri)和能造(posse facere)：
　　　　第一质料的问题(与阿奎那的比较) …… 117
　　四　《能-在》之后的作品 …… 120
小　结 …… 122

第三部分　库萨哲学的近代影响史研究

第六章　库萨的近代接受史考略 …… 127
第一节　泛论库萨的历史定位及其与后世哲学的关系 …… 127
第二节　布鲁诺及早期欧陆哲学 …… 130
第三节　德国哲学 …… 134
小　结 …… 138

第七章　库萨哲学对布鲁诺质料学说的影响 ……………… 141
　第一节　布鲁诺的质料学说 ………………………………… 141
　第二节　布鲁诺质料学说对近代哲学的意义 ……………… 148

第八章　我思、上帝与世界
　　　　——论"笛卡尔循环"的内在性根据 ………………… 152
　第一节　我思与上帝证明 …………………………………… 153
　第二节　质疑与答辩 ………………………………………… 156
　第三节　笛卡尔循环的历史渊源：以奥古斯丁与库萨为例 … 159
　小　结 ………………………………………………………… 164

第九章　斯宾诺莎实体学说的内在性预设 ………………… 167
　第一节　从笛卡尔到斯宾诺莎 ……………………………… 167
　第二节　理性的无限性与实体的内在性 …………………… 170
　第三节　身心关系的例子 …………………………………… 177
　小　结 ………………………………………………………… 180

余　论　内在性思想的现代历程 …………………………… 182

附　录　费尔巴哈的内在性物质观
　　　　——费尔巴哈与马克思思想关系辨正 ……………… 187
　第一节　费尔巴哈的问题意识 ……………………………… 187
　第二节　马克思与费尔巴哈思想差异的核心 ……………… 192
　小　结 ………………………………………………………… 196

参考文献 ……………………………………………………… 198

导　论

近代思想,尤其早期近代思想,是决定整个西方哲学史叙事最关键的隘口之一,因为它极大地影响了我们当下的生活形态。它对知识(理性)、自由(自主性、主体性)、平等(宽容)的强调至今依然构成当代人类生活的宝贵财富。然而对于它与前现代思想之间究竟是何种关系,人们却聚讼纷纭,未有定论。启蒙哲学家群体、德国古典哲学诸家和胡塞尔坚定地认为它是一种全新的思想形态,哲学在它这里才有了归家之感。然而最晚从同样声名卓著的布伦塔诺(Franz Brentano,1838—1917)以来,人们逐渐开始留意早期近代许多思想的中世纪根源,这也是不争的事实。我们究竟应当如何看待从中世纪到近代早期的这个思想转折?如果说它们是两种思想"范式",那么我们必须找到这两种范式的根本区别之点。只有抓住了这个根本的区别之点,我们才能在它的基础上反过来理解近代早期思想以自身特有的方式吸收并消化中世纪思想的情形,这样一来,我们对双方思想的差异之处与继承之处的理解,才都能比较公允。

一　问题的缘起

改革开放以来,国内的西方哲学研究经过20世纪最后20年中德国古典哲学研究热[1]、现代哲学研究热和如今对各个历史时期的研究齐头并进[2]这样几个阶段后,我们对各个时期、各个学派的了解都清晰起来,而且这种了解与国际学界的认知之间基本上不存在像先前时代那样巨大的鸿沟了。说起某个时期或某个哲学家,我们一般都会有比较一致和固定的看法。

但长久以来,由于我们的西方哲学史研究深受"认识论的转向""主体性的崛起""理性的时代"等说法的支配,我们心目中近代思想的面目实际上是很模糊的。按照流行的说法,当针对所谓"黑暗的中世纪"而言时,近代思想

---

[1] 德国古典哲学与马克思思想有比较紧密的关联,是这次热潮的一个比较关键的原因。
[2] 指研究热度在历史上各个时期分布相对均匀,比如分析哲学、后现代哲学、古希腊哲学、中世纪哲学与近代哲学现在都成了学者们的关注对象。

往往大受表彰,因为它影响了那个人道主义真正得以确立的时代。但当我们发现中世纪经院哲学中同样有大量讨论认识问题的资源,发现奥古斯丁同样有"我怀疑故我信仰"式的主体性思想倾向,发现古希腊人对理性的重视同样在中世纪延续下去时,理性在相当多的中世纪神学家那里并未单纯沦为某种意识形态的辩护士,反而成了检验事物是否值得信仰的一种标尺,因为真正的信仰与理性的真理并不冲突:此时我们不免会发现,先前用来证明近代思想之特殊性的那些标志,居然一个个相继崩塌,反而成了近代思想对于中世纪思想的继承性的标志。近代哲学看起来简直没什么独特之处了。

笔者以为,这两种看法是建立在绝对化思维方式基础上的两个极端,二者都不足取法。无论差异还是继承,都是有道理的,但都不可被绝对化。因为差异和继承其实都是近代思想确立自己独特的世界观(Weltanschauung)的方式,如果无法明晰那种看世界的方式,而单纯在表面上谈论近代思想在个别主题上的差异或继承,那么究竟是什么意义上的差异和什么意义上的继承仍是晦暗不明的,终究未免"只见树木不见森林"乃至"盲人摸象"之讥。

相对于前现代而言,近代独特的看世界的方式就是"内在性世界观"或"内在性思想"。[1] 所谓内在性世界观,指的是从早期近代开始,西方文化的各个领域纷纷产生一种根本性变化,那就是人们改变先前将存在之根据置于或多或少具有超越性的地方的做法,普遍将万物置于一个合理性的世界内部来看待。在一种比较强的意义上,人们坚信世界的真理就在世界之中,不在世界之外,真理就是理性可以把握的种种规律和本质。由此便有了近代经验实证类科学的大兴盛。在另一种相对较弱的意义上,人们依然为上帝乃至其他事物保留了超越性一面的可能性,但普遍不再像中世纪神学家那样对人的理性认识持保留态度[2],而是坚信理性对上帝的界定就是值得信赖的通达上帝之路。人应该相信这种界定,应该放心地将人生的意义寄托和限制在这种理性认识上,而不应该再对其持保留态度。有意思的是,这种界定本身因为将上帝置于最崇高的地位,因此看起来像是为上帝保留了极大的超越性地盘,但明眼人不难看出,这种地盘经过理性认可后方才成立,因而它本身也是合理性的。换句话说,在近代思想中,即便看起来完全超越于理

---

[1] 关于内在性思想在西方思想史上的发展,本书第二章第一节有详细的梳理。
[2] 在中世纪,无论托马斯那里人对上帝的类比性理解,还是库萨那里人在其最高认识对上帝的猜想,都被认为只能尽可能地接近上帝,但永远无法像上帝认识他自身那样达到完满和充分的程度。

性的事物,其本身的存在也是以理性对其地位与意义的认可和界定为前提的。可想而知,在这样一个世界中,万物在原则上成为合理性的,就成了必然的趋势。无论是后世自然科学在世界乃至宇宙的所有角落不断探索时的那种自信,抑或是谢林和黑格尔说出"只有体现于现实世界中的上帝才是真正完满的上帝"①时的万丈豪情,以及韦伯眼中汹涌而来的社会全盘理性化现象,其实都在这种内在性世界观中埋下了种子。它们都反映出近代以来早已定型了的一种普遍的生活方式,是久已存在的现实,而根本不是思想家的突发奇想②。

但内在性世界观并不是像把苹果放到篮子里一样,将中世纪那里原本外在于世界的一些东西"放到"世界之中那么简单。那样的想象过于外在化了,因为它预设了一点:无论人是否关注这个过程,它都"客观"发生了。但正如康德在他的《纯粹理性批判》的"先验演绎"中对对象的观念性的澄清所表明的,在人类的生活世界中其实并不存在与人类的普遍理性完全无关的纯客观之物。一切事物,无论主观的还是客观的,只要它在这个世界上显现,就必定已经具有人类理性普遍可以理解的一些形式或规定性了。近代哲学普遍认为,我们的生活世界对于理性而言在原则上是透明的③,因而内在于世界同时也就意味着内在于理性。当然这里的理性指的是普遍的人类理性,而不是个人的主观念头。因而这里不是在宣扬什么主观唯心主义,仿佛随便哪个人拍拍脑袋就可以认识一切似的。对于个人而言,他是需要通过艰苦的学习过程的,在达到"人类理性"的高度之后,他才有资格以人类理性的姿态面对世界。现代教育的主要任务即在于此。

在初步阐明内在性世界观的内涵之后,我们不妨回过头来看看,了解这种世界观对于当今思想界的意义何在。粗略而言,它至少有承前和启后两重意义:就本书能正面讨论的范围(见本书第三部分)而言,了解这种世界观能使我们在更深层次上抓住早期近代哲学的特质,而不致迷失于上述关于近代哲学与中世纪哲学的差异与继承的表面争论,反而能使上述差异与继承都得到更好的安顿;就本书仅能初步展望的范围(见本书"结语")而言,了解这种世界观还能让我们在承认现代哲学的全部新颖之处的同时,了解它在内在性

---

① 黑格尔在《精神现象学》的"序言"中,谢林在《哲学与宗教》中,均多次表达过类似的思想。
② 鉴于超越性的这种逐渐弱化的现象,西方学者多有将这种内在性世界观称作"世俗化"者。一个较近的例子就是查尔斯·泰勒的《世俗时代》。
③ 所谓"原则上透明",指的是即便它对于当前的人类而言还有许多不曾了解的未知领域,但那未知领域也必定可以被未来的人类所知,因为我们事先已经有了"真理就在世界内""真理是可以认识的"这样的信念。由此产生了近代人的另一个信念,那就是世界上只有目前未知的东西,没有原则上不可知的东西。

世界观方面对于近代哲学的继承关系，从而不致过于强调二者之间的差异，乃至误认为现代哲学可以"直通"古代哲学。以下试分别论之。

二　内在性世界观与早期近代哲学

正像海德格尔的"存在"一样，内在性世界观能为我们提供一个理解早期近代哲学的"新"视角。这个视角被早期近代哲学家们践行，却往往不被当作核心主题讨论，而后世的哲学史家们往往也只是就事论事地评论在他们明白提出的那些主题上与前人和后学们的思想关联，因而也有意无意地将这个视角略过不提。

在传统的研究中，我们对近代哲学通常有以下两方面的印象：一是所谓的"认识论的转向"，即从直接谈论事物，转向开始从人的认识出发谈论事物，以至于像笛卡尔那样，以人的内在意识为事物之确定性的基点；二是认识的层级发展，即认识由简单、分离、可感的层面一步步上升到理性对终极秩序的认识。但对于近代哲学的这种描述还相当外在化，并没有触及近代哲学"转向"的实质和基础。

如果我们仔细考察笛卡尔、斯宾诺莎和莱布尼茨等人的学说，不难发现他们的学说在表面的差异下掩盖着一个共同的预设，即世界有一种内在的真理。尽管世界可能有超越于世界之外的终极根据，但那超越性的一面并不是最根本的，至少对于人的生活与追求而言不是最根本的。因为世界内部就有一套可为人的理性所理解和把握的机理，这机理构成世界的充足根据。因此所谓"认识论的转向"虽然的确是近代哲学家那里可以普遍发现的一种现象，但它并不是由于哲学家们兴之所致，突然想转换一下考察问题的方式便偶然采取的主观操作，而是由于世界在他们眼中成了一个"合理"的世界，理解这种"合理性"就等于理解了世界，而合理性恰恰是通过人在世界的各个领域中进行认识、摸索而得的。人所认识到的合理性结构（本质、规律等）就是世界本身的真理，这是人们在近代才普遍建立起来的一种信心（而在前现代，事物的真理并不完全取决于认识及其成果，而取决于永恒秩序与上帝自身）。简言之，"认识论的转向"的实质是世界的转向，准确来说是内在性世界的出现。

而近代所重视的认识层级的攀升也正是基于这个预设才得以可能。和新柏拉图主义那里四个层级之间的"产生-返回"结构、经院哲学中通过存在的类比达到的层级跃升以及德国神秘主义中通过跳跃（埃克哈特大师）以及思辨的"内包-外展"(库萨[Nicolaus Cusanus①,1401—1464])而达到的逐级攀升不同,近代思想中的层级攀升更多地是以认识领域的提升与拓展的面貌出现的,而且在近代思想中,向绝对者的攀升不但不像在前现代层级思想中那样是越来越向超越性打开自身,反而只是对世界自身的内在性的越来越强的确认。这甚至使得绝对者与感性事物之间的关系沦为单纯功能化的相互支撑关系(见本书第九章对斯宾诺莎实体学说的相关分析)。这一切都是以世界的通盘内在化、理性化为前提的。我们很难想象在前现代的开放性世界中出现这种单纯功能化的结构。

为了表明内在性世界观的辐射力,本书选择了早期近代哲学的三个典型思想家,就他们的哲学中容易引起争论的一些问题进行了专章论述(详见本书第三部分),展示出这个视角如何使思想家及其关键问题呈现出新面貌,并推进我们对思想家和问题的理解。布鲁诺(Giordano Bruno,1548—1600)、笛卡尔和斯宾诺莎这三位风格迥异的思想家都有令现代读者十分犯难的一些学说:对于布鲁诺这位传统上被视作"唯物主义者"的思想家,我们很难理解上帝和其他一些相关的形式在他那里为何能占据以及在什么意义上能占据一个关键地位;对于笛卡尔这个以"我思"名世的人物,我们感到费解的是他为什么在"第三沉思"(《第一哲学沉思集》)中重新引入上帝;对于斯宾诺莎这个"泛神论者",现代人认为捉摸不透的是实体、属性与样式之间层层表现又反过来层层欲求的机制,以及他那种若即若离式的身心关系论。然而如果追溯到他们共同的思想基础——内在性世界观,这些问题都会被推进到一个更深的层次,甚至得到化解。下面我们预先作一简单勾画。

(1)在近代范围内看,关于彻底内在化而毫不含有超越性的世界的构想,其确立者并不是通常被我们视作近代哲学之奠基者的笛卡尔,而是布鲁诺。布鲁诺承接库萨而又将后者那里的超越性因素剥离,发展出一套更彻底

---

① Nicolaus Cusanus 为拉丁文写法,德文写法为 Nikolaus von Kues,英文写法为 Nicholas of Cusa。中文也译作"库萨的尼古拉"。笔者之所以将此名译为尼古拉·库萨,是鉴于学界一般也将 Thomas Aquinas(德文 Thomas von Aquin)译为托马斯·阿奎那,将 Duns Scotus 译为邓斯·司各特。如同这里列举的这两个人名一样,Cusanus 也不是一个姓,而只是表明了尼古拉·库萨的出生地——库斯(Kues)。这是位于德国西部摩泽河边的一个小镇,库萨出生的房子,和他后来建立的"圣尼古拉养老院"(St.-Nikolaus-Hospital)及其附带的私人图书馆,至今仍完整地保存在这个小镇上。尼古拉·库萨真正的姓是 Cancer(意为虾、蟹,因此库萨将家徽设计为一只红色的虾。这个词按照当地不同的发音也有不同的写法,如 Krebs,Cryfftz,Krieffts,Kreves 等。库萨一开始自称为 Nicolaus Cancer de Coeße(库萨的尼古拉·坎瑟),从1440年开始,他在意大利的人文主义朋友们开始省略他的姓,直接称呼他为 Nicolaus Cusanus。鉴于在有关尼古拉·库萨的德语研究著作中,学者一般用 Cusanus 或者 der Cusaner 来称呼他,而较少使用 Nicolaus 或者 Nikolaus,因此,在本书中,为简略和统一起见,我们将直接称呼他为"库萨"。

的内在性思想:他将世界当作一种以自身为母体和目标的质料,这种质料自身运动,自身生出形式并实现作为至善的其自身。比起库萨,在布鲁诺那里,质料有了更加积极主动的地位,布鲁诺认为质料本身就能够生出形式,质料不再需要另一个独立的根本性力量的引导,它本身就在运动着,实现着自身,本身就具有正当性和方向。在布鲁诺这里,质料已经取代了造物主的地位,成为世界的终极主体和万物的母亲,质料本身具有了神圣性。

布鲁诺之所以能形成这一理论,关键在于他将"质料"(Materie,又译"物质")的根本特质确定为"能力",而不是僵死的材料,从而为终极秩序在世界中的内在性提供了存在论根据,并由此提供了"理性认知可在世界内部的层级攀升中理解世界终极秘密"的可能性。布鲁诺以此奠定了近代思想的根本特色,也就回答了这样一些问题:为什么近代人有了内在地认识世界的勇气?为什么世界的真理开始作为内在的(即可为人所理解的)真理而向人显现?没有布鲁诺的质料学说,这些都是无法想象的。

如果没有布鲁诺这关键一环,而仅仅停留于"认识论转向"一类泛泛的说法,我们就无法真正理解近代哲学的独特性。

(2)通常学者们认为,笛卡尔《第一哲学沉思集》的第二与第三沉思间存在着一种矛盾。第二沉思确立了我思为不可怀疑的确定性基点,依照此思路,似乎笛卡尔应该直接从我思出发,按照由近至远的顺序逐步检验事物,最后建立起一个由确定的事物构成的意义世界,就像胡塞尔矢志终生要做的那样。然而笛卡尔并没有这样做,他在第三沉思中又将他本已于第一沉思中悬搁的上帝力量从后门引进来,由上帝来确立外物的实在性。这个看似"矛盾"的做法在学界被称作"笛卡尔循环"。关于是否可以化解以及应该如何化解这种循环,这个问题在国际笛卡尔研究界已经被争论多年,我国的一些青年学者也开始讨论这个问题。① 依据笔者目前的了解,学者们大都是在承认这一矛盾的前提下展开讨论的,换句话说,他们大都认为笛卡尔的理论有漏洞,剩下的问题只是如何尽量缩小这一漏洞或尽量减少这一漏洞造成的不良影响。

其实通过文本的详细考察可以发现,以胡塞尔的模式去设想笛卡尔的论证是有局限性的。笛卡尔在第二沉思中固然有将我思作为确定性基点的倾向,但我们并不能因此就认为第三沉思误入歧途了,因为第三沉思同样是他寻求确定性时所作的一种尝试。笛卡尔并没有只从封闭的意识出发去构造

---

① 李猛:《笛卡儿论永恒真理的创造》,载《哲学门》2009年第1期(引者按:此处的"笛卡儿"即本书中的"笛卡尔",不另注);雷思温:《笛卡尔永恒真理创造学说的内在悖论》,载《世界哲学》2015年第3期。

世界，事实恰恰相反，一个内在性世界的存在在他那里才是第一位的，无论我思还是上帝都是这个内在性世界中的某一方面因素，而非根本。我思并未在笛卡尔那里占据独一奠基者的地位，它与上帝是互为前提的，即我思在思维的意义上优先于上帝，而上帝在存在的意义上优先于我思。虽然这种看似循环的相互支撑结构在中世纪的奥古斯丁、库萨那里已屡见不鲜，但这并不意味着笛卡尔回到了经院哲学。笛卡尔哲学以及近现代哲学之不同于中世纪经院哲学的特殊之处是，自我与上帝都以一个在原则上可以被理性彻底理解的整体世界结构为前提，因此我们不应仅仅纠缠于自我与上帝何者优先的问题，而要回到更重要的世界结构问题上去。

（3）斯宾诺莎是一位极具古风的思想家，我们在他身上可以发现自普罗丁（亦译"普罗提诺"）以来在欧洲思想界占据重要地位的层级宇宙观的影子（实体-属性-样式），也可以找到以对实体（上帝）的认识为最高幸福的论说，更可以见到类似于古代人那样对永恒而必然的秩序的偏爱。但斯宾诺莎毕竟是一个现代人，他的现代性并不体现在别处，而恰恰表现在他的实体学说上。与布鲁诺的质料、笛卡尔的上帝类似，他的实体是内在性世界中的一个因素，而不是超越性、人格性的存在。——这一点也最终导致实体与感性事物之间的上述功能化关系格局。

要把握斯宾诺莎实体的层级结构与传统层级宇宙观的异同，以及它与后来的近代德国思想和现代的一些思想后裔（如尼采、德勒兹）之间的深层关联，就不能仅从前现代或当代的立场出发看待它，而要考虑到斯宾诺莎的原初思想情境，即为奠定内在性世界观而构造实体与样式相互支撑的功能结构体。本书在第九章会首先探讨斯宾诺莎实体学说的关键，再通过实体与样式之间的关系澄清斯宾诺莎实体学说的内在性预设，最后以身心关系为例具体展示这种内在性预设的深刻影响。

当然，近代早期思想家众多，要对"早期近代思想"的性质进行普遍的判定，费奇诺（Marsilio Ficino，1433—1499）、马基雅维利、霍布斯、培根、维科这些思想家都是不可绕过的。但我们的目的不在于对早期近代思想进行全盘的研究，而是通过最具代表性的几位思想家，澄清内在性世界观对于了解这个时期的思想的极端重要性。

三 近现代思想的统一性

从内在性世界观的视角看，原本似乎水火不容的近代哲学与现代哲学也显现出它们共同的基础来。

现代哲学以强调具体现实性、有限性、生活的原初处境、时间性、断裂性等特征名世,而这些特征是直接与近代哲学中更看重的抽象普遍性、无限性、绝对者的立场、永恒性、连续性针锋相对的。现代哲学为了突出自身的特殊性,有时甚至不惜将它眼中看到的近代哲学的这些"缺陷"投射到包括近代在内的一切先前时代上去,以便与它自身形成对照。比如海德格尔的"存在-神-逻辑机制"①之说、分析哲学对本质主义的批判,就很有这种倾向。这种倾向发展到极端,就会给专研现代哲学而不顾其他的一些学者带来一种不必要的进步论幻象:现代哲学克服了先前时代的种种弊端,是最高端的哲学,所有对现实有深切关怀的人都只有站在现代哲学的立场上才能提出真正有力度和有现实意义的思想。

然而这种极端反叛的姿态并不能完全公正地表达出近现代思想之间关系的实情。它对于标榜现代哲学自身的特质固然是有用的,但它既没有足够同情地理解近代哲学,没有看到内在性世界观这个近代哲学的根本特征,因而容易不适当地将近代哲学的一些特征投射到更早的时代上去,它更没有看到,它自己对近代哲学的反叛本身其实就是建立在内在性世界观的前提上的。只不过它面对的不再是近代哲学的那些辉煌大厦,而是废墟。在这个意义上说,现代哲学并没有在根本上拓展或质疑内在性世界观这个基本前提。

必须强调的是,大体而言,现代哲学与近代哲学的根本立足点是不同的:后者立足于内在性世界的整体结构,而前者则认为所谓的"世界的整体结构"只是理性的建构物,而理性实际上是无法接触现实的,人毋宁应当立足于有限现实处境去看待事物,人永远不可能把握一个完整的世界,因为世界本身是流变的,没有固定的整体结构。简言之,二者的立足点分别是无限性和有限性,或者说分别是合理性结构和有限的现实。

尽管如此,现代哲学并未离开内在性世界这个舞台,它与近代哲学同样都是在这个舞台上展开的,只是正如上文所说,近代哲学中的那些巴洛克式辉煌建筑如今成了一片废墟,人们只能在这片废墟中营建出一些短暂易逝的小建筑,或者根本无心于营建任何东西。现代哲学家们对这个舞台的态度不尽相同:有的承认,有的予以拒斥或存而不论,有的试图加以拆解。下面试为这三种态度略举数例,当然我们不求完备,只能展示大致的脉络。

狄尔泰、海德格尔和伽达默尔一系的学者对整体并不讳言,只是这整体已不是近代的那种无限的理性所把握到的世界结构(无论这种世界结构是否具有黑格尔的绝对精神那样的历史性),而是经历着、理解和解释着的人处身其中的意义整体关联(Bedeutungszusammenhang)。表面看来,这个世界

---

① Martin Heidegger, *Identität und Differenz*, in Ders.: *Gesamtausgabe*, Band 11, Vittorio Klostermann, Frankfurt am Main 2006, S. 51.

在三位哲学家那里是开放性的,似乎它完全可能通往某种超越性:狄尔泰会在这个世界的基础上谈论许多神学问题,海德格尔越到后期也越期待"另一个开端"和"最后的神",伽达默尔也不否认他的解释学对于神学的可能意义。实际上问题并没有这么简单。细味之下我们分明发现,三位哲学家根本不是以中世纪经院哲学家或神秘主义哲学家那种坚定的姿态投入到那比人和世界更为实在的上帝的怀抱,而只是在一个相当虚无化的时代,在近代留下的内在性世界这一最根本遗产的基础上,隐隐约约地遥望过去的神学资源或未来可能的上帝形象。他们立足的世界并没有直接回到前现代世界的某个形态,而是在近代已然封闭了的内在性世界的基础上进一步坍塌而成的一种形态——当然,照海德格尔的说法,危机至深之处未尝不是一个救赎的机会,因为终结之处可能就是新的开端。

分析哲学起初并没有世界意识,只是到了维特根斯坦那里才开始将世界作为不可说的边界(前期),以及语言的"河床"(后期)。后期维特根斯坦对它有了更生动更丰富的理解,但那并不能算作正面的描述。综观分析哲学到20世纪中期为止的发展历程可以发现,它或者并未触及世界问题,或者只是将世界当作一种边界性的存在。早期分析哲学(包括前期维特根斯坦哲学)主要关注句法学与语义学的问题。如果照它的标准(尤其是逻辑经验主义的标准)来衡量,世界问题基本上是一个形而上学的伪问题,因为它不具备经验的可证实性。维特根斯坦可谓分析哲学中的"异数",他无论在前期还是后期,都比同侪们对世界问题更感兴趣。从他前期的视野来看,世界属于不可说者之列;照他后期的日常语言思想来看,世界也只是一种只可预设为日常语言之基础或条件而不可加以对象性描述的"河床""街景"。尽管如此,他仍然比其他分析哲学家都更敏锐地看到了世界是语言分析活动的前提这一点。到了当代,英美心灵哲学、脑科学等分析哲学的新形态似乎较之日常语言学派更具实证主义和经验主义的特征,世界问题又淡出它们的视野了。但客观而言,虽然分析哲学由于其观察问题的方式而拒绝正面讨论世界问题,但这并不意味着它本身没有运行在内在性世界的基础上。这就像眼睛虽然看不到它自身,也看不到事物的可见性结构(如空间),却并不能凭此就否定它自身和可见性结构的存在一样。

受惠于尼采的福柯、列维纳斯、德里达等后结构主义者重视的是事物虚无性和运动性的一面,表面看来,他们似乎与世界扯不上关系。海德格尔敏锐地从尼采那里看出他的形而上学企图,他并不认为尼采要原样恢复传统形而上学的那些主题,而是看到尼采在拆毁那些主题的时候,他的行事方式分明是主体主义的,而且他还以一种颠倒了的方式试图在感性的、质料性的层面恢复对永恒之物的某种坚持。换言之,尼采虽然对柏拉图主义追求的真理、形式、理念感到绝望,并将其一一拆解,但他依然是热爱这个世界的。在他那里世界与主体(人)是互为支撑的:只要世界自身不倒,人当然就应当以主体的姿态挺立起来;只要超人还有可能出现,世界就是有希望的。那么比照海德格尔的解读,我们这些当代读者又能从后结构主义者们那里看出什么呢?正如福柯自己观察到的,在相当长的时间里有效的某种相对固定的知识型,与知识型之间的转变过程其实是相辅相成的,虽然知识往往为权力所用,甚至其本身就是一种权力,但权力不可能抛开知识而任意妄为。不仅如此,在更深的层次上,列维纳斯与德里达所强调的差异性、断裂性,其实依然是基于连续性之上才成其为差异性和断裂性的,事物不可能在起点上、在最原初的地方就成为彻底的差异性与断裂性。关于这一点,西方思想界自古以来已有相当多的资源可供借鉴,芝诺、谢林就是其中较典型者。当然我们这里不是主张连续性恢复过往的那种统治,只是提醒人们注意,后结构主义依然运行于内在性世界之中,它并没有跨入另一个特有的纯粹差异与断裂之域中去。它只是以一种极端反结构、"去"世界的面目出现的内在性世界观。

以上这种粗线条和大而化之的勾勒当然远不足以证明内在性世界观是近现代哲学的基础。那不是本书能完成的任务,而是一个长期的工作。这里只是抛砖引玉,在这方面指出一个可以开掘的方向,供学界讨论。笔者以为,如果能澄清早期近代以来思想界的世界构想,我们对这段思想史的研究必将打开新境界,我们对自身生活的理解也必将开启新的维度,得到更深更广的拓展。

四 库萨的内在性思想

但初步感受内在性思想在近现代的重要地位是一回事,从源到流地实际梳理这种内在性思想却是另一回事。依笔者浅陋所见,国内外从宗教、认识论、本体论等侧面出发讨论个别哲学家的这方面思想的著作并不鲜见,但正面而系统地整理这一思想的发展轨迹的工作却未见发表。笔者的整部书其实只是这个工作的一个"导论",因为它只追问一个问题:近代内在性思想究竟从何而来?

它不是早期近代思想家凭空发明的,从基本原则与基本方法两方面来看,它恰恰是从近代急欲从中挣脱而出的中世纪得来的。更准确地说,虽然内在性思想在新柏拉图主义、德国神秘主义等思想形态中都能隐隐约约找到一些源头,但将这些源头汇聚起来,极其独创地予以系统论述和进行存在论奠基的,当属尼古拉·库萨。如前所述,虽然布鲁诺在近代范围内较早地提出了一套系统的内在性世界观,然而这个世界观本身的源头却不是布鲁诺,它只是将库萨哲学中的超越性因素剥离后形成的。德国的学者们经过细密的考证发现,布鲁诺其实是库萨的"私淑弟子"(参见本书第六章的介绍)。

但首先要说明的是,说库萨构成近代内在性世界观的源头,说库萨的思想遗产深刻地参与塑造了近代哲学,这不代表他完全认同近代的整个世界观,甚或站在近代人的立场上看问题,而只是说他在客观上教导了近代思想家如何内在地思考世界,并为这种思考进行存在论的奠基——因此我们一般将库萨关于内在性的论述称作"内在性思想",而不是"内在性世界观",因为他并未纯然只从内在性角度看待世界,世界在他看来还有超越性的一面。如果一定要说库萨的思想有什么"立场",那么他的思想立场毋宁是中世纪的,而不是近代的,因为在他那里,无论对世界的理解多么系统,多么合乎理性,那都是为了显示一位超越性上帝的力量,换句话说,内在性只是超越性的表现。

身处晚期中世纪的思想语境中,又要提供一套系统的内在性思想,这绝非易事。站在这个关键隘口上的库萨,并非一开始就有了一套完整的内在性思想,而是经过了长时间的试探与摸索,直到晚年这一思想才最终定型。本书将按照早、中、晚期三个阶段考察库萨内在性思想的发展历程:

(1)库萨早期已开始尝试对绝对者的内在性进行哲学思考。库萨最初对绝对者之内在存在的表达深受否定神学和神秘主义的影响,却又超出了这两者。对"极大"和"对立面的相合"的思考,通过阐明上帝作为丰富的和充满的无限者,一方面无限地超越于有限的造物之外,一方面又作为每一造物的本质和尺度,作为万物活动的局面和界限,而内在于世界和万物当中,进而得出了"万物在万物之中"的结论。

(2)库萨中期将焦点放在无限精神与人类精神之关系上,提出了关键的"猜想"说。通过借鉴新柏拉图主义代表人物普罗丁的流溢学说和上升-下降的辩证法,思考作为无限精神的上帝在人类精神的各个层面的内在性,这一模式使得人类精神的一切活动都是一种"猜想",即一方面是真理的某种呈现,另一方面又都达不到作为绝对真理的上帝的本身。人类精神的创造性和自主性也由此得到了某种确认。

(3)库萨的内在性思想在晚期达到了存在论的奠基,得到了完成。库萨晚期的"能-在"思想,基于对亚里士多德的"潜能-实现"学说的运用和改造,并通过这一学说与基督教上帝的三位一体结构的互释,对上帝在万物当中的存在给出了存在论上的奠基,早期和中期对内在性思考的一些核心问题也由此从根本上得到了说明。

这构成了本书的主干部分。另外,为了让读者更好地理解库萨内在性思想的前史和影响史,我们分别在主干部分的前、后增加了两个部分。"前史"部分简要交代库萨哲学出现的思想史背景,包括纵向的古代与中世纪哲学发展史背景和横向的同时代思想界背景两方面,以便凸显库萨哲学所面临的时代任务和库萨对自身思想任务的定位。"影响史"部分以几位典型哲学家(布鲁诺、笛卡尔、斯宾诺莎)为例,主要介绍内在性思想在近代的继承与发展。

当然,如前所说,本书还只是在内在性思想研究方面开了一个微不足道的头,其目的仅仅在于指出一条研究近现代思想乃至我们自身的生活的新道路。

最后需要说明的是,本书的部分章节经过修改后曾在一些刊物发表,这里一一列出,以示感谢:(1)《尼古拉·库萨的"能-在"思想》,载《现代外国哲学》2011年第1期;(2)《"一与多"思想的传承——普罗丁和库萨关系片论》,载《云南大学学报》(社会科学版)2012年第5期;(3)《费尔巴哈与马克思思想关系辨正——解读马克思对费尔巴哈的非历史性和唯心主义的批判》,载《苏州大学学报》(哲学社会科学版)2012年第6期;(4)《论库萨的"对立面相合的思想"——以〈论有知识的无知〉为中心》,载《湖南师范大学社会科学学报》2012年第6期;(5)《论布鲁诺质料学说的来源与近代意义》,载《云南大学学报》(社会科学版)2013年第3期;(6)《我思、上帝与世界——论"笛卡尔循环"的内在性根据》,载《云南大学学报》(社会科学版)2015年第6期;(7)《"人是第二上帝"——略论库萨的尼古拉对人类精神的定位》,载《基督教文化学刊》2017年第1期;(8)《论斯宾诺莎实体学说的内在性预设》,载《哲学研究》2017年第7期;(9)《试论库萨哲学的近代影响史》,载《世界哲学》2018年第5期。

第一部分

库萨哲学前史研究

第一章 库萨的思想史任务

第一节 库萨哲学的时代背景及其核心主题

红衣主教库萨是继埃克哈特大师之后德国最著名、最有影响的中世纪基督教哲学家,曾被弗里德里希·施莱格尔誉为"伟大的德国人""比莱布尼茨更深刻的思想家"。① 他的思想在 19 世纪下半叶被重新发现并进入研究者的视野,由于其思想的深厚和丰富性,和经由布鲁诺而对后来德国思想产生的重要影响,吸引了很多学者的关注。他们一方面挖掘他的思想来源,另一方面寻找他的思想与近代哲学的相关性。但笔者以为,对于确定库萨思想特质来说,更为重要的是追踪其思想本身的发展,因为面对当时的时代问题,基于对传统思想的吸收和改造,他的思想包含了一种独特的发展,与他之前、之后的思想都有所不同。

考察库萨哲学的不同时期,我们会发现他的几乎所有作品所思考的始终是一个共同的问题,即**上帝以何种方式内在于万物之中,作为万物之存在和运动得以可能的根本性力量,以及万物以何种方式时时处处都体现着上帝的内在存在**。上帝在万物之中,万物都是神显(Theophanie),上帝"在大街上呼喊",以至于任何一个人都可以随处找到通向它的道路,任何一物都是引领我们上升,帮助我们发现和更加接近上帝的"眼镜"(beryll / Brille)。这种关于绝对者作为万物的奠基性力量而内在于世界中的思想,我们一般称其为**内在性思想**(Denken der Immanenz)。② 上帝在世界中的内在性,以及如何以适

---

① 施莱格尔的评价转引自:Maurice de Gandillac, "Nikolaus von Kues zwischen Plato und Hegel", in *Nikolaus von Kues in der Geschichte des Erkenntnisproblems*, Mitteilungen und Forschungsbeiträge der Cusanus-Gesellschaft 11. Matthias-Grünewald-Verlag, Mainz 1975. S. 21-38。

② 关于这一术语在哲学上的运用和发展,我们将在第二章第一节中略作介绍。

当的方式彰显和论证上帝的内在性,始终是库萨思想的中心主题。他一生的不同学说都被这一中心动机贯穿着,并且一次比一次更为深刻地切入这一问题。他对此所作出的思辨努力,会打动每一位读者。

基督教自产生之初,就与古希腊的一体化的宇宙论世界图景差异巨大,上帝创造、维持和提升世界的方式,是以主体模式进行的,即上帝从自身出发,向外施展自己的力量,实现自己的意志,控制处在自己之外的一切事物以及它们之间的相互关联,上帝和它的造物是相对待的。基于这种模式,世界中的个体与个体之间,以及个体与上帝之间,也是以这种主体方式来相互对待的,因此我们可以说,近代的人类主体思想就是从基督教思想的土壤中生长出来的。(关于基督教思想这种与生俱来的主体模式,我们在这里还只能一般性地加以描述,在下面的第二章我们把它放到思想发展史中,放到与希腊思想模式的对比中,或许对它能有更好的体认。)基于这种主体性的相互对待模式之上,超越性始终是基督教上帝的重要一环,但是与此相关联的问题是,超越的上帝如何与世界、造物和个体发生关系,如何在创世之后继续维持和支撑这个世界。这也成为基督教思想家们不得不回答的一个问题,因为它关系到基督教的根本学说——救恩,关系到造物如何认识上帝,如何与上帝发生关联,如何重回上帝的怀抱。因此,基督教思想中自一开始就存在着内在性与超越性之间的张力,上帝的内在性并不取消上帝的超越性,超越性是出于创世主保持强力的需要,而内在性则是救恩希望之所在,并且对上帝之超越性的强调越是有力,对上帝之内在性的需求和渴望也就越是强烈。

基督教思想内部的这种张力,在中世纪晚期格外明显。主要建立在亚里士多德思想之上的经院哲学,将作为创造者的上帝和作为造物的有限物看作**同质的**(homogen)和**可以比较的**,上帝和造物之间存在着一种存在上的可类比的关系,这一关系确立了使用"存在类比"(analogia entis)[①]这一方法的合法性。借此人可以从有限事物出发,获得对无限的上帝的认识,虽然出于对上帝超越性的满足,还必须同时强调上帝是比有限事物更完美的。以托马斯·阿奎那(1225—1274)的上帝证明为例,他从造物出发,通过不断地追问它的推动者、原因、目的、存在性等等,追溯到作为第一推动者、最终原因、最终目的和存在本身的上帝。[②] 尽管这种认识和追问方式满足了认识上的需

[①] 存在类比是经院哲学,尤其是托马斯·阿奎那的学说的核心部分(Zentralstück)。Siehe, *Historisches Wörterbuch der Philosophie*, Bd. 1, Hrsg. von Joachim Ritter, Karlfried Gründer und Gottfried Gabriel, Basel 1970, S. 221.

[②] Klaus Jacobi 指出,托马斯·阿奎那以对有限物的认识为自明基础,进而达到类比的上帝认识。Siehe Klaus Jacobi, *Die Methode der cusanischen Philosophie*, Karl Alber Verlag, Freiburg/München 1969, S. 13.

求,却由于它把上帝视为和有限物同质的存在,而使上帝成为世界存在层级和序列的一个(尽管是最终的)环节,因而是对上帝的有限化,与其超越性相冲突。由阿拉伯人传入的亚里士多德的著作,经过大阿尔伯特和托马斯·阿奎那的广泛注释,虽然经历了 1277 年教会对阿奎那学说的禁令,和多明我教团内外对于阿奎那学说经久不息的批评,但是由于亚里士多德的整体发展观在学界已经蔚然成风,终究形成一股不可阻挡的潮流。

但是,经院哲学的这种存在秩序,却在中世纪晚期面临危机。① 在经院哲学内部,人们已经感受到神学上的这种亚里士多德主义的危险,即它有可能破坏信仰。比如邓斯·司各特强烈地感觉到要将神学与哲学区分开来,让哲学讨论自然、存在、必然性的永恒原则,而不涉及超自然的、偶然的、作为意志主体的上帝及其恩典。这种把信仰、恩典与理性、认识相互分离,将信仰和恩典置于人类的可理解性之上的做法,提升了上帝的超越性,将上帝与此岸世界割裂开来,不能不说是一种很好的补救措施,但我们在其背后看到的是那个时代对亚里士多德主义传播的自然之理是否会危及超自然的上帝这一点的忧虑。也就是说,这个时代的人看到了上帝(超自然)与自然、理性之间的分离,并为之感到焦虑。

在带有怀疑主义特征的唯名论那里,以威廉·奥卡姆为例,认为上帝的存在既无法在存在论上被证明(例如安瑟尔谟所做的那样,通过设想一个最高的、最完美的实体概念),也无法后天地被证明(如阿奎那所做的那样,后天地通过追问事物的原因和目的达到对上帝的严格证明),因为在奥卡姆看来,信仰和重要的神学教义都包含着**违背理性**、**违背矛盾律**的命题。② 唯名论的目的仍在于捍卫上帝,旨在把经院哲学过多地附加到上帝身上的东西去除掉,而把信仰作为最有力量的环节加以突出,认为信仰超出于人能够认识的范围。但是,这种认识与信仰的不一致,有可能导致经院哲学知识体系的崩解。

在经院哲学之外,神秘主义潮流接续否定神学的传统,认为以存在类比获得对上帝的认识的做法(肯定神学)在根本上是一种渎神的方式,因为它基于上帝与造物之间的相似性或者因果关系,把言说有限造物的方式运用到

---

① 关于这种观点,详见 Walter Schulz, *Der Gott der neuzeitlichen Metaphysik*, Verlag Günther Neske Pflingen, Reutlingen 1957。Schulz 认为经院哲学这一存在秩序的解体是在两条线索上发生的:(1)奥卡姆-笛卡尔-路德,将上帝表达为纯粹的意志力;(2)埃克哈特-库萨,在否定神学的意义上将上帝规定为不可比较者。我们在下文中将看到,库萨虽然深受否定神学和神秘主义这条线索的影响,但也有独特和创新之处。

② Franz Brentano, *Geschichte der mittelalterlichen Philosophie im christlichen Abendland*, Felix Meiner Verlag, Hamburg 1980, S. 77-85.

无限的绝对者身上,而否定神学才是更恰当的言说上帝的方式,因为它把一切言说造物的方式都从上帝那里否定掉。另一方面,存在类比学说也使得上帝不与造物直接相关,而毋宁通过不同存在层级将个体造物与上帝隔绝开了,这也是神秘主义者要反对的,他们追求个体灵魂与上帝直接面对面。可以说,神秘主义是怀疑主义的必然发展,因为既然无法从(知性)认识上证明上帝的存在和它的内在性,人们就寻求在一种出位(Ekstase,又译作"狂喜")的意识和超自然的神秘体验中找到接近上帝的路径。①

神秘主义基于个人体验、自我净化、神秘的上升和与绝对者的完全合一(跃入神性),获得对上帝内在性的表达,这种方式是对经院哲学的一种反抗,后者停留在知性可以认识的事物的领域内,将知性的矛盾律和因果关系运用于上帝之上,有可能造成对上帝的贬低;而神秘主义则寻求以**超知性**的方式,通过神秘体验和沉思生活去接近上帝。这样一来,一方面通过否定一切肯定神学,强调了上帝绝对的超越性和不可认识性,彰显了上帝的无与伦比;另一方面也满足了救恩的需求。但是如果仅仅局限于用否定性的语言、神秘的体验去言说上帝,仅仅基于神秘上升和情感体验的方式去接近和达到上帝,尽管保全了信仰,却有可能造成消解对上帝的一切认识,放弃人的精神努力而一切听由天命的局面。这样就断绝了我们在认识上与上帝接近的可能性,上帝的力量是以一种超出我们认识能力的方式在施展自身,与上帝的合一在神秘主义者那里是以神秘体验的方式被一小部分人感受到,并以秘传的方式被传播的。

基于此种思想危机,如何**在不破坏上帝超越性的前提下,以思辨认识的方式彰显上帝的内在性,展现上帝与我们每一个造物的紧密关联**,就成为一个亟待解决的时代问题。上帝的内在性一方面事关信仰和恩典,另一方面也事关人的认识和理性。库萨的大部分作品(除数学作品和教会政治作品外)都致力于解答这个问题,这个问题构成了他思想内在的发展动力。**上帝具有超越性的维度,但是也在世界中内在贯通,与造物紧密关联,这是贯穿库萨整个思想的主轴**。在库萨看来,上帝的强力在万物之中,万物都是上帝力量的表达,是超越性的完成和呈现,上帝就在万事万物的存在和运动当中,使事物的存在得以可能,使它实现自身,也是它存在和运动的目标,万事万物都与上

---

① 布伦塔诺关于古代、中世纪和近代思想的发展,都有一个著名的"四阶段"理论:发展繁荣阶段,传播和僵化阶段,怀疑主义阶段,神秘主义阶段。具体到中世纪,就是(1)从安瑟尔谟到阿奎那的发展阶段,(2)多明我会对阿奎那思想的传播阶段,(3)怀疑主义和唯名论寻求思想解放的阶段,(4)神秘主义的应对阶段。Siehe Brentano, *Geschichte der mittelalterlichen Philosophie im christlichen Abendland*, Felix Meiner Verlag, Hamburg 1980.

帝处在这样一种直接的关联中,由上帝的强力时时刻刻直接支撑和维持着,只有这样的内在性思想,才更好地实现了彰显上帝主体之大能的目标。

库萨对上帝内在性的证明,一般而言,是通过超越知性(ratio)进入理性(intellectus)[①]**(拓展认识范围)、整体性的内在运动,以及亚里士多德式的潜能-实现的动力学来完成的**。对亚里士多德、新柏拉图主义、否定神学和神秘主义思想的借鉴和改造,使得库萨获得了解决问题的灵感和方法。具体地说,库萨的内在性学说可以分为三个阶段:在最早的作品《论有学识的无知》中,库萨已经对绝对者的内在性思想有了认识,他直接关注上帝认识,并将其表达在他的"相合"和"有学识的无知"的思想中,但这种对内在性的认识更多是一种断言和预感,而不是存在论上的证明。在中期,库萨转而通过反思人类精神,反思无限精神与人类精神共同构成的结构本身,来考察无限精神的内在性以及人类精神认识上帝的可能性。上帝以精神的方式内在于万事万物当中。在晚期思想中,基于中期对精神的成熟把握,基于对那本身不可被认识的超越者在有限的"多"当中的内在性的完全认识,库萨扩大视野,走到人类精神之外,直接从无限精神(真理本身)的大能出发,通过对亚里士多德的潜能-实现学说的改造和恰当运用,为绝对者的内在性给出了充足的**存在论奠基**。通过基督教三位一体思想与亚里士多德的潜能-实现学说的互释和紧密结合,"内在性"在库萨那里才成为有根基的和强有力的。上帝的大能作为存在的本质结构(潜能-实现)内在于万物之中,在每一个具体的能[②](具体的事物)的最核心处在场,是每一物的活的根据和力量源泉。正是这种动态特征才使绝对者的内在性真正得以可能。

目前为止,学界对库萨的研究主要集中在第一、第二阶段,没有看到库萨晚期思想的重要意义,并且大都割裂地看待库萨不同时期的思想,或只关注其思想的某个方面,而**本书就是依循内在性思想这个可以用来概括库萨学说各个方面的线索,在继承前人研究成果的基础上,将库萨思想发展的三个阶段(尤其是最重要的第三个阶段)呈现出来,寻求对库萨一生思想的贯通性理解**。

[①] 虽然在哲学史研究中,ratio 和 intellectus 在近代之前一般都被理解为"理性"和"理智(智性)",但笔者之所以将 ratio 译为"知性",将 intellectus 译为"理性",首先是因为在库萨这里,ratio 和 intellectus 之间的区分呈现出了与德国观念论中 Verstand 和 Vernunft 的区分类似的特点(我们在正文第二章、第三章都会发现这一点);其次是因为在对库萨作品的德文版翻译中,以及在德语的库萨研究中,有不少人将库萨文本中的 ratio 对应于 Verstand,将 intellectus 对应于 Vernunft。

[②] "能在"(possest)与"能"(posse)是库萨晚期的两个关键概念,详见本书第五章,尤其是第三节。

第二节 前人研究综述

库萨的思想在他去世后不久就被历史遗忘了①,只有意大利的布鲁诺对他的思想感兴趣,库萨成为布鲁诺思想的重要来源,此后的哲学史上很少有人注意他。直到19世纪下半叶库萨才被重新发现,开始陆续有学者研究并着手翻译他的作品,并兴起了一股研究库萨思想的热潮。**总的来说库萨研究可以分为三类:**②第一类是在19世纪下半叶围绕着库萨哲学中上帝与世界的关系问题而展开的泛神论与一神论的争论;第二类是20世纪对库萨思想与近代思想相关性和相近性的研究,这种研究往往割裂库萨的认识论,尤其是重点考察他中期有关人类精神的思想,在其中寻找近代思想(比如莱布尼茨的单子论、康德的先验认识论甚至黑格尔的辩证法和绝对精神思想,以及近代主体学说和个体学说)的影子,这种研究虽然澄清了库萨思想与近代尤其是德国哲学的重要关联,但是由于过多地将研究焦点放在库萨与后来思想的相似性上,忽视了库萨思想的时代情境和独特性;第三类是对库萨的许多重要思想(比如相合思想、无知思想、隐秘上帝思想等等)的前史探究,在库萨与新柏拉图主义、托名狄奥尼修斯、神秘主义等构成的思想传统中解读库萨的某些学说。**在这三类研究中,都有学者关注过库萨的内在性思想,以及上帝与万物的紧密关联,但大都囿于库萨思想的某一个方面,忽视了内在性思想作为库萨学说中心动机的贯通性和重要性。下文我们将以对库萨内在性思想的研究为主轴,选取一些代表性的研究,略述库萨研究的现状。**

一 19世纪下半叶库萨研究中的泛神论与一神论争论

在19世纪下半叶的库萨研究中,虽然"上帝与万物的关系"被当作库萨思想的核心问题而提出并成为研究的中心,但是讨论却局限在"库萨思想究竟是一神论还是泛神论"这一争论上。

---

① 关于库萨思想在15—16世纪的追随者(包括达·芬奇、布鲁诺、开普勒等)以及库萨作品在15—17世纪的出版情况和翻译情况,可以参见 Joseph Lenz, *Die docta ignorantia oder die mystische Gotteserkenntnis des Nikolaus Cusanus in ihren philosophischen Grundlagen*, C. J. Becker Verlag, Würzburg 1923, S. 2-5。

② 雅可比(Klaus Jacobi)在1969年的《库萨哲学的方法》(*Die Methode der cusanischen Philosophie*)一书中,曾对库萨哲学的研究现状做过这样的区分,但是雅可比本人也认为库萨哲学是对中世纪经院哲学的对抗,开启了新的哲学时代,雅可比追随他的老师罗姆巴赫(Rombach)用"功能主义"(Funktionalismus)理解库萨思想的做法,也属于在近代哲学的框架下理解库萨思想的解读方式,对此我们在下文将会述及。

无论是库萨的辩护者(认为库萨是一神论者)还是反对者(认为库萨是泛神论者),都是从经院哲学出发来理解库萨的思想,即认为泛神论是对基督教神学信仰的破坏。泛神论思想的特点在于上帝与世界的合一与等同,世界被神化了,上帝被世界化了,上帝就是世界,没有世界之外的超越性上帝,也没有上帝之外的自然和宇宙。泛神论一般都被指责为无神论,因为它取消了超越性,将上帝贬低为世界中的存在;另一方面,泛神论也被认为取消了个体存在,将个体贬低为假象或者属性。

19 世纪下半叶的这场争论,始于克莱门斯(Franz Jakob Clemens)①的研究,他最先发现了布鲁诺与库萨思想上的关联性,在此之前,布鲁诺好像是突然"跳入历史"的"谜一样的人物",被德国学者们不断称赞其深刻性和独特性,现在则发现了他思想的"真正的、直接的来源"和"先驱":布鲁诺的思想是以库萨的学说为前提和基础的。不仅如此,克莱门斯还认为,布鲁诺哲学中"最好的、最真的、最持久的东西"都取自库萨,而布鲁诺众所周知的泛神论在克莱门斯看来却不是来自库萨,而是倒退到库萨已经克服的立场上了。②

在克莱门斯提出他的论述之后,"库萨思想是一神论还是泛神论"的问题成为整个 19 世纪下半叶的库萨研究的焦点。19 世纪末,施奈德莱特(Georg Schneiderreit)在他的《尼古拉·库萨的体系中的统一性》(1902)③一书中,勾勒了这一时期双方论战的大致线索:克莱门斯的反对者,即说库萨是泛神论的那些人,比如斯托克尔(Stöckl),认为可以在库萨文本中找到证据。库萨确实说过"上帝是万物""上帝在万物中""在上帝之外没有存在"等有泛神论嫌疑的话语,尤其是他的对立面相合的学说最受争议。(其实早在库萨《论有学识的无知》完成后不久,与他同时代的海德堡大学教授文克[Johannes Wenck]就指责过他的相合学说是泛神论,导致了上帝和万物的合一。而库萨随后也进行了自我辩护,关于文克和库萨论战的这段公案,我们将在第二章具体分析库萨的早期学说时再作详解。)相反,支持克莱门斯的研究者,为库萨辩护的人,比如齐默曼(Zimmermann)、施陶茨(Storz)也能够找到文本依据。库萨明确说过,上帝作为无限者,与有限的造物之间没有比例(proportio)可言,上帝绝对地超越于一切造物,不可被认识。库萨文本中的两面性导致了双方争执不下的局面。于是法肯博格(Falckenberg)在《尼古拉·库

---

① Franz Jakob Clemens, *Giordano Bruno und Nicolaus von Cues, Eine philosophische Abhandlung*, Bonn 1847.
② Ibid., S. 145-161.
③ Georg Schneiderreit, *Die Einheit in dem System des Nikolaus von Kues*, R. Gaertners Verlagsbuchhanglung, Berlin 1902.

萨哲学的基本特征》(1880)①一书中，承认库萨那里同时有泛神论和一神论这两种因素，他列举了这两种因素的文本依据，并且将库萨那里泛神论与一神论的冲突看作是哲学与神学的冲突，是近代与中世纪的冲突。② 支持法肯博格这种观点的还有凯斯特纳（Kästner）。但是承认两种因素的做法并不能解决问题，此后争论仍在继续，于宾格（Übinger）和格罗斯勒（Glossner）各执一端：前者认为库萨哲学并不是泛神论，且可以和经院哲学相融洽，用经院哲学来理解；后者作为托马斯主义者，严厉批评库萨的学说，认为它使上帝和造物等同了，是反上帝的泛神论，绝对无法与阿奎那的学说相洽。

在这种局面下，施奈德莱特所做的工作是非常有价值的。首先，他不再如之前的大部分研究者，试图忽略库萨文本的一个方面，而只从另一个方面来为库萨作辩护或者提出批评——这种辩护和批评都是以经院哲学为衡量尺度的；其次，他也不像法肯博格那样，单纯将问题归于库萨学说的矛盾性。施奈德莱特试图从中寻找库萨哲学的统一性，但不是以一个方面为基础去统摄另一个方面。他首先列举了库萨学说中的四大矛盾，而这四大矛盾最终都可归结到上帝与世界之间关系的问题上，即一方面强调"上帝和世界的紧密关系"以及上帝的可认识性，也即上帝的内在性，另一方面强调"上帝绝对的超越性和不可认识性"，也即上帝的超越性。③ 在施奈德莱特看来毫无疑问的是，库萨"至少部分地清楚认识到"这些矛盾，并且用"有学识的无知"等学说来克服这些矛盾。库萨的体系，就是将在经院神学看来无法调和的一神论和泛神论统一起来的一种尝试。④ 尽管施奈德莱特认为库萨的统一并不十分成功，因为对矛盾的双方没有作概念上的精确界定，但是如果像之前的学者那样只执其一端，则是对库萨思想作了不公正的解读。我们不可简单地将内在性思想与泛神论等同，也不可将库萨对超越性的强调视为对所谓的泛神论论调的"外在的纠正"。

施奈德莱特对库萨解读的最大优点在于，他真正开始尝试理解库萨哲学本身，而不是在经院哲学的框架下对库萨哲学作正确与否的评判。库萨哲学不是传统意义上的一神论，也不是在经院哲学框架下与之相对的泛神论，他要做的工作超出了这一框架。可惜施耐德莱特的解读没有引起学界的关注，在他之后，从一神论或泛神论来解读或批评库萨的学者仍然有很多。

---

① Falckenberg, *Grundzüge der Philosophie des Nicolaus Cusanus*, Breslau 1880.
② Jacobi, *Die Methode der cusanischen Philosophie*, S. 50.
③ Schneiderreit, *Die Einheit in dem System des Nikolaus von Kues*, S. 7-8.
④ Ibid., S. 13.

二 20世纪对库萨思想与近代思想之相关性的研究

20世纪对库萨思想与近代思想之相关性的研究,大都从库萨早期和中期的思想,尤其是他的认识论思想出发,寻找库萨与近代哲学的相似性。这种解读方式有时隐约含有思想进步论倾向,认为近代哲学,尤其是德国哲学优于中世纪哲学,在此预设下学者们主要看到了库萨思想的超前性和预见性,用后来的思想比附库萨的思想。虽然这些比附有时候看上去确实很有道理,但它毕竟抹杀了库萨哲学的独特性和时代性。

在这种研究方向上,卡西勒(Ernst Cassirer)率先走出了关键性的一步。在他看来,是"认识问题的立场"使得库萨成为"第一个现代思想家"[①],因为库萨不仅仅像他之前的中世纪思想家那样追问上帝的存在,更重要的是,他从根本上"追问对上帝的认识的可能性",而库萨之前的哲学和神学对这一点是缺乏反思的。与经院哲学的这种区别在库萨的第一本哲学作品中就已经体现出来了:知性的推理认识无法达到无限物,因为后者作为对立面的相合超出了矛盾律的使用范围,于是对上帝的认识就需要一种新的逻辑和方法。这种认识者对认识之可能性的追问,就使得认识的一切对象,包括无限者在内,都应该能够"从人类认识的条件出发被理解"。此外,在卡西勒看来,相比前期的作品,库萨后来的作品越来越重视研究人类精神与上帝的关系,人类精神作为神圣精神的肖像,具有一种和上帝类似的创造力,它对外部世界不再是模仿(nachbilden),而是"按照自己的本质的相似性"去把握外部对象。精神"必须在它自身中发现中心点和确定性"[②]。

很明显,卡西勒对库萨思想的理解和定位,带有康德认识论哲学的色彩,并且单把库萨早期和中期思想中的认识学说抽出来。这种解读不仅以单纯的认识论将库萨哲学狭窄化了,而且只从人的视角看待上帝与万物,强调人的视角的优先性,而忽略了上帝反过来对人的规定,并且从根本上忽略了库萨学说的时代特点。库萨作为一个中世纪哲学家,认为人的存在和认识终究是取决于上帝对它们的规定,并且他的认识学说和人类精神的思想,最终是为了证明**超越性上帝**的内在性。因此卡西勒的解读是有些偏颇的,但是这种解读在库萨研究史上却占有相当的地位,影响了很多人对库萨的理解。

---

① Ernst Cassirer, *Individuum und Kosmos in der Philosophie der Renaissance*, Reprograf. Nachdr. Der 1. Aufl. Leipzig, Berlin 1927, 7. unveränd. Aufl. Wissenschaftliche Buchgesellschaft, Darmstadt 1994, S. 10-11.

② Ernst Cassirer, *Das Erkenntnisproblem in der Philosophie und Wissenschaft der neueren Zeit*, Erster Band, Zweite durchgesehene Auflage, Bruno Cassirer Verlag, Berlin 1911, S. 36-38.

和卡西勒一样,奥德布莱希特(Rudolf Odebrecht)、罗格纳(Hildegund Rogner)、里特(Joachim Ritter)①的研究,大体上也是在认识论的模式下,强调库萨对理性与知性的区分②,并把这一点作为库萨思想区别于中世纪经院哲学和神秘主义者的关键环节,这种做法固然使人部分地明白了库萨在思想史上的功绩和对后来学说的启示作用,但是脱离了库萨思想的整体,没有指明它对于库萨思想本身的意义。

奥德布莱希特在《尼古拉·库萨与德国精神——对非知性问题的历史的贡献》③(1934)中极力称赞库萨的有学识的无知和对立面相合的思想,认为这一思想是对知性之界限的冲击,是对超知性领域的逻辑奠基,借着这一思想,库萨对知性和理性作了结构性区分,从而与仅仅局限于知性和矛盾律的经院哲学分道扬镳,也与仅仅以神秘体验方式超越知性的神秘主义者区别开来。④ 此外,奥德布莱希特还将库萨的对立面相合思想解读为"圆圈式逻各斯"⑤,进而将这一思想与黑格尔的辩证法思想关联起来。罗格纳于1937年写作的《尼古拉·库萨哲学中的认识运动与存在》⑥一书也处在类似的思路下,认为"有学识的无知"的意义就在于确定知性认识的界限,进而超出知性,通过理性的概念运动向存在本身不断推进,然而理性和知性都有自己的有效性范围,不能通达上帝和存在本身。

追随奥德布莱希特和罗格纳的解读方向,在里特看来,库萨的无知思想与中世纪的教会神学以及神秘主义的"黑暗"都是不同的。有学识的无知,在根本上是要"用理性为知性划界,用无知给(知性的)知识划界",同时,理性也同样是有界限的。知性和理性都不能达到存在本身。存在本身对于知性和理性两种认识方式都有不同的隐秘的一面,也有不同的呈现方式。就其

---

① 约阿希姆·里特,卡西勒的学生,《哲学历史词典》(*Historisches Wörterbuch der Philosophie*)的主编之一。
② 关于知性与理性的区分的思想在德国思想史上其来有自,库萨是较早系统区分二者的思想家,本书后文中(见"第二部分")会结合库萨思想发展的过程对这一思想的展开过程进行详细说明。大体说来,知性是受形式逻辑支配的反思性思维,适合于常识性思考,而理性则是思辨性思维,适合于对上帝这类无限者的思考。
③ Rudolf Odebrecht, *Nikolaus von Cues und der deutsche Geist*, Ein Beitrag zur Geschichte des Irrationalitätsproblems, Junker und Dünnhaupt Verlag, Berlin 1934.
④ 主要参见 Odebrecht, *Nikolaus von Cues und der deutsche Geist* 第五章"通过相合技艺为非知性领域奠基"。
⑤ Ibid. ,S. 17.
⑥ Hildegund Rogner, *Die Bewegung des Erkennens und das Sein ind der Philosophie des Nikolaus von Kues*, Carl Winter's Universitätsbuchhandlung, Heidelberg 1937.

隐秘的一面看,是无知;就其呈现的一面看,是学识。① 在这个思想模式下,库萨不仅不同于神秘主义,也不同于库萨之后知性占据统治地位的几个世纪的思想,并且对后来的德国哲学产生了划时代的影响。里特发现,在库萨那里,思想与存在的关系发生了"根本性逆转":存在本身要"在人类知性和人类精神的概念性中","按照人类存在的规定性"去呈现自身,即便上帝也以这种方式向人呈现。② 存在于是和人类"主体性的中介"关联起来。里特强调,认识到这一根本变化,才是正确理解库萨的无知思想的"钥匙"。③

雅可比(Klaus Jacobi)和他的导师罗姆巴赫,用功能主义(Funktionalismus)解读库萨那里上帝与世界的关系。下文将看到,这种解读方式的长处在于把握了库萨学说对前人的突破,即库萨是在一种贯通性的整体运动当中谈论上帝与万物的关系,谈论上帝的内在性,而不是在分离的存在层级中,从有限物出发通过存在类比去谈论上帝。但是功能主义这种理解事物的方式本身是比较晚近才出现的,所以正如本茨在《个体性与主体性》一书中批评的,罗姆巴赫和雅可比不是在寻求对库萨的真正的理解,而是寻求"对自己一开始就确认下来的解读框架的确认"④。

雅可比的研究是以里特的结论为前提的,他援引里特,认为库萨开启了"新的存在论种类"⑤,他的存在论与他之前的存在论——以阿奎那为例——有根本的不同,并且他进而将这种不同规定为:在阿奎那那里,有限的个体物的存在是一种实体性的(substantial)存在,他的神学以对有限物的认识为开端和自明的基础,然后通过类比达到对上帝的认识,对上帝的认识是认识的终点,因此存在的秩序与认识的秩序是在相反的方向上发生的,由此会遭遇如下危险,即用存在论上在后的东西去规定在先的东西⑥;而在库萨那里,上帝不仅是存在的绝对前提(praesuppositio),也是认识的绝对前提,不认识上

---

① Joachim Ritter, "Die Stellung des Nikolaus von Cues in der Philosophiegeschichte, Grundsätzliche Probleme der neueren Cusanus-Forschung", in *Blätter für Deutsche Philosophie, Zeitschrift der Deutschen Philosophischen Gesellschaft*, Hrsg. v. Heinz Heimsoeth, Band 13, Junker und Dünnhaupt Verlag, Berlin 1939/40, S. 141.

② Joachim Ritter, "Die Stellung des Nikolaus von Cues in der Philosophiegeschichte, Grundsätzliche Probleme der neueren Cusanus-Forschung", in *Blätter für Deutsche Philosophie, Zeitschrift der Deutschen Philosophischen Gesellschaft*, Hrsg. v. Heinz Heimsoeth, Band 13, Junker und Dünnhaupt Verlag, Berlin 1939/40, S. 145.

③ Ibid., S. 146.

④ Hubert Benz, *Individualität und Subjektivität, Interpretationstendenzen in der Cusanus-Forschung und das Selbstverständnis des Nikolaus von Kues*, Aschendorffsche Verlagsbuchhandlung, Münster 1999, S. 81.

⑤ Jacobi, *Die Methode der cusanischen Philosophie*, S. 80-82.

⑥ Ibid., S. 13-14.

帝就想认识有限的事物,是徒劳无功的。对有限物的认识就是对上帝的认识本身,之所以如此,是因为有限物就是神显(Theophanie)。像阿奎那那样先把有限物作为与"上帝分离的实体","自在自为的存在",再"事后宣称有限物是被上帝设置、导致和创造的",显然与基督教的真理相悖。① 上帝从一开始就在有限物中。我们在一切有限物——作为绝对者的限定(contractio)——中都可以认识到上帝。在这个意义上,雅可比认为库萨摧毁了他之前的存在论,而产生了全新的哲学萌芽。因此我们要想在概念上把握它,必须以库萨之后的思想,而不是库萨之前的思想为导向。② 他用功能存在论(Funktionalontologie)来阐释库萨的存在论,即把个体物理解为整体的一个功能,用功能性(Funktionalität)代替实体性(Substantialität)作为存在者的存在意义和存在方式。每一个存在者都在与他物的关联中发挥作用和被限制,因此它不是自在自为的存在,而毋宁存在于他物中。③ 雅可比的解读,关键在于弱化上帝和造物的实体性,把实体功能化、关系化,事物的存在不在于其实体性,而在于它与整体以及整体的其他部分的关系,万物在世界的关系网络中获得各自的规定性。

施塔马赫(Josef Stallmach)则不仅仅是在库萨哲学中寻找主体性哲学的萌芽和影子,他还明确地将库萨中期的精神学说称为"主体性形而上学"④,认为库萨在这个时期,不仅在认识上,而且在存在上,把一切都归结到精神的活动上去了。无限精神创造现实的存在者,有限精神创造知性存在者,通过这两种方式,思想设置和产生自己的世界,世界不仅仅是对象,而且是主体自己创造出来的,由此产生了思想和存在的同一。⑤ 施塔马赫用康德的先验自我,解释作为绝对统一性本身的无限精神的自我运动。他认为绝对的统一性(即无限精神或上帝)走出自身进入他异性,然后通过扬弃他异性回到自身的展开过程,就是精神的内在运动,精神在这个运动中,既"通过自我中介完成了自身"⑥,同时又创造了现实存在并作为统一性内在于一切他异性之中。施塔马赫将绝对精神的自我运动称为库萨的"先验存在论"⑦。而有限精神通过反思自身的认识方式(感性、知性、理性),追溯每一种认识方式之可能

---

① Jacobi, *Die Methode der cusanischen Philosophie*, S. 14.
② Ibid., S. 17.
③ 参见本书第四章。
④ Josef Stallmach, "Geist als Einheit und Andersheit, Zur Noologie des Cusanus", S. 86. in *Nikolaus von Kues in der Geschichte des Erkenntnisproblems*, Mitteilungen und Forschungsbeiträge der Cusanus-Gesellschaft 11. Matthias-Grünewald-Verlag. Mainz 1975, S. 86-124.
⑤ Ibid., S. 87.
⑥ Ibid., S. 96.
⑦ Ibid., S. 94.

性条件,直至最终的可能性根据(即上帝),这一过程则被施塔马赫称为库萨的"先验演绎"。认识上的这种自下而上的追问是以存在论上无限精神自上而下的先验存在论为前提的。施塔马赫完全用黑格尔的绝对精神学说和康德的先验主体学说来对库萨的思想进行格义,我们从他对库萨的这部分研究中,似乎很难看到能体现库萨的时代特征与思想独特性的因素,因此这一研究很难令人满意。

三 20世纪对库萨思想前史的探究

19世纪下半叶在经院哲学内部对库萨的信仰正确性作辩护和批判的浪潮逐渐沉寂,20世纪初在库萨哲学中寻找近代哲学萌芽的热情也逐渐消退,此后,对库萨思想的研究似乎就较为冷静了,学者们更多地从库萨思想本身出发,希望通过追溯其学说的来源以求更好地理解库萨的思想。这类研究为我们呈现出库萨思想是基于何种影响成长起来的。霍夫曼(Ernst Hoffmann)、鲍曼(Karl Bormann)、康迪亚克(Maurice de Gandillac)、科赫(Josef Koch)、拜尔瓦尔特斯(Werner Beierwaltes)等许多研究者,在研究库萨的单个或者整体学说时,都发现了库萨思想与柏拉图主义尤其是基督教化了的柏拉图-新柏拉图主义的关联。**这条线索大致被勾勒为:柏拉图—普罗丁—普罗克洛斯—托名狄奥尼修斯的否定神学—埃克哈特的神秘主义思想—库萨**。这种思想上的追根溯源,让我们对库萨的内在性思想的来源,以及库萨思想与古希腊哲学、否定神学、神秘主义的区别,都有了更加深入的了解。**在下一章中,我们也将尝试在这条线索上,大致勾勒库萨的内在性思想的前史**。

霍夫曼认为,研究者们必须看到库萨与后来的泛神论、理性主义、观念论的区别,如果把库萨当作是新时代的倡导人或者先知,是对他的思想的误解。[1] 在《尼古拉·库萨的宇宙》[2](1930)中,霍夫曼归纳了库萨学说的三个基础:对立面的相合,内包(complicatio / einfalten)与外展(explicatio / ausfalten),个体物之间的和谐。这三个思想都是为了说明上帝与世界的关系。霍夫曼认为,库萨的这三个基本学说分别对应着柏拉图的三个学说:作为对立面之相合的绝对者,对应着柏拉图的理念;内包与外展的思想,对应着柏拉图的分有学说,是为了说明一和多、绝对者和个体物之间的关系;而作为个体物之间和谐之可能性的基督学说,则对应着柏拉图的爱(Eros)的学说。库萨与

---

[1] Ernst Hoffmann, "Nikolaus von Kues als Philosoph", Gleitwort zu: Nikolaus von Kues, *Der Laie über den Geist*, Felix Meiner Verlag, Leibzig 1936, S. 3-4.

[2] Ernst Hoffmann, *Das Universum des Nikolaus von Cues*, Sitzungsberichte der Heidelberger Akademie der Wissenschaften, Carl Winters Universitätsbuchhandlung, Heidelberg 1930.

以阿奎那为代表的经院哲学发生分歧的原因,正在于他与柏拉图的亲缘性:在个体与绝对者之间,只有一个中间环节,那就是爱,或者在基督教的语境下,那就是表明上帝之爱的基督;而经院哲学则通过层层的类比隔绝了上帝与个体。并且这种绝对者与个体之间直接的紧密关联,也不同于新柏拉图主义那里的层层流溢。霍夫曼这种大刀阔斧地将库萨哲学直接与柏拉图哲学关联起来的研究,让我们不再局限在经院哲学的狭小范围内争论,使库萨研究的视野一下子开阔起来,明了这一问题史的最初根源。但是关于一与多的问题,柏拉图哲学的理念论面临着分有学说的难题,而这也是亚里士多德以及新柏拉图主义所致力于解决的问题,包括托名狄奥尼修斯在内的基督教-柏拉图主义则是在基督教语境下对这一问题的继续探索,而库萨正是通过新柏拉图主义和托名狄奥尼修斯来理解柏拉图的,尽管库萨也接触过柏拉图本人的原文,但原文的接触和思想本身的接触毕竟是两回事。可以说,库萨思考问题的方式和视角在根本上还是由中世纪基督教神学塑造出来的,因而与柏拉图的思想情境还是截然不同的,我们不能抽象地将他的思想与柏拉图对应起来。

法国学者康迪亚克具有一般学者所没有的深度和广度,他将库萨的整个哲学放在前后纵横的哲学史中考察。就库萨与库萨之前的哲学的关系而言,康迪亚克倾向于在柏拉图主义-新柏拉图主义-基督教中的柏拉图主义的传统中考察库萨的思想。库萨的很多重要学说,比如他的精神学说中的动力学式的上升-下降,必须追溯到普罗丁的流溢-回归的学说[1],他的"内包-外展"思想也是由新柏拉图主义为其奠基的[2],他的相合思想是由普罗丁和普罗克洛斯为他铺路的,而最为重要的是,库萨那里用来表达绝对者之创造力和内在生命以及绝对者与万物的内在性关联的三一性的辩证法,也是深受这一传统的启发。[3] 此外他也发现,同样位于这一传统中的托名狄奥尼修斯的否定哲学和埃克哈特的神秘主义,对库萨哲学的影响也是不容忽视的。

科赫在《库萨的猜想技艺》(1956)中勾勒了普罗丁之后的新柏拉图主义传统的流传,而库萨思想由于受普罗克洛斯和托名狄奥尼修斯的影响,就被归纳进这一传统之中。科赫认为,库萨在写作《论有学识的无知》时对于这一传统还没有明确的立场,而在《论猜想》中,则基于这一传统发展出了前后

---

[1] Maurice de Gandillac, *Nikolaus von Cues. Stuedien zu seiner Philosophie und philosophischen Weltanschauung*, L. Schwann Verlag, Düsseldorf 1953, S. 96.
[2] Ibid., S. 117.
[3] Ibid., Fünftes Kapitel, "Von der Dyas zur Dreieinigkeit".

融贯的统一性形而上学(Einheitsmetaphysik)。① 这种统一性形而上学是对经院哲学的"存在形而上学"的替代,后者的基本思想被科赫勾勒为:上帝的存在与存在者的存在的区分,存在的类比,存在层级的区分,事物由质料和形式复合而成,以矛盾律作为存在法则,等等。而统一性形而上学则不再以"存在",而代之以"统一性"作为根本原则,用统一性与他异性的相互运动来建构事物以及事物之间的区别与相互关联。② 科赫的研究使我们对库萨形而上学的思考有了新的视角,但是库萨哲学与经院哲学是否处于这种敌对的关系,以至要用新的形而上学替代它,尚待更深层次的考察。

拜尔瓦尔特斯是一位新柏拉图主义哲学的专家,他把新柏拉图主义的思想概括为"一的思想"(Denken des Einen),即把最初物思考为一,并在与多的关联中思考它。这种哲学发端自柏拉图,但在新柏拉图主义这里则成为哲学的中心动机。③ 新柏拉图主义通过构想三种以不同方式表现统一性的本质性(即太一、精神、灵魂)以及它们的相互中介,进一步发展了柏拉图的"一的思想"。新柏拉图主义的"一的思想"对于基督教神学是奠基性的,它影响了托名狄奥尼修斯、波埃修、爱留根纳、波纳文图拉以及库萨和库萨之后的费奇诺、布鲁诺、莱布尼茨、谢林、黑格尔的思想。④ 这种影响最深刻之处在于辩证法,即最终与太一相关联的那种思想努力,以及思考指向太一之运动的动力学。⑤ 在这一思想背景下,拜尔瓦尔特斯研究了托名狄奥尼修斯对于库萨的影响⑥,因为前者是库萨的新柏拉图主义思想来源的一个重要的中介。库萨的许多核心思想,比如上帝之内在性与超越性的统一、"神秘的观看",都是受了托名狄奥尼修斯的影响。⑦ 尤其托名狄奥尼修斯的"否定神学"从根本上影响了库萨晚期的"非-他者"(non aliud)思想,即一方面上帝"不是他物",不同于一切他物,因而是绝对的他异性,强调上帝的超越性,另一方面上帝对于万物来说都"不是他者",即上帝无非就是万物,强调了上帝的内在性。拜尔瓦尔特斯指出,这种内在性与超越性的辩证统一是新柏拉图主义传统对最初物和善本身的基本的理解方式。⑧

---

① Josef Koch, *Die Ars coniecturalis des Nikolaus von Kues*, Westdeutscher Verlag, Köln und Opladen 1956, S.15-16.
② Ibid., S.20.
③ Werner Beierwaltes, *Denken des Einen. Stuedien zur Neuplationischen Philosophie und ihrer Wirkungsgeschichte*, Vittorio Klostermann Verlag, Frankfurt am Main 1985, S.11.
④ Ibid., S.13.
⑤ Ibid., S.15.
⑥ Werner Beierwaltes, *Der verborgene Gott, Cusanus und Dionysius*, Paulinus-Verlag, Trier 1997.
⑦ Ibid., S.10-11.
⑧ Ibid., S.19.

四 国内的库萨研究①

相比国外的库萨研究，国内的库萨研究不仅起步很晚，到20世纪八九十年代才有研究者涉及他的思想，而且进展比较缓慢，比较缺乏对库萨思想详细而全面的介绍与讨论。复旦大学的尹大贻先生可谓开了国内库萨研究的先河。在由山东人民出版社出版的《西方著名哲学家评传》(1984)系列丛书的第三卷中②，尹大贻执笔撰写了关于库萨的部分，对库萨的生平、教会政治活动以及库萨早期的重要思想，尤其是"有学识的无知"与"对立面的相合"思想，以及所谓的库萨的"泛神论"倾向进行了介绍。随后尹大贻着手翻译了库萨的第一部重要的哲学作品《论有学识的无知》③，为国内的学者们提供了直接进入库萨文本的入口。李秋零先生的博士论文《上帝·宇宙·人》④(1992)是国内库萨研究的第一本专著，对库萨的《论有学识的无知》进行了深入分析，追随库萨的文本分析了库萨这部作品以及他的整个哲学的三个核心内容——上帝、宇宙、人。在这部作品中，作者受卡西勒的库萨解读的影响较大，认为由于库萨"论证了(人的)精神的无限能力"，"将人升为哲学的最高主体"，先于笛卡尔两个世纪"倡导和体现了近代哲学的精神"，因而可以说库萨是近代哲学的创始人，并与德国哲学在精神实质上有某种一致性。⑤李秋零先生翻译的《论隐秘的上帝》⑥是国内的第二本库萨作品译著，这部书中包括了库萨于1444—1445年写作的关于"隐秘的上帝"的三部曲论文，分别是《论隐秘的上帝》(De deo abscondito)、《论寻觅上帝》(De quaerendo deum)和《论与上帝的父子关系》(De filiatione dei)。这部书既表现了库萨与否

---

① 关于国内库萨研究的现状，本书主要参照了上海社科院杨宏声先生的研究成果。杨宏声先生的《中国的库萨的尼古拉研究》一文，由 Daniel Künstler 翻译为德文，笔者在2010年2月参加于德国美因茨举行的2010年库萨青年研究者会议（"尼古拉·库萨的现代性"）时，结识了当前德国和法国的一些主要的库萨研究者，并从库萨研究协会的主要负责人 Harald Schwätzer 教授处得到了杨宏声先生这篇研究的德文版本。本人在此对杨先生以及 Schwätzer 教授表示感谢。

② 尹大贻：《库萨的尼古拉》，见钟宇人、余丽嫦编：《西方著名哲学家评传》第三卷，济南：山东人民出版社，1984年，第1—56页。

③ 库萨的尼古拉：《论有学识的无知》，尹大贻、朱新民译，北京：商务印书馆，1997年。笔者将此书译为《论有学识的无知》，是为了在库萨内在性思想的基础上，说明"知识"与"无知"的辩证关系。详细参见本书第三章。

④ 李秋零：《上帝·宇宙·人》，北京：中国人民大学出版社，1992年。

⑤ 李秋零先生对库萨思想的这种解读和思想史定位当然不无道理，但是笔者认为，库萨毕竟还是与笛卡尔以来的近代哲学有所不同，因此在本书的"余论"部分中，我们将在正文详细论述和分析库萨内在性思想的基础上，通过挖掘库萨与笛卡尔等人的某些思想的一致性和差异，来进一步理解库萨思想的独特之处。

⑥ 尼古拉·库萨：《论隐秘的上帝》，李秋零译，北京：生活·读书·新知三联书店，1996年。

定神学传统——尤其是托名狄奥尼修斯思想——之间的重要关联,也表现了库萨内在性思想的独特之处,因而这个译本为国内读者进一步深入了解库萨思想,打开了一个很好的窗口。

还有一些国内学者的哲学史类作品也涉及对库萨思想的论述,比如赵敦华先生的《基督教 1500 年》(1994)①和唐逸先生的《理性与信仰:西方中世纪哲学思想》②(2005)中都有对库萨的论述和定位。前者论述了库萨思想与新柏拉图主义和埃克哈特大师思想的渊源,对本书有较大的启发;后者则提出了与李秋零先生不同的对库萨的思想史定位,将库萨视为最后一个经院哲学家。这些不同的观点进一步推进了国内的库萨研究与讨论。杨宏声先生在《中国的库萨的尼古拉研究》(2008)一文中不仅对国内库萨研究的现状作了非常全面和详细的研究综述,也分析了国内库萨研究亟待展开的六个主要方面,本书在此不赘述。此外,杨俊发表的《论库萨的尼古拉的否定神学思想》③(2009)一文,则以库萨《论有学识的无知》中对"无限"的论述为基础,分析了库萨的否定神学思想。以上为笔者目前收集到的国内(不包括港台地区)库萨研究的主要文献,对其他一些研究者的学术贡献难免遗漏,更详细的情况可以参考杨宏声先生的综述。

小 结

以上我们可以看到,学界对库萨关于上帝与世界关系的内在性思想的解读,不乏切中肯綮者。但我们也不难发现这些研究大都有其偏颇之处:学者们往往较多关注库萨思想与他之前、之后哲学传统的相近性和关联性,而较少关注库萨哲学本身及其发展线索,尤其是库萨晚期的能-在思想对于库萨整个思想发展的意义。造成这种偏颇的原因可能是,目前为止的西方库萨研究界,虽然并不缺乏对库萨思想的恰当定位,但却缺乏一种非常有说服力的,通过对库萨一生思想贯通性的、主次分明的详尽考察来对这种定位进行证明的研究,因此,即便有中肯的定位,也只是就库萨思想的某个方面,或就他与其他个别思想家的关系发表的评论,零散而不成体系。笔者所要做的工作不是推翻学者们的这些研究,而是站在这些研究者的肩膀上,试图追随内在性

---

① 赵敦华:《基督教哲学 1500 年》,北京:人民出版社,1994 年。
② 唐逸:《理性与信仰:西方中世纪哲学思想》,桂林:广西师范大学出版社,2005 年。
③ 杨俊:《论库萨的尼古拉的否定神学思想》,见《学理论》2009 年第 32 期,哈尔滨:哈尔滨社会科学院。

思想这条线索,对库萨一生的思想及其历史定位作出自己的理解。

　　本书的主旨就在于通过确定库萨作品的重点、发展线索和发展阶段,对它们进行依次考察,寻找库萨思想的统一性和独特性,在此基础上确定库萨的内在性思想在西方思想史上的地位。

第二章　库萨哲学思想的渊源

第一节　内在性思想与一-多关系问题

上帝既超越于世界上一切有限事物的能力之外,又现实地体现其力量于世上万物之中,这是中世纪思想的常识,但不同的时代和不同的思想流派,对这一点的阐释却大相径庭。库萨是第一个以一种思辨的内在性思路,系统地说明这一点的思想家。

内在性(Immannenz)概念,以及与它相对的超越性(Transzendenz)概念,是比较后起的一对概念,在经院哲学那里才出现。到目前为止,关于这对概念,都鲜少有学者进行过专门的研究讨论,并且哲学家和学者们对它们的运用虽然普遍,却是比较混乱的、无反思的。① 这对概念最初的含义是为了区分"内在的行动"(actions immanentes)和"超越的行动"(actions transitoires):前一种行动(如认识、思想、观看等)的结果停留在行动者自身当中,而后一种行动(如创造、建造、生产等)的结果超出自身之外,产生了向外的作用。经院哲学也把这种区分运用到上帝上,来分析圣父、圣子、圣灵三个位格的关系。②

在近代哲学和当代哲学中,这对概念的一种比较常见的用法是在认识论和现象学的意义上,其开端可以追溯到康德。在康德的《纯粹理性批判》中,只要把对诸概念、范畴和原理的运用限制在现象领域中,限制在可能经验的范围内,这种运用就是"内在的"(immanent),而纯粹理性的理念(Ideen)由于超出经验领域,则是"超越的"(transzendent,在康德哲学中译本中一般被译作"超验的"),将知性的范畴运用于其上则是一种僭越。康德之后的德国观念论哲学、新康德主义哲学、现象学都是在康德所开启的方向上运用这对

---

① *Historisches Wörterbuch der Philosophie*, Bd. 4, Hrsg. von Joachim Ritter, Karlfried Gründer und Gottfried Gabriel, Basel 1976, S. 220.

② Ibid., S. 221-223.

概念,当然这些流派和不同哲学家的运用之间都有差异。①

这里所讲的作为库萨思想之核心的"内在性"概念,以及相应的"超越性"概念,与作为哲学中心问题的"一和多的关系"问题,以及在中世纪思想情境下的"上帝和世界的关系"问题相关。尽管在"一-多关系""上帝-世界关系"问题的哲学发展史上,哲学家们(包括库萨在内)大都没有直接运用这两个概念,直到斯宾诺莎才首次明确运用它们来说明上帝与造物的关系②,但是内在性和超越性事实上早已成为哲学家们论述一-多关系,尤其是上帝-世界关系时的核心问题和现象,以至于有学者认为从对内在性和超越性的理解可以勾勒出从前苏格拉底直至中世纪结束时的一个思想传统。③

我们在进入库萨的内在性思想之前,有必要先梳理一下他的思想来源。**对库萨的内在性思想产生最直接影响的,主要是新柏拉图主义,以及受新柏拉图主义影响的托名狄奥尼修斯和神秘主义者埃克哈特**;此外同样位于基督教-柏拉图主义这条线索中的爱留根纳和大阿尔伯特,对他也有影响。但是,我们对库萨之前的内在性思想的梳理不能仅限于基督教-柏拉图主义这条思想线索,还必须以古希腊思想,尤其是柏拉图和亚里士多德那里传承下来的"一与多关系"的问题史为背景,才能说明内在性思想的来源。这首先是因为,对基督教中内在性与超越性的辩证思想影响至深的新柏拉图主义,所探讨的问题是从柏拉图和亚里士多德那里继承而来的;其次,更为重要的是,古代对一与多问题的讨论不论是在问题本身上还是在讨论问题的方式上都为基督教神学提供了范本,尽管基督教与古代的世界图景有根本不同。

如果允许将古代的存在(巴门尼德)、理念与至善当作超越者,那么在古代,超越性与内在性之间的张力并不如中世纪那么大,也不是古代人关注的核心。在古代,问题的核心是一和多之间如何发生一种必然的贯通(这里强调"必然的贯通"是为了跟中世纪上帝意志的偶然性形成对比)。因为理念作为永恒原则与秩序,并不是一个凭自己意志便决定自身在多大程度上内在于世界的绝对主体,内在性的程度由事物趋近于理念的程度决定,因而核心问题是一与多的秩序性必然关系问题,而非绝对主体与造物之间的意志性权力关系问题。但是,尽管如此,**古代的一与多关系问题还是从根本上决定了中世纪人思考上帝与世界关系的方式**:比如在三位一体学说(典型的如奥古斯丁)、层级宇宙观(典型的如阿奎那)、共相的实在性问题(典型的如唯名论

---

① 详细可参见 *Historisches Wörterbuch der Philosophie*, Bd. 4, Hrsg. von Joachim Ritter, Karlfried Gründer und Gottfried Gabriel, Basel 1976, S. 224-229。
② Ibid., S. 223.
③ Ibid., S. 220.

与实在论之争)、无限精神与人类精神的关系问题(比如库萨)等主题中,都可以看到古代一一多关系问题中常见的分有学说、流溢说或亚里士多德式的发展论的影子;尤其是希腊化时期的新柏拉图主义哲学,在当时作为希腊哲学的综合和化身,被认为很适合用来解释基督教的上帝与世界、人的关系,对草创时期的基督教学说产生了直接的影响,经由教父们和托名狄奥尼修斯对它的接受,对整个中世纪的基督教神学都有影响。另外还必须一提的是,对于库萨的内在性思想而言极为核心的能-在思想,也深受亚里士多德潜能-实现学说的影响,虽然他与亚氏处在不同的思想情境之下,并对后者的思想进行了改造。

综合上面所说的,我们将本章的结构安排如下:在本节中,我们将首先提出古代的一—多关系问题,通过综述柏拉图和亚里士多德对此问题的处理方式,来追踪中世纪的上帝-世界模式下的内在性思想的前史;而在接下来的两节中分别论述库萨思想的三个直接来源,即在第二节中,论述新柏拉图主义关于一的思想,新柏拉图主义者们和教父们生活在相同的时代,他们对后者的思想产生了最直接的影响;第三节论述新柏拉图主义思想(尤其是普罗克洛斯的思想)的基督教变体——托名狄奥尼修斯的否定神学,以及埃克哈特大师的神秘主义思想,在这一节中我们会涉及对古代思想和基督教思想之差别的讨论;最后一节则是在前三节的基础上,综述库萨的内在性思想与这一思想传统的关联和差异。

一作为多的基础和本源,这一思想主要是柏拉图以及受他影响的哲学所持有的。自巴门尼德和柏拉图以来,一与多的关系问题成为哲学的一个中心问题。古希腊人从现实存在出发,追问其原因和根据,由此就**从现象的多追溯到原因的一**。一作为普遍物,是个体事物的根据,给予后者以规定性。作为最初物的一如果消失了,作为在后者的多也就不存在了,这是自柏拉图以来贯穿整个古代和中世纪的观点。

在柏拉图哲学中,现象与理念就是这种关系,而在诸理念之上,作为最高理念的至善(agathon)则是使一切存在和认识得以可能的最终根据。现象世界本身是变动不居的,它的存在、意义与合法性都来自理念世界对它的维持,这是柏拉图面对智者们的诡辩和怀疑,为拯救现象世界而作的思想努力。柏拉图的这种努力,一方面是以现象世界与理念世界的分离为前提的,两个世界不相互过渡,现象世界也不是从理念世界中产生出来的,理念世界作为现象世界的根据必须在现象世界之外,由此才能保证为现象世界提供一个自身稳固的根基;另一方面是通过现象世界对理念的分有或模仿来实现,由此现象世界才能与理念世界关联起来并获得规定性。分有和模仿是个体物指向普遍性和事物应然状态的一种向上的努力和诉求。理念世界是静止的、不变易的,而变动不居的现象世界中的个体事物,因为分有和模仿永恒的、不动的、普遍的理念,才能获得理念的普遍性和存在性。比如,人通过分有"勇敢"这一理念而成为勇敢的人,桌子因为分有"桌子"的理念而成为桌子。理念世界与现象世界既分离又分有的关系模式,是"拯救现象"的关键,也是柏拉图学说的中心环节。

两个世界的分离,造成了理念世界对于现象世界的超越性,理念世界在现象世界的彼岸。分离是理念世界作为最终根据本身的自足性和完满性的明证,也是它作为现象之存在和意义根据的前提,因为分离使得理念世界摆脱了现象世界的变易性,而能够自身持存。但是一与多、理念世界与现象世界的二分也产生了难以解决的问题。现象的多如何从理念的一获得规定性和存在,或者换句话说,分有和模仿如何发生?建立在分离前提之上的分有学说和模仿学说,没有给出让人信服的答案,会产生一系列难以解答的难题,如第三者难题。柏拉图本人在晚年也对分有学说进行了反思,而亚里士多德对柏拉图理念学说的批评正是从对现象世界与理念世界二分的不满开始。

亚里士多德反对感性世界与理念世界的分离,在他看来,事物的本质不在事物之外,而在事物之内,个体事物自身中就有普遍性的环节。不同于柏拉图,亚里士多德从日常知性出发,认为现实存在的个体物本身就是实体,纯粹形式并不能作为独立的实体而存在(比如,没有一个"普遍的人"现实存在着),存在着的只是个体物,它是具有某种形式的、有规定性的事物,是质料和形式的复合。这样,个体物本身就与普遍物不可分割地缠绕在一起。而亚里士多德的发展学说,就是要说明普遍物(形式或者理念)如何与感性物关联:形式就是目的,也是事物发展的动力[①],事物存在的进程就是从无形式发展到有形式,或者从一个形式发展到另一个形式,形式成为事物内在的发展动力和逻辑。这样一来,在柏拉图那里与感性的个体物分离的理念,在亚里士多德这里就动力化地内在于事物当中了。亚里士多德的四因说在根本上就是为了解释现实的个体物如何存在,这在另一个意义上也可以用潜能-实现的模式来理解,事物总是处在从潜能到现实性的实现过程当中。

虽然亚里士多德和他的老师柏拉图一样,都是面对智者的相对主义,要为变动的感性的世界寻找稳固的基础,但是柏拉图是通过区分精神性的理念世界(一)与质料性的感性世界(多),把后者的根据置于前者之中,而亚里士

---

① Aristoteles, *Metaphyisk*, Nach der Uebersetzung von Hermann Bonitz, bearbeitet von Horst Seidl Felix Meinerverlag, Hamburg 1995, 1070b31-33. (以下对《形而上学》的引用均据此本,中译文均为引者所译,只标明通行边码。)

多德则从给定的现实性出发,通过分析现实存在,在它当中发现事物存在和变化的原因。在亚里士多德看来,事物存在与运动的原因就在感性的事物当中,存在着的事物总是从潜能到实现,从一个形式向更高的形式过渡,由此事物的生成变化就成为一个连续的运动发展,每一个存在者和存在整体都成为统一的、连续的动力运动,在这个过程中没有中断。

我们可以看到,在柏拉图那里一与多的分离所造成的难题,在亚里士多德这里则通过一的内在化而得到解决。一作为多的本质结构(形式、目的、推动力)内在于多当中,使得一作为多所不可缺少的原则在多当中本质性地存在着。这一处理方式使得整个存在成为自我发展的、连续的整体,**柏拉图那里分离着的一与多被融合进了一个统一的动力过程之中**。可以说,亚里士多德的四因说和潜能-实现学说是对一—多难题的一次比较成功的解答。

第二节　新柏拉图主义的"一的思想"
——以普罗丁为例

希腊化时期,由于生活环境的动荡,在一—多关系上人们就寻求一种更加紧密的关联。新柏拉图主义者作为柏拉图学说的追随者,不能忍受柏拉图那里一与多之间的断裂,而要求一种连续的发展;同时他们也不满意亚里士多德的多个原因的学说没有看到作为最终原因的一,以及它对于存在的超越性。[①] 因此,他们试图结合柏拉图的理念论和亚里士多德的发展学说,一方面保留柏拉图那里一对于多的超越性,另一方面通过太一的永恒流溢学说来解释一与多的关系,从而解决柏拉图的一与多分离的局面。太一通过连续的、层级式的流溢规定了整个宇宙,基于一的内在性,多不是无价值的,而是一的在场;同时,太一仍保持自身超出于整个存在。超越性和内在性辩证地相互结合相互支撑,而且正因为超越性,绝对者才具有内在性的力量。"绝对的、既超越于万物又内在于万物之中的建构着的、作用着的统一性",是柏拉图-新柏拉图主义传统对后来思想的重要教诲。[②] 考虑到普罗丁对新柏拉图主义思想的开创性地位,我们本节中对新柏拉图主义思想的论述就以普罗丁为例。

直到柏拉图学园关闭(529),普罗丁所开创的思想都是整个古代晚期的

[①] Jeans Halfwassen, *Plotin und Neuplatonismus*, Verlag C. H. Beck, München 2004, S. 13.
[②] 参见 Werner Beierwaltes, "Theophanie: Nicolaus Cusanus und Johannes Scottus Eriugen", in *Nikolaus von Kues in der Geschichte des Platonismus*, hrsg. v. Klaus Reinhardt u. Harald Schwaetzer, S. Roderer-Verlag, Regensburg 2007, S. 106.

主导思想。普罗丁将自己的学说理解为对真正的柏拉图哲学的"复兴和阐释"①,将自己定位为柏拉图忠实的追随者。当然他的思想中也融合了前苏格拉底思想、亚里士多德的一些关键的洞见以及斯多亚派的伦理思想。新柏拉图主义(当然包括普罗丁在内)所认为的柏拉图的基本问题是:一与多的逻辑关系和存在论关系②。普罗丁以及由他而来的新柏拉图主义思想常常被界定为"一的思想"或"统一性的形而上学",多从太一产生又返回于太一,这种一和多的辩证的存在建构是对古希腊的本原学说的多种模式——特别是柏拉图和亚里士多德的相关理论——的综合。

"一的问题"是普罗丁思想的核心,他将《巴门尼德篇》作为重要的文本依据。他承认一的绝对的超越性。一必须是超存在的、超认识的,一必须是超出于现象世界的,非此不能体现它的力量,非此它无法作为多的根基和本源。然而他也必须致力于解答"多如何从一获得规定性和存在,如何从一当中产生"这个难题。普罗丁借用了亚里士多德的思想,对柏拉图的超越的一的思想和亚里士多德的内在的发展学说作了一种混合,发展出自己的"流溢说":一作为绝对者,通过流溢产生世界的多个层级:依次为精神、灵魂、个体物构成的感性世界,直至作为非存在的极端界限的无形式的质料。通过流溢的方式,一内在于世界的多样性之中。太一③、精神、灵魂,这三种最初的本质性(Wesenheiten)④是一的三种形态,分别相应于《巴门尼德篇》的前三个假设(Hypothese)。

第一个一是太一本身,是绝对的、纯粹的、真正的一,把一切多排除于自身之外,与多分离、超越于一切多的一,因此普罗丁将这种一称为 a-pollen(Nicht-Vieles)。它高于存在和思想。太一是绝对的自足,它没有任何的需求,甚至不需要自身;它不思考,甚至不思考自身,因为思考就意味着二,就必定涉及他者,不论他者在自身之内还是之外。⑤ 太一也不运动,因为运动必须设定在自身之外的目标⑥。一切事物都从这个最初物中层层流溢而出。

---

① Halfwassen, *Plotin und Neuplatonismus*, S. 17.
② Werner Beierwaltes, *Denken des Einen: Studien zur neuplatonischen Philosophie und ihrer Wirkungsgeschichte*, Vittorio Klostermann Verlag, Frankfurt am Main 1985, S. 66.
③ 普罗丁那里的最初的"一"一般译为"太一",本书也遵此惯例,而在别处仍译作"一"。
④ Plotin, *Seele-Geist-Eines: Ennede IV8, V4, V1, V6 und V3*, Griechischer Lesetext und Übersetzung von Richard Harder, in einer Neubearbeitung fortgeführt von Rudolf Beutler und Willy Theiler, eingeleitet, mit Bemerkungen zu Text und Übersetzung und mit bibliographischen Hinweisen versehen von Klaus Kremer, Griechisch-deutsch, Felix Meiner Verlag, Hamburg 1990, V1(10) "Die drei ursprünglichen Wesenheiten".
⑤ Ibid., V6, n. 32.
⑥ Ibid., V1, "Das Jenseitige denkt nicht".

流溢是出于太一的充满,而不是一种必需,不是太一的愿望或者实现自己的需要,在流溢的过程中,太一仍保持在自身之中,它不因流溢而失去自身。正如"太阳在释放光芒的同时仍坚守自身"①。普罗丁之所以用太阳和阳光来比喻两者的关系,是因为如同从太阳所流溢出来的力量无法脱离于它的来源,精神也不可能独立于太一而自存。

第二个一是精神(nous),它是最先从太一中流溢而出的。精神是思考着的自己与自己的关联,但是精神的自我思考不是一个部分对另一个部分的思考,它和自己的对象是同一的,它同时就是思考者和被思考者(存在),是思和有的统一。这第二个一正是通过思考自己的存在、通过思考着的自我关联而建构自身的。普罗丁称这种一为 hen-polla(Eines-Vieles),它是包含多在自身之内的一,是自我关联着的统一性。精神的本质性的自我关联着的思考,是以**精神向太一的返回**(epistrophe／Hinwendung)为前提的,精神起初只是一种把握超越者的欲望,只有当它把握了它自己的根据和出发点,认识了自己从上帝(太一)所接受的东西,它才真正获得自身和认识自身,才获得统一的力量,它才能不断建构自身和生成为精神,精神才成为自我关联着的统一性。②产生和返回其实是同一个行动,两者是同时的,没有返回也就没有产生。

而第三种一③——灵魂(psyche)——则是从精神流溢出的作用力和生命力。灵魂就是精神的流溢和向外展开(但与此同时,精神也仍然**坚守**于自身之中),太阳和光的比喻也同样适用于精神与灵魂的关系。在精神那里,多还是在一当中内含着的,而在灵魂中,多展开了。因此普罗丁称这种一为 hen kai polla(Eines und Vieles)。多从一当中展开了,但是多仍被一的力量规范着,使得每一个多仍是一。灵魂有两种,一是整体灵魂(宇宙灵魂),一是个体灵魂。宇宙灵魂赋予整个世界以生命,个体灵魂则在个体物当中实现自身。同样,灵魂也必须向精神返回,必须始终与精神的包容着多的一(Eines-Vieles)相关联,才能建构存在的整体性,才能真正达到自我认识,真正占有和实现自己,否则个体间就会相互分离。由于这种"坚守-产生-返回"(mone-proodos-epistrophe)的机制,精神就作为灵魂的根据在灵魂的展开中在场。

在普罗丁这里,最终的感性世界是灵魂自我展开的结果,灵魂的展开成就了整个感性世界及其具体内容,直至无规定性的质料。"灵魂创造一切生物,给予它们生命,创造形体和宇宙,给予它们形式和秩序",万物中都有灵

---

① Plotin, *Seele-Geist-Eines: Ennede*, V1, n.34.
② Ibid., V3, n.100-106, n.54.
③ Ibid., IV8, "Der Abstieg der Seele in die Leibeswelt".

魂,并且灵魂不是作为部分而在万物中,而是整个地在一切事物之中,灵魂使得事物具有尊严,获得神性。① 同时,灵魂在展开中仍将自己的一部分保存于精神领域中,这一部分使得灵魂不会完全沉溺于感性世界,而会驱使灵魂反思自身,向本源返回。

普罗丁通过构想作为一的不同形态的三种本质性(太一、精神、灵魂),并使它们相互中介、相互关联,进一步发展了柏拉图的一的思想。一方面,**坚守-产生-返回**的模式保存了柏拉图关于一的超越性的思想,超越性是奠基性力量的条件,奠基者必须高于、大于被奠基者,最高的一则是绝对的超越性。另一方面,产生和返回作为同一个行动的两个方面确保了一在多当中的内在性,表明了被产生者和原因的积极关联,使得自上而下、自下而上的整个体系成为动力性的统一体,使得一切存在者都与本源关联,甚至最边缘的多都被太一的动力作用贯穿,使得万物自我超越,自我提升,向它返回。通过太一在不同层级当中的动态的存在,普罗丁达到了存在论的连续性。普罗丁的历史功绩被归纳为,在一个从整体看来紧密的、把握了现实性整体的理论当中处理一与多的辩证关系。②

"坚守-产生-返回"这一存在机制在普罗丁思想体系当中的关键地位显而易见,然而我们还必须探讨这一机制如何发生。普罗丁那里尚无作为人格主体的上帝观念,那么这一存在机制就不能按照我们对原因的一般看法来理解,即要么把这一机制本身理解为一种主体性力量,要么是某种主体性力量作为它背后的推动者,从而促使太一通过层层流溢,通过产生和返回的运动,渗透到一切存在当中。这一机制的发生毋宁是另一种模式,我们在尝试理解这一模式时也必须改变我们现代人对原因的一般看法。古代人生活的一个基本预设是,万物的存在和变化,以及人的行动,都现实地贯注了理念的存在,并以理念为导向。在此基本预设之下,不需要某种超越的**主体性**力量来推动这一机制,统一性的各层次及其运动都不是一种想要掌控和操纵一切他物的人格主体。**这一机制的发生毋宁出自人、万物对理念的成全,对善、对理念、对宇宙应然之秩序的不断努力接近,尽管不同事物的成全之间尚有充分和不充分的区别。**这种发生方式决定了普罗丁以及由他而来的新柏拉图主义思想仍然是一种古代学说,与中世纪神人格主体的神学有着巨大的差异。

---

① Plotin, *Seele-Geist-Eines: Ennede*, VI, n. 5-13.
② Beierwaltes, *Denken des Einen*, S. 68.

第三节　托名狄奥尼修斯和埃克哈特大师

太一是超越的,同时又是万物的源泉。超越性是和内在性辩证地结合在一起并相互支撑的,正因为有超越性,绝对者才具有内在性的力量。内在性在新柏拉图主义那里主要是通过**层级宇宙**世界图景以及"**坚守-产生-返回**"的互动模式而实现的。这种思想被基督教神学接受,并与基督教的三位一体、道成肉身和救赎等核心思想相融合,发展出基督教的上帝学说以及上帝-世界关系学说。绝对的无限者创造有限物并内在于一切造物中,有限物通过内在于自身当中的神性又返回到无限者,并且它越是努力发现自己当中的神性,就越发现上帝爱自己,它也越爱上帝,它通过自我超越和层层上升,最终要达到与神性的合一。这里面既包含着父的创世、子的道成肉身、灵的作用,也包括人的救赎。

传统的研究认为,中世纪神学主要是受亚里士多德主义的影响,然而越来越多的研究表明,柏拉图-新柏拉图主义思想对基督教中世纪的影响也形成了较为连续的传统和潮流。虽然在古代结束之后,新柏拉图主义者的作品和大部分古代作品一样,在西方拉丁语世界都湮灭无闻了,但是新柏拉图主义作为古代晚期非常主流的思想,在当时拥有众多的信徒,对草创时期的基督教神学产生了直接的影响。总的来说,基督教对新柏拉图主义的接受有两条线索:

第一条线索主要是受普罗丁的学生波菲利的影响。与4世纪关于三位一体的争论相关联,并通过奥古斯丁和波埃修,新柏拉图主义的思想对整个西方拉丁语世界产生影响。波菲利发展出了精神展开的三重结构:*存在、生命、精神*。三者构成统一的展开关联体,每一个环节都包含另两个环节在自身之中,这种三重式的神性概念,在4世纪影响了基督教三位一体学说的构成,并通过维克多里(Gaius Marius Victorius,300—386)对奥古斯丁的三位一体思想产生了重要影响。[①]

另一条线索则是受普罗克洛斯(412—485)的影响,尤其是托名狄奥尼修斯对其思想的接受。普罗克洛斯使新柏拉图主义达到了体系性的完成,尤其将一与多之间的下降-上升的辩证法体系化和主题化了。他通过在普罗丁的层级之间引入更多的中介层次,形成一个圆圈式运动整体。事物从绝对者当中的产生和回归,是同一个本源发生的两个方面,在这个发生中,绝对者在

---

① Halfwassen, *Plotin und Neuplatonismus*, S. 143-152, 166-167.

一切存在者中在场,并赋予他们超越自身和向绝对者上升的能力。①

托名狄奥尼修斯对普罗克洛斯思想的接受不同于教父们对新柏拉图主义的接受,后者只是外在地借用某些思想形式、表达方式或者概念,比如奥古斯丁致力于显明希腊思想与基督教神学的相洽性,或借用某些思想来证明信条和教义,而托名狄奥尼修斯则完成了新柏拉图主义和基督教思想的首次完全的融合。他的作品在9世纪被翻译为拉丁文,尤其通过爱留根纳(约815—877)的译本和思想,自9世纪起对中世纪哲学、神学思想产生影响,甚至阿奎那也受到它们的影响。此外,从阿拉伯世界回传到西方拉丁语世界,并在12—13世纪产生重要影响的作品《论原因书》(Liber de causis),其实是普罗克洛斯《神学的基础》的一部分。12世纪后,更多古代作品经由西班牙回传到西方拉丁语世界,其中普罗克洛斯的《神学的基础》和《〈巴门尼德篇〉评注》影响了包括埃克哈特大师(约1260—1328)和库萨在内的许多重要的思想家。② 在本节中,我们将大略介绍作为库萨思想重要的直接来源的托名狄奥尼修斯和埃克哈特大师的思想。

一 托名狄奥尼修斯

署名为法官狄奥尼修斯(Dionysius der Areopagite)的作品,大约写作于500年左右,其真正的作者是一位叙利亚僧侣。然而,作品所假托的使徒保罗之学生和雅典第一任主教的身份,虽然一开始也遭到质疑,但是自7世纪开始首先在东方,然后在西方,获得了普遍承认。直到19世纪末,学者们发现了这些作品对普罗克洛斯思想的依赖性,从而确认这些作品的大致写作时间。③ 在思想史上,托名狄奥尼修斯的作品《论神圣之名》(De divinis nominibus)、《论神秘的神学》(De mystica theologia)、《论天国的等级》(De caelesti hierarchia)和《论教会的等级》(De ecclesiastica hierarchia),自传入西方拉丁语世界被译为拉丁文后,不仅影响了整个中世纪神学,而且对中世纪的生活方式也有极大影响:如对教会内部教士的等级、对信徒等级的严格且烦琐的划分等。

托名狄奥尼修斯从普罗克洛斯那里接过层级式的中介思想和坚守-产生-返回的内在性模式④,用来解释基督教中上帝-世界的关系问题,发展出

---

① Halfwassen, *Plotin und Neuplatonismus*, S. 167-171,156-161.
② Ibid., S. 173.
③ Friedrich Ueberwegs, *Grundriss der Geschichte der Philosophie*, Zweiter Teil: Die mittlere oder die patristische und scholastische Zeit, Königliche Hofbuchhandlung, Berlin 1915, S. 179-180.
④ 关于托名狄奥尼修斯与普罗克洛斯思想的关联性,可参见 Werner Beierwaltes, "Dionysius Areopagites: Ein christlicher Proklos?", in *Platonismus im Christentum*, Vittorio Klostermann Verlag, Frankfurt am Main 1998, S. 44-84。

了作为其思想核心的"否定神学"。我们(造物)可以在三个层次上言说和思考作为超越者的上帝：①

第一，就上帝通过层级下降内在于世界中，就它作为万物之源泉而言，万物都是神显(Theophanie)，都是那本身隐秘的一的显现方式，尽管神显有等级分层，在地上和天上都是如此，但是上帝是一切神显的最终根据。在这个意义上，上帝具有一切名，凡是我们用于言说有限事物的积极性的称呼和谓词都可以运用于上帝，因此我们可以说上帝是善、美、存在等。这就是作为我们思想上帝的第一个层次的肯定神学(die affirmative Theologie)。

第二，就上帝超越于世界，就有限物通过层级上升向上帝回归而言，在下的每一个层级中的事物的名称，相对于在上的层次都是更加远离其根源的，都比那本身无限丰富的绝对者更受局限，因而言说它们的语词都不是对上帝的恰当的称呼，都应该在上升和向根源回转的过程中被否定掉。在这个意义上，上帝是无名的、不可言说的，我们的任何表述和指称都不能适当地言说上帝，因而只能通过把一切规定性从上帝那里去除掉，比如说上帝不是善、不是美、不是存在等，才能逐步地接近上帝。这是作为第二层次的否定神学(die negetive Theologie)。

第三，但是，尽管否定是比肯定更加适当的称呼和言说上帝的方式，但它最终也是要被否定的，因为否定的言说与述谓方式也不能表述上帝的绝对超越性，在这个意义上我们认识到上帝是超越了一切肯定和否定的。我们对上帝的最高的认识，是一种神秘的无知和沉默无言，因为它超出了我们的语言所能表达出的一切可言说物，超出了一切语词。在最终的沉默中，我们通过神秘的直观体验到了与绝对者的合一。这种神秘的神学就是作为我们思想上帝的最高层次的超越神学(Theologie der Übersteigerung)。

通过不断否定，并最终将否定本身也否定的提升过程，我们也被神圣化(vergöttlichen)了。我们的不断提升和最终的成圣，也是上帝和世界之间的下降-上升的运动模式的最终目标，并且从根本上而言，这是通过上帝的下降(道成肉身)以及他充满于我们当中的神性力量(圣灵)而实现的。我们以子为楷模，在灵的牵引下，向超越者上升的过程，尽管需要不断否定有限世界中的诸层级，但是这个否定的上升过程本身不是消极性的，而具有完全积极的成果。因为在上升中我们不断抛弃这一存在层次的局限性，不断体认到上帝总是超出我们所在的层次之上。**否定着的上升过程所得到的结果，不是越来越抽象，越来越狭窄，而是越来越丰富，越来越广阔**。在上的层次总是有超

---

① Halfwassen, *Plotin und Neuplatonismus*, S. 168.

出在下的层次的维度,因此,我们不断地通过否定而致力于超出自身,向那个超存在的元根据上升。正如拜尔瓦尔特斯看到的,否定不是要把超越者理解为"空的、缺乏性的无规定性",而是理解为一种造物所无法达到的"充实"。①

我们可以看到,托名狄奥尼修斯严格地运用了新柏拉图主义那里的超越与内在的辩证法,以及下降-上升的关联模式,来解释上帝与世界、造物的关系。他的否定神学思想就是建立在作为新柏拉图主义核心思想的层级宇宙和"坚守-产生-返回"模式之上的。但是,由于基督教思想与古代思想的深刻区别,托名狄奥尼修斯的思想也与他的思想先驱们有着内在的不同:

首先,世界的产生不是出自内在的必然性,而是出自上帝的有意的行动,并且活动性的上帝本身就在下降-上升的运动中显示自身。在新柏拉图主义那里,太一本身作为最高的实体是不运动的,这符合古代人对最高存在的设想。太一、精神、灵魂、感性世界,分别是同一个宇宙秩序之内的存在的不同层级,是不同的本质性。由于太一的充盈,它的力量虽然必然地通过流溢贯穿于整个世界的各个层级之中,但是太一本身并没有"变为"世界,并没有掉落或迷失于世界的诸层级当中,它毋宁一直保持在自身之中,并作为在下的宇宙诸层级的理想和目标。而在基督教世界图景中,上帝本身是活动性的,并且最重要的,他作为最大的主体按照自己意志创世(这是古代思想所没有的环节),并且他亲自道成肉身,下降为诸层级中的存在,然后又亲自(作为圣灵)陪同造物向自身回归。三位一体的位格性的、动态的活动模式,使得上帝同时作为世界之外的超越者和世界之内的内在者,以至于整个世界都成为上帝的**自我显示**(神显)和**自我展开**。整个世界都是上帝这个自由的意志主体的自我活动,下降和上升的辩证法都基于这个位格性的绝对者自身,而不是如同古代那里,基于宇宙整体中的存在秩序。②

---

① Werner Beierwaltes, *Platonismus im Christentum*, Vittorio Klostermann Verlag, Frankfurt am Main 1998, S. 53.
② 虽然国外一些思想史研究者敏锐地看到了古希腊思想与自基督教开始的"主体思想"的深刻差异,比如海姆索特(Heinz Heimsoeth)和海因茨曼(Richard Heinzmann),但是他们更多是在一种思想进步的意义上看待这种差异,他们认为从基督教(当然也包括犹太教)开始产生的**活动的、自由的、创造性的、绝对的、位格性的主体**(上帝),是对古希腊**静止的存在原则**(比如理念和第一推动者)的克服。基于这一根本变化,古希腊思想中个体物与普遍物的二元论被克服了,存在、个体性、主体性成为第一位的,是真正的现实性和最高的存在方式,而不再如同古希腊思想中,个体只是要被克服的偶然的、暂时的存在阶段。具体可参见 Richard Heinzmann, *Philosophie des Mittelalters. Grundkurs Philosophie 7*. 2., durchgesehene und ergänzte Auflage. W. Kohlhammer Verlag, Stuttgart Berlin Köln 1998; Heinz Heimsoeth, *Die sechs grossen Themen der abendländischen Metaphysik und der Ausgang des Mittelalters*. 3. durchgesehene Auflage. W. Kohlhammer Verlag, Stuttgart 1954。

其次，在托名狄奥尼修斯那里，正是对绝对者之超越性的极力强调才产生了否定神学的思想，而这其中的原因也要归结为基督教的主体思想。上帝作为主体创世的模式，使得整个世界都主体化了，造物与造物之间，造物与主体之间都成为相互对待的，它们相互成为主体与控制对象。**这种主体对待的模式，就使得超越性成为绝对的，而内在性则是相对的。绝对的内在性是不可能达到的，因为超越性的维度总是保留着。**而在古希腊永恒秩序的宇宙论思想中，超越性是相对的，内在性才是绝对的。理念、本质等作为实体、承受者，内在于世界之中，是世界的条件，虽然看起来超越于世界之上，但其实是属于世界的。① （我们看见，由于这种内在性，古代史诗中的诸神乃是可亲可近的形象，他们甚至常常犯错。）基于这种差异，对中世纪的信仰者而言，人们焦虑的核心就是，上帝和我作为互相隔离的两个主体如何关联起来。具体就托名狄奥尼修斯的否定神学思想而言，尽管造物不断地（虽然有上帝本身的伴随）超越自我，想要跳出自我之外，向往在一种出离（Ekstase）中达到与神性的合一，却总是不断发现绝对者依然在我之外，在世界的彼岸，与我始终隔绝着。而人越是发现这种"在外"，就越是要继续追寻合一和内在性。这种由主体模式而来的内在性与超越性之间的张力，是基督教思想固有的中心矛盾。②

二　埃克哈特大师③

中世纪基督教内在性思想的进一步发展，非常明显地体现在埃克哈特大师的思想中。他思考的核心问题是世界与上帝的关系，以及人类与上帝的关系。层级宇宙的思想在新柏拉图主义那里，原本是为了解决柏拉图的一与多

---

① Heinzmann, *Philosophie des Mittelalters*, S.19.
② 近代，随着人作为主体不断被凸显出来之后，主体之间如何沟通，如何紧密关联，也就成为现代人的焦虑和痛苦之源。无论是莱布尼茨的单子论，还是尼采、祁克果以来的生存哲学，以及现当代对主体间性问题的讨论，恐怕都与此不无关系。
③ 埃克哈特在十五岁（1275）时就加入多明我修会，经过在科隆和巴黎等地的学习，他很快开始出任爱尔富特的修道院院长（Prior），和图林根教团的副手（Vikar）。1302 年他在巴黎大学获得神学博士学位，成为"大师"（magister，德语译为 Meister，英文为 Master）。1303 年他回到德国成为北德教团（Ordensprovinz）的大主持（Provinzial），1307 年成为波西米亚地区的教团首脑的副手，1311 年起开始在巴黎执教，1313 年开始在斯特拉斯堡，并最终在科隆大学执教，在这两个地方他也同时作为女修道院的"灵魂照管者"（Seelsorger），由此开始了大量的德文布道。1326 年，他被科隆大主教指责为异端。埃克哈特为自己做了辩护，于 1328 年去世。1329 年教皇在一条教谕中谴责了埃克哈特的 28 个句子，其中 15 条为异端，另外 13 条有异端嫌疑。埃克哈特的主要作品是自 1311 年开始写作的《三部集》（*opus tripartitum*），分为三个部分，分别是 opus propositionum（论题），opus quaestionum（问答）和 opus expositionum（解释）。由于被谴责为异端，埃克哈特的拉丁语作品直到 1880 年才被重新发现。

之间的分有难题。然而对于这一思想传统融合到基督教思想中后,解释上帝与世界关系的方式,埃克哈特仍然认为有不尽人意之处。他并不反对由层级宇宙所达到的结论——一在多当中的内在性,也不反对层级宇宙的核心机制——坚守-产生-返回,然而他反对"等级制和层级宇宙"本身。① 层级式的流溢使得神性间接地——通过较高层次的中介——内在于较低的层次当中,也使得较低层次要向神性回归,就必须经过层层中介,每一个层级都不能被跃过,只能一步一步按照严格的顺序上升。这种层级中介使得存在者远离自己的本源,这是埃克哈特所不能忍受的。在他看来,万物必须是"绝对者的直接表达"②,灵魂当中就有"上帝诞生"(Gottesgeburt)③,这种直接性使得万物的存在和生命都与神性息息相关。对上帝内在性的强调,或许是他的一些学说被谴责为异端的原因之一。

埃克哈特用来说明上帝与造物关系的一个重要的思想是"esse est deus"(存在即上帝)。虽然用"存在"来言说上帝,把上帝与存在等同起来,在基督教神学中是很普遍的做法,但是埃克哈特的特殊之处在于:存在是主语,而上帝是谓语。上帝就是存在本身,那么一切存在着的事物都必须通过上帝才能存在,如果没有上帝(存在),事物就无法存在;存在就是上帝本身,在上帝之外或先于上帝都没有存在。④ 如此一来,造物要么在上帝之中,如此它才存在;要么它在上帝之外,如此它就根本不存在。这样的理解就可能推出要么消解造物之存在,要么把造物与上帝等同的泛神论结论。并且更加激怒正统神学的是,埃克哈特曾在德语布道中明确地说过,"一切造物是纯粹的无"⑤。这些说法听上去都带有泛神论的味道,似乎只有上帝才是真正的现实性,而造物的存在则被消解了,它要么就是上帝本身,要么根本就不存在。如果我们忽略埃克哈特的其他说法,而仅凭只言片语就妄图作一番全面的理解,就只能推出这种结论,然而这是对埃克哈特思辨的一种片面的、不负责任的误解。因为埃克哈特曾在别处明确地区分过上帝的存在(存在本身,esse ipsum)和造物的存在(如此这般的存在,esse hoc et hoc)⑥,也曾接续否定神学思想,说过上帝高于存在,先于存在,不是存在。⑦ 这两处所指都似乎与先前

---

① Gandillac, *Nikolaus von Cues*, S. 121.
② Ibid. ,S. 122.
③ Heinzmann, *Philosophie des Mittelalters*, S. 276.
④ Ibid. ,S. 272. "Extra esse et ante esse solum est nihil".
⑤ F. C. Copleston, *Geschchte der Philosophie im Mittelalter*, Verlag C. H. Beck, München 1976, S. 267.
⑥ Heinzmann, *Philosophie des Mittelalters*, S. 274.
⑦ Ibid. ,S. 273.

的说法相矛盾,但是事实上并非如此,后面提到的这些说法是为了强调上帝与造物的差异和上帝的超越性,而当埃克哈特在这里说"存在即上帝""在上帝之外是无"或者"造物是无"时,他只是为了指出造物对上帝的绝对的依赖性,造物不从自身获得存在,上帝是创造和维持万物的力量,离开他造物就无法存在,在这个意义上,确实在上帝之外无物存在。

在埃克哈特那里,创世以及上帝的内在性是通过上帝的三一的、创造性的思想和认识活动而实现的,这体现在埃克哈特的"deus est intelligere"(上帝即思想)的学说中。上帝是一种精神性的位格存在,它的思想是它存在的前提和基础,因为它思想,它才存在,而不是相反,在这个意义上,上帝先于存在,高于存在。上帝是思想活动本身,是一种纯粹的活动性,是上帝的自我关联和自我认识,这种活动性使得上帝本身成为活的主体。通过自我认识,父不仅在道(logos,圣言,圣子)中表达自身,也通过道创造了万物,从而整个被造的现实性都被奠基于上帝的自我认识活动当中。① 通过上帝的纯粹的自我认识活动,一方面解释了上帝的自我关联的三一性和活动性,另一方面解释了上帝创造性、内在性和无所不在。这两个方面就是同一个上帝活动的两个方面,创世行动就是上帝的自我关联的运动本身,由于上帝本身的活动性和生命性,世界才被创造、维持和提升。

不难发现,埃克哈特思想中,上帝的内在性通过**突出作为绝对主体的上帝的活动性和生命性**而加强了,这一点尤其表现在人类灵魂与上帝的紧密关联中。在所有造物当中,人因为有思想而最能体认到上帝的内在存在,也最能体认到上帝与世界之间的差距,因此,它成为上述的上帝的自我认识的一种最高表现。人类灵魂的内在根据就是思想(intelligere),也就是上帝本身,就这一点而言,灵魂是上帝的肖像。因此,灵魂只要通过向自己的内心(Innerlichkeit)回溯,就可以在自身当中发现道(圣子),这就是道在灵魂当中的诞生,也即灵魂当中的上帝诞生(Gottesgeburt)。② 通过道在灵魂中的诞生,人类灵魂本身也得到了再生。这种诞生实际上是灵魂对作为自身根据的纯粹活动的体认,灵魂越是向自己的内心返回和挖掘,就越可以体悟到自身当中的创造性力量,而后通达上帝,**与上帝的合一就在自己的内心深处**。③

因此,我们可以看到埃克哈特思想与之前的思想很不同的地方,即他更

---

① Heinzmann, *Philosophie des Mittelalters*, S. 273-274.
② Ibid., S. 276.
③ 需要注意的是,这里的"思想"和"灵魂"并不是人的抽象内在性,即与世界无关的、纯观念性的内心,而是人意识到自己的根据在上帝,也就是说,灵魂是世界、人和上帝之间的通道,它因上帝而具有实在性。这不能不说是新柏拉图主义的一个遗产。

加强调人的内心,以及与上帝的神秘合一。灵魂只有从感性经验、认识、意志等一切人类活动中转身和背离,洁净自身,舍弃自己的一切特性,在一种出位的意识中向自己的本质、根据、内心回归,才能跃入神性通达上帝。但是,这种神秘主义的融入上帝的方式,毋宁是自我洁净、自我投身的道德努力,而不是理性、精神的积极努力所得到的积极的成果;毋宁是逃避到个人无法控制的狂喜和在"无知"笼罩下的自得其乐当中;毋宁是一种断裂,是对当下生活的中止和对新生命的重新开启,而不是一种连续的思想活动。这样一来,它获得的可能只是一种"虚假的体验",而不是通过理性努力而获得的"知识"。① 而后者则是库萨终生所致力的方向,他不断寻求用更加适当的方式来认识和表达上帝的内在性与超越性的统一,而不是单纯的体验和感受。

固然,在很多重要的点上,库萨的思想都追随了埃克哈特。库萨同样反对层级式、阶梯式的创世过程,他说过:"万物都与宇宙整体同时产生,缺一则不完整,而不是先产生精神,再产生灵魂,最后产生自然。"② 上帝不会让他的造物以不断降级的方式,一级接一级地产生出来,而是"完整地从他的意志中"产生出来。③ 库萨也反对等级宇宙的观念,在库萨看来,"每一个个体都以直接的方式——而无须中介性的权威或者较低层次的原因在中间接连——依赖于绝对的存在,后者在它当中表达出来"④。库萨也通过认识到精神的三一式的创造性和活动性,进而通过反思人类精神,认识到上帝在人自身当中的内在以及人的创造性,"人是第二上帝"。然而,神性与造物以及人之间的直接的、动力性的关联,个体通向绝对者的道路,在埃克哈特那里更多是一种体验和断言,库萨才是第一个以德国思辨的内在性思路,以哲学的、理性的方式,系统地证明这一点的思想家。德国思想与拉丁思想的主要不同在于,它强调思辨地贯通问题的不同层面,发掘事情的可能性根据,而不是通过类比或外在地罗列问题的层面,进行外在的推理,埃克哈特已经展现出这方面的特征,而库萨在这条道路上推进得更远了。

第四节 库　萨

上帝超出于世界之外,但是又能内在地支配这个世界,这种内在性和超

---

① Gandillac, *Nikolaus von Cues*, S. 283.
② *De docta ignorantia*, n. 116.
③ Heinrich Ritter, *Geschichte der neuern Philosophie: Erster Teil*, Friederich Perthes, Hamburg 1850, S. 168-169.
④ Gandillac, *Nikolaus von Cues*, S. 40.

越性的辩证统一可以说是基督教思想特有的。柏拉图的至善,亚里士多德的不动的推动者,新柏拉图主义的太一,虽然超出了有限的事物,但是仍是同一个世界内部,同一个宇宙秩序内部的事物,在人的理解能力之内;而基督教的上帝,则作为世界的创造者从一开始就以绝对者的姿态站在世界之外。

通过借用古代思想资源,基督教思想家试图连接上帝与造物,彰显上帝之大能和启示,寻求造物通向上帝的救赎之路。以阿奎那为代表的经院哲学也是这类思路,但是正如我们在导论中说到的,存在类比的思路把上帝当作了因果链条中最终的一环来处理,用知性和矛盾律来思考上帝与造物的关系,这种做法虽然致力于认识上帝,但最终的结果可能仅仅是在用理解有限物的模式来理解上帝。受新柏拉图主义思想影响的另一路基督教思想家,则借用下降-上升(descensus-ascensus)的双重动力化的机制来表达上帝主体的活动性,以及超越性和内在性的辩证关系。

无限者既在我们的思想序列之外,同时又是我们的思想序列的前提和内在动力;它一方面是隐秘的,同时又在我们的一切活动中在场。上帝的内在性是通过它自我活动而实现的,并且由它赋予造物的活动性而被认识到:上帝主体的内在性,从根本上说,是因为它就是世界的生命来源和生命本身,是造物之为造物的维持者,万物都被它的强力笼罩和支撑。而造物,尤其是人类精神对上帝的理解,也必须在不断回溯、挖掘自己的根源,将自己与神性关联起来的持续活动中,才能得到不断深化和提升。对于这种生命性和活动性,我们只能通过一种辩证的逻辑来把握。经院哲学由于不理解这种动力式的内在性,只能通过空洞的范畴和形式推理来**外在地**理解上帝和造物的关系。这种根本不同使得埃克哈特和库萨都遭到来自经院哲学的泛神论质疑,因为经院哲学没有理解他们学说的前提和动机。

库萨继承了基督教新柏拉图主义传统、尤其是埃克哈特对绝对者动态的内在性的体认,并在他的作品中不断尝试用哲学的语言将其体系性地表达出来。但是关于上帝的动态的内在性,库萨思想本身也经历了不断深入其核心的发展过程。下面我们就库萨思想发展的三个阶段大致说说他与传统的关联。(当然这种关联并不是严格的一一对应的关系,我们只能从总体上概括库萨不同时期的思想主要受到哪一种影响,以免造成这种影响只存在于这一时期的误读。)

库萨初期深受否定神学的影响,库萨本人也看到自己位于这一传统之中。① 初期思想以"对立面相合"和"有学识的无知"为核心。"无知"(igno-

---

① Siegfried Dangelmayr, *Gotteserkenntnis und Gottesbegriff in den philosophischen Schriften des Nikolaus von Kues*, Verlag Anton Hain KG, Meisenheim/Glan 1967, S.11.

rantia)的含义是,人永远不能认识无限者本身,因为无限者作为绝对的超越者,与有限者之间没有比例(proportio)。库萨也由此批评了经院哲学家通过类比去达到对上帝的认识的模式,认为他们用有限物去设想无限物,使绝对者受到限制。但是在库萨这里,"无知"不是消极的,而是获得了积极的特征,它同时是"有知识的"(docta)。库萨的"有学识的无知"思想,不像单纯的否定神学那样仅限于批评知性地认识上帝的那种方式的迷误,也不像神秘主义者那样,在否定知性地认识上帝的基础上又局限于神秘体验,而不再寻求认识上帝,而是通过否定方法,首先把我们可以把握的东西与不可把握的东西区分开,区分知性与非知性的领域①,由此打开了一个新的自由的活动空间,用一种新的超出知性的思想——即相合学说——为上帝的内在性作支撑。在这个超知性的领域中,一切知性的、比例式的认识方式都失效了。对立面相合的思想提出了一种超出于知性逻辑之上、同时又作为知性之前提的新逻辑。虽然埃克哈特也有对超出知性领域的"对立面相合"的思想,但是正如奥德布莱希特指出的,在埃克哈特那里,对立面相合的现象是"在上帝之爱的神秘行动中以神秘的方式给出的",是"无结构、无体系的",而库萨则试图用哲学思辨来证明这个具有逻辑性的非知性领域的独特结构,从而为在知性逻辑看来极为矛盾的超越性-内在性的辩证法作出论证。②

以《论猜想》为开端的中期思想,是以对精神的分析为核心来研究上帝与世界的关联,通过反思人类精神和无限精神(神性)共同构成的精神整体,来考察存在和认识对神性的直接依赖性。这一时期库萨比较明显地受新柏拉图主义和埃克哈特的共同影响。库萨可能于1440年阅读了普罗克洛斯的《〈巴门尼德篇〉评注》和《柏拉图的神学》的片段,以及《神学要素论》。③ 在中期的精神学说中,他接受了普罗克洛斯的层级建构,但又有自己的创造性。④ 这当中包含着从埃克哈特那里继承的,对造物与神性关联的直接性的要求,以及对层级宇宙的批评。库萨将精神分为四个层次:神性或绝对的统一性(absoluta unitas)、理智(intellectus)、知性(ratio)和感性(sensus)。他与新柏拉图主义层级思想的区别表现在:首先,这四个层次不同于新柏拉图主

---

① Rogner 认为这一点对于库萨思想是奠基性的,它使得库萨与中世纪经院哲学区分开来。参见 Hildegund Rogner, *Die Bewegung des Erkennens und das Sein in der Philosophie des Nikolaus von Kues*, Carl Winter's Universitätsbuchhandlung, Heidelberg 1937。
② Odebrecht, *Nikolaus von Cues und der deutsche Geist*, S. 8-13.
③ Kurt Flasch, *Nikolaus von Kues: Geschichte einer Entwicklung*, *Vorlesungen zur Einführung in seine Philosophie*, Klostermann Verlag, Frankfurt am Main 1998, S. 153.
④ Josef Koch, *Die Ars coniecturalis des Nikolaus von Kues*, Westdeutscher Verlag, Köln und Opladen 1956, S. 18.

义流溢而成的层级宇宙,而是作为世界之结构的精神的运动,是精神观察和运作的四种方式(modi),是存在显现的四种方式。①普罗丁流溢说中的层级是存在的层级,不同的事物属于不同的宇宙层级,较低的层级只以间接的方式依赖绝对的太一。而在库萨这里,精神(感性-知性-理智-神性)将事物纳入整体关联,使事物不同的侧面向我们显现出来。其次,精神统一性的四个层次,不可理解为新柏拉图主义那里的固定的、彼此分离的层级。因为它们共同构成了精神努力的连续发展,并且在实际运作中相互渗透,不可分割,区分只是由知性作出的。②

库萨的晚期思想是最具独创性的,作为主要线索的"能-在"思想则是借鉴了亚里士多德的"潜能-实现"模式,进一步深化了对上帝的内在性动力结构的理解。众所周知,"潜能-实现"模式是解释事物之存在和运动的根本结构(本书第五章中对此将作详细的论述),每一个生成的事物都处于从潜能向实现发展的自我实现的运动当中;而在库萨那里,这一存在结构的发生和运动在根本上是由上帝推动的,或者说,上帝就是潜能-实现这一存在的结构本身,库萨就称其为"能-在"(possest)。上帝作为能-在,使世界中的一切存在和运动得以可能,它在一切存在和运动中在场,在万物中表达和启示着自身,是每一个造物的活的根据和内在生命。以这种方式,晚期的"能的思想"立足于亚里士多德以来的潜能-实现思想的传统,给予上帝的动态的内在性**以最适当的表达方式,从存在论上解释上帝内在性的发生**。上帝和世界不再是两个相互分离的现实性,上帝和世界之间现在毋宁是一种动态的内在关系。这种存在论奠基使得库萨思想真正与托名狄奥尼修斯的强调超越性的否定神学传统区分开来,也与基于体验的神秘主义区分开来。当然库萨对于亚里士多德的潜能-实现学说并不是简单的借用,而是把它与基督教的核心教义——三位一体思想——关联起来,两者的互释使双方都获得了新的内涵。而这一关键点,也表明了库萨对潜能-实现学说的把握,不同于他之前的经院神学家对这一学说的外在借用。

通过本章对库萨内在性思想之来源的考察,以及与传统的相关思想的关联性和差异的介绍,我们对库萨的思想的整体特征和各个阶段的特点有了基本的了解,在接下来的"第二部分"中,我们将进入对库萨内在性思想的具体论述。

---

① Kurt Flasch, *Nikolaus von Kues*, S. 159.
② *De coniecturis*, n. 53.

第二部分

库萨哲学的发展过程研究

第三章　库萨早期哲学思想
—— 论作为对立面的相合的上帝

《论有学识的无知》(*De docta ignorantia*)是库萨的第一部重要哲学作品,大致写作于 1438 年年初到 1440 年年初。在这部三卷本的哲学作品中,库萨以"极大"(maximum)思想描述了上帝、宇宙和耶稣的**无限性**,按照各自的特点分别将它们称为"绝对极大""限定的极大"和"既是绝对极大也是限定的极大"。其中,作为绝对极大的上帝是绝对无限的,一方面是因为他相对于有限造物(具体的、可以衡量的大小)的绝对超越性和无限完满性,另一方面也因为他作为无限的力量,为有限造物的存在和运动规定了存在的格局和秩序,也就是说,造物的一切可能性和活动都在"绝对极大"所开启的范围和规则中进行,无法超出,也无法达到作为边界的无限性本身。

"无限"(infinitus)概念,其原初含义是没有界限与限制。在古希腊,这个概念大体来说就是对无规定性的表达。比如,阿那克西曼德就把世界的本原称为"无限定",万物从它当中产生又复归于它;在亚里士多德那里,无限性是纯粹质料或混沌的代名词,纯粹质料因为缺乏形式和规定性还不能存在,只有当质料获得形式,也就是说被形式规定时,才能成为个体事物。在古代晚期出现了更为积极的无限概念,比如在新柏拉图主义那里,作为万物之开端的太一是无限的。[①] 太一的无限性不是出于规定性的缺乏,相反是出于丰盈,它作为最初的、绝对的完满性和最高的存在不受任何限制,相比于任何从它流溢出来的存在层级都更为丰富和更具存在性。这种完满性意义上的无限性概念也影响了基督教哲学(当然也有神学家因为无限性的前一种含义拒绝用无限性来言说上帝),尤其是在否定神学那里,无限性成为能够肯定地述谓上帝的为数不多的谓语之一。上帝是作为存在之绝对完满和丰盈而成为无限的,因此它无限地超越于有限的造物,我们无法通过存在类比从有限物推知无限物,一切言说有限物的谓词对无限者而言都必须否定掉。可以

---

① *Historisches Wörterbuch der Philosophie*, Band 11. Hrsg. von Joachim Ritter, Karlfried Gründer und Gottfried Gabriel. Schwabe Verlag, Basel 2001, S. 140.

说,在否定神学那里,无限性概念更多地是为了强调上帝对于造物的超越性,是为了拉开上帝与有限造物的距离,以确保上帝的绝对权威和无限力量,尽管否定神学同时又试图用一种神秘的出位和献身行动来弥合有限者与无限者之间的鸿沟。

库萨对于上帝之无限性的认识,是以否定神学为出发点的,他同样反对存在的类比①,承认上帝的无限的超越性,唯有如此上帝才是最有力量的,但是,像否定神学和神秘主义那样通过造物的一个抛弃自身有限性而跃入到无限神性当中的行动来获得的救赎,在库萨看来,还不是上帝之爱的充分体现,上帝固然是超越地无限的,但是他的救赎和他的爱就在我们生活的方方面面和存在的各个角落中,它的无限性就同时内在于有限的万事万物当中。普遍的救赎正因此才是上帝的大爱和全能的体现,通向上帝的道路不是局限在秘密团体的精英分子那里,或者需要苦修才能达到的,而是我们随时可以发现和找到的。因此,无限性概念在库萨那里不仅仅是对上帝之超越性的表达,同时也是对内在性的描述。

库萨对上帝之无限性的思考就表现在他的"极大"思想中。表明上帝之无限性的"极大"不再只是一个形容词,不再只是对最完满状态的一个空的描述,而毋宁具有一个结构,从中可以体系性地、结构性地发展出了对上帝和世界、造物的关系的表达。极大的**内在结构**——"对立面的相合"(coincidencia oppositorum)——使得它一方面是超越的,因为在有限造物那里,对立着的矛盾双方无法化解,比如一物不能既是三角形又是圆,既运动又静止;另一方面它也是内在的,它作为一切对立着的存在、性质、状态等对立面的绝对完满,就在每一事物当中支撑和维持着造物的一切存在、性质和状态等。因此,"对立面相合"的思想,可以说是库萨对上帝与世界本质关联的思考,也是他对上帝内在性的初次表达。这一思想不仅被库萨本人不无骄傲地视为自己最独特的学说②,也一向被研究者们视为库萨学说

---

① 库萨也反对存在类比,这是库萨学界较为普遍的观点,比如康迪亚克、雅可比、里特、兰茨等都持这一观点(在"导论"的文献综述部分我们曾提及过),但是也有少数学者认为库萨那里有存在类比,比如豪布斯特(Rudolf Haubst),但是豪布斯特所说的库萨的存在类比,不同于经院哲学那种把造物拿来作为向无限者攀升的现成工具的做法,而是基于对无限者内在性与超越性的辩证关系之反思,是对超越的上帝对万物之奠基性的认识。参见 Rudolf Haubst, "Nikolaus von Kues und die analogia entis", in *Die Metaphysik im Mittelalter. Ihr Ursprung und ihre Bedeutung*, Hrsg. v. Paul Wilpert. Walter de Gruyter, Berlin 1963。

② Johannes Hirschberger, *Die Stellung des Nikolaus von Kues in der Entwicklung der deutschen Philosophie*, Franz Steiner Verlag, Wiesbaden 1978, S.16.

的核心。① 但是,库萨的这一思想也常常遭到误解。关于"对立面相合"思想所表达的内容和它的价值,不仅在库萨生活的时代就引起了争论②,并且在一个多世纪的库萨研究中也是学界争论的焦点之一:既有人认为它摧毁了一切科学的基础,导向虚无主义,也有人认为他展开了新的逻辑和存在论原则,开辟了新的认识领域;既有人认为它超出了经院哲学和神秘主义,也有人认为它和经院哲学表达着同样的内涵。有学者认为它是库萨一生的基本学说,并把库萨后来的思想发展都视为这一学说的变体;当然也有一派学者认为库萨后来放弃了这一思想,在他的思想发展中存在某种断裂。③

鉴于这种复杂的局面,要在库萨的内在性思想的发展中,以及在整个哲学思想发展史上,对《论有学识的无知》中的思想进行合理的定位,我们就不能满足于对其内容的罗列和平铺直叙,而必须从库萨思想的出发点去理解它以及由它推出的一系列结论,以它所要完成的思想任务为尺度,对其价值进行评价。基于此,本章将分为两节:第一节谈论"有学识的无知"得以可能的原因,即作为上帝的"极大"(或者极大与极小的相合)是如何存在的,因为正是极大即内在又超越的格局,成了"有学识的无知"(docta ignorantia)的基础;第二节将在"对立面的相合"(coincidentia oppositorum)这一相比于否定神学和神秘主义更具肯定性色彩的学说中,梳理库萨早期谈论上帝内在性的方式,并通过与相关思想的比较,评判这种谈论方式的价值;同时,我们也将结合与库萨同时期的文克教授的批评与库萨的回应,初步表明库萨将如何在中期思想中克服自己早期思想的缺陷。

第一节 "有学识的无知"与"极大"

库萨在《有学识的无知》的结语中总结说,在这部书中他试图展现用"有学识的无知"来"以非把握的方式探究不可把握者"(incomprehensibilia incomprehensibiter inquirere)的方法。④ 那么何谓"有学识的无知"? 我们为什

---

① Paul Wilpert, Joachim Ritter, Karl Meurer 等学者都持此观点。1. Paul Wilpert,"Das Problem der coincidentia oppositorum in der Philosophie des Nikolaus von Kues", in *Humanismus, Mystik und Kunst in der Welt des Mittelalters*, Hrsg. v. Josef Koch. E. J. Brill, Leiden-Köln 1953, S. 39. 2. Karl Meurer, *Die Gotteslehre des Nikolaus von Kues in ihren philosophischen Konsequenzen*, Rheinische Friedrich-Wilhelms-Universität, Bonn 1970, S. 36.
② 参见本章第二节第三小节"指责和回应"。
③ 这两派意见参见:Meurer, *Die Gotteslehre des Nikolaus von Kues in ihren philosophischen Konsequenzen*, S. 53-55。关于库萨早期思想与中期思想的关系,我们将在本章第二节涉及。
④ *De docta ignorantia*, III, Epistola auctoris.

么无知？这无知为什么同时又是有知识的呢？

人对自己无知的认识有其思想传统。库萨在此书第一章开宗明义时，就援引了苏格拉底、所罗门和亚里士多德为自己的"有学识的无知"佐证，他认为这些思想家都对人的认识的不足有所认识。① 苏格拉底认为他的智慧之处在于"我知我之不知"，他的思想助产术也从破除对话者先前确定的认识开始，使他认识到自己的无知，然后引导他在自身中通过"回忆"去发现真理。无知之知在苏格拉底那里是破除成见，打开新的思想方向的契机。保罗和奥古斯丁也有对无知的认识，但那更多是一种"信仰的美德"②，即限制认识、为信仰让路。而在否定神学和中世纪神秘主义那里，无知是对人的谦卑的表达，它作为对知识（肯定神学）的否定，是一种不断重复的否定，不导向积极的认识。上帝被思考为纯粹的否定，任何对上帝的认识都是渎神。这种思想方式旨在强调上帝的超越性，并最终导向在出位的意识中与神性的神秘合一。尤其在德国莱茵神秘主义者埃克哈特、陶勒（Johannes Tauler）和苏索（Heinrich Seuse）那里，他们不认同经院哲学关于上帝认识的观念，主张要远离一切科学，才能走上合一之路。关于这一点，陶勒甚至说"人要想拥有神性的智慧，就必须做一头蠢驴"③。

相比于上述这些思想，库萨对人的无知的认识有更深的反思和论证。在库萨看来，关于绝对者，人之所以是无知的，原因在于知识是比较的结果，而绝对者无法通过比较的方式来把握。作为人类精神，人的认识是通过**比较关系**（comparativa proportio）而可能的。有限的造物之间总是处于既相似又不同的比例关联当中，可以相互比较，在这个意义上，我们的认识就是从确定的已知物推至尚未被认识的东西，并且由于事物间近似度的不同，认识也有难易之分。④ 但是，作为无限者的绝对者，它无限地超出了一切有限造物之上，与有限造物之间没有任何比例，因此，这种以比较进行认识的方式，根本无法运用到绝对者之上。我们既然无法从有限物推知无限物的本性，那么这位绝对者是我们（人类精神）所无法认识、无法把握的。

但是在这种情况下，人如何能够认识到自己的无知？如果上帝作为绝对的超越者是不可认识的，人如何能发现这位不可被认识者并认识到它不可被认识？对于这个悖论的解答，必须在绝对者与人的认识之间（在当下的问题

---

① *De docta ignorantia*, I,4 n. 263.
② Gandillac, *Nikolaus von Cues*, S. 103.
③ Ibid., S. 54-56.
④ 我们在下文中将会表明，人类精神对造物的认识在根本上也是无知，因为我们无法精确认识其本质（即上帝）。

中,主要是进行认识的人)**既内在又超越**的关系格局中获得。人作为有限的精神,其认识是作比较、形成概念、进行推理的认识,但是这有限的认识模式当中就有无限力量的现实存在。或者说,人的认识活动本身,就是那无限的神性在表达和显现自身。因此,只要人在认识,人的认识的条件、根据和力量来源,就在人进行认识(比较、定义、推理)的过程中可见了。基于这种关系,人类精神在自己的运作中就发现了无限者的内在,它意识到自身的一切存在和行动都是由这位无限者发起和促成的,通过不断地推进认识,人当中的无限性因素就在不断地实现自身。因此,人才能一方面认识到神性超越的、无限的完满性和不可达到,另一方面又不断朝着神性作一种思想努力(并且这就是人的本能)。

从库萨的思想来源来看,他关于有限物与无限物之间没有比例,对有限物的知识无法被类比到无限物上的思想,来自否定神学和神秘主义的传统。但库萨的思考虽然**从否定神学开始,却又超出了否定神学**。这是因为:首先,在库萨这里,"无知"的结论是从反思人的认识能力的特点和界限得到的,而不是如同否定神学那样,出自对上帝绝对超越性的情感需求;其次,对人类认识之不充足性的认识,并不导致对知识努力的放弃,也不导致投身于一种神秘的体验。他试图积极地把握上帝的存在,结构性地描述那否定性的超越性,这也是他所说的"以非把握的方式"去探究不可把握者。研究者施塔德曼(Stadelmann)指出,库萨的有学识的无知的理念,所表达的并不是"神秘主义者们的状态",而毋宁是"一条哲学家们的**批判的认识之路**",因而有学识的无知完全不同于埃克哈特的"荒芜的深渊"(wüsten Abgrund)这一概念,后者是通过批评人的无知达到对知性的超越,并最终通过一种"新的虔敬"(neue Religiosität)达到与绝对者的直接合一。① 尽管通过比较或类比而进行的认识方式(这是知性的认识方式)对于上帝失效了,但是并不意味着上帝对于我们就是无法描述的漆黑一团,只能通过神秘体验去感受。库萨仍然尝试获得对这位超越者的结构性的、系统的表达,对于极大的描述就是库萨这种思想努力的成果。

因此,极大思想对"有学识的无知"有根本性意义。一方面,极大所表达出来的绝对者既超越又内在的存在模式,使人对自身无知的认识得以可能;

---

① Rudolf Stadelmann, *Vom Geist des ausgehenden Mittelalters*, *Studien zur Geschichte der Weltanschauung von Nicolaus Cusanus bis Sebastian Franck*, Max Niemeyer Verlag, Halle Saale 1929, S. 98-99. 但是有趣的是,施塔德曼把库萨与埃克哈特的这种区别看作是神秘主义的一种堕落和无信仰的产物,他认为,正是因为库萨缺乏神秘体验,神秘主义在他那里才成为空洞的、文学化了的没落阶段,库萨思想是对神秘主义的哲学化,类似于基督教异端诺斯替主义。参见此书第三章。

另一方面,它的结构性特征,也是库萨的无知区别于否定神学的关键所在。在下文中我们将致力于对"极大"的描述和理解。在《论有学识的无知》中,库萨分别描述了三种极大:绝对极大(maximum absolutum)或上帝,限定的极大(maximum contractum)或宇宙,既绝对又限定的极大(maximum absolutum et contractum)或基督。由于第三个极大主要涉及的是基督教的基督论,包括对基督的神人二性、道成肉身,他被钉十字架以及复活的讨论,对于我们了解早期库萨的哲学观点,相关性不大,所以下文中我们将只对绝对极大和限定的极大的特点展开论述。

一 绝对极大

库萨对"(绝对)极大"①(即上帝)的描述中,不仅引入了"对立面的相合"这一核心概念,而且上帝的无限性、超越性和不可表象性,以及上帝与造物的内在性关系的思想,都在其中展开了。本小节中,我们将依此谈论极大的超越性和内在性特点,即一方面,极大作为终极存在既无法被造物达到,也无法被认识;另一方面,极大作为一切事物的本质和尺度而内在于每一事物当中。我们将表明,这看似矛盾的两个方面,都是对上帝无限力量的表达和赞美。

(1)我们将首先试图呈现"极大"这种无限力量的**超越性**方面,即其不可被达到和不可被认识的特点。这就涉及我们在何种层面上理解"极大"的问题,虽然库萨对极大的思考是从对"数"的思考开始的,但是对作为绝对者的极大的理解,却必须超出数、量的层面。

库萨很早就对数学有着特别浓厚的兴趣,与文艺复兴时期著名的数学家、天文学家托斯卡内利(Paolo dal Pozzo Toscanelli)②的交往,对库萨一生的哲学思考大有裨益。而在库萨早期的思想中,数学尤为重要,因为在《论有学识的无知》中,他对绝对者(无限者)与有限物之关系的思考首先就是由数学观察引起的。在对数的观察中我们可以发现,对于任何一个数,都能找到比它更大的数,而始终无法进展到无限的数本身,无限的数是我们无法把握的。同理,我们也无法找到那个无限小的数。库萨将这种数学思考借用到对

---

① 本书中,如不对"极大"进行限定,就是指绝对极大。
② 托斯卡内利来自佛罗伦萨,在帕多瓦学习医学,后来以数学家和天文学家而闻名,他发现了透视原理,影响了布鲁内莱斯基(Brunelleschi)和达·芬奇等文艺复兴时期的重要人物,并间接激发了哥伦布的发现之旅。库萨与他的友谊持续一生,库萨临终时他就在榻前。1443年他赠送给库萨托名狄奥尼修斯《神秘的神学》的译本。从与他的探讨中,库萨发展出自己的数学思想,库萨的数学作品 De transmutationibus geometricis(1445)和 De Arithmeticis complementis(1445)就是献给他的。

上帝(即绝对极大)的思考之上。

库萨对绝对极大的定义,出现在《论有学识的无知》第一卷的第四章:"绝对极大,就是与它相比没有更大物的东西,……它是完全现实的,因为它是(它)所能是的一切,正如它不能更大,它也不能更小,它就是(它)所能是的一切。极小(minimum),就是与它相比不可能有一个更小物的东西,由于极大具有我们上面描述的这种特点,那就可以明白,极小与极大相合(coincidere)。"①

在翻译这一定义时我们在两处加了"它",是因为在库萨研究界中,对拉丁文"quod esse potest"(alles, was [es] sein kann)的翻译和解读始终存在争议②,按照语法,存在以下两种理解:要么极大作为从句的主语,即极大就是它所能是的一切,也就是说极大是自身可能性的完全实现;要么连词quod作为主语,即极大是所能是(存在)的万物。这两种理解都是可行的,因为在这里,库萨要讨论的不仅仅是上帝的可能性与现实性之间的关系,更是极大(上帝)与万物之间的关系。③ 因为库萨隔了几段紧接着说:"绝对极大就是一切,它在如下方式上是一切,即它不是任何一个。"④

我们如何理解库萨的上述定义呢？众所周知,大、小原本是通过比较得到的对"量"(Quantität)的描述。在库萨看来,事物只要是可认识的,就是可比较的,因而总是可以用量来衡量它。而作为上帝的极大、极小则是超出可以量化的层面。假如我们把极大理解为一个最大的量,把极小理解为最小的量,甚至就是无,我们就无法理解为什么库萨说极大与极小相合,为什么极大同时就是极小。因为这种量的含义上的极大和极小是相互矛盾的。所以,要理解上述对极大、极小的定义,我们就**不能把极大、极小限制在"量"的含义上来思考**,而必须突破以矛盾律为基础来进行大小比较的思维模式,因为后者毋宁是在用理解有限物的方式来理解作为无限者的极大和极小,这也就是说,极大、极小在库萨这里是一对"超越的"概念。⑤ 这就像孩童眼中的快乐与悲伤在成年人看来可以忽略不计,而成年人的快乐与悲伤由于超出了孩童在这方面的意义标准,所以不是孩童的快乐与悲伤通过单纯量上的增加就能达到的,而根本是孩童所无法理解的。(需注意,即便这个例子,最多也只能

---

① *De docta ignorantia*, I, 4 n.11.
② 关于这一状况,可以参见:1. Paul Wilpert, "Das Problem der coincidentia oppositorum in der Philosophie des Nikolaus von Kues", S.40-41. 2. Meurer, *Die Gotteslehre des Nikolaus von Kues in ihren philosophischen Konsequenzen*, S.37。
③ 关于这两种理解,我们在库萨晚期的能-在(possest)思想中也会遇到。
④ *De docta ignorantia*, I, 4 n.12.
⑤ Ibid.

算作是对相合的一种猜想,因为我们虽然可以站在成年人的角度看小孩视角的有限性,却不能站在上帝的角度看人的视角的有限性。)

在有限造物的范围内,始终有更大和更小,任何一物无法达到它的极致,因为它总是有未实现的可能性,因此总是"能够"变得更大或更小,可增可减,所以我们就无法获得一个现实的极大和极小,无法找到库萨所说的"不能更大的极大""不能更小的极小"。而与此不同,作为极大、极小本身的上帝则不仅是自身可能性的完全实现,而且是万物的完全实现,是一切存在的绝对完善性,因而是现实存在的万物所无法达到的终极存在模式。极大是"(它的)绝对单纯性中的一切可能性的完满的现实性"①。因此,极大和极小毋宁是对上帝之超越性、无限性的表达,是造物所不能达到的边界和目标。在这里,重要的是"**极**"所表达的不能达到性和不可把握性,而不是分离开来看的"大"和"小"所表达的量的含义。从这一点来看,库萨的极大和极小也可以用极真、极善、极美等替换。造物在任何方面都无法达到上帝,后者是终极的能力,是一种"无限的力量"②,事物无论变大、变小,终究都超不过上帝。也是从这点出发,库萨得出了"**世界上没有两个完全相等的事物**"的结论,因为在造物这里,不能达到绝对的、极大的相等,绝对相等只在上帝那里存在,造物这里总有差异,因而只是某种程度上的相等。③

研究者兰茨也发现,库萨对极大、极小的论述,是为了说明上帝的无限性和单纯性,与当时的经院哲学"有相同的目的"④。他在1923年发表的《哲学基础中尼古拉·库萨的有学识无知或神秘主义上帝认识》一书中,分析库萨在《论有学识的无知》中所说出的东西,与经院哲学的学说无异,库萨思想仍然是"中世纪的",他的哲学"没有偏离经院哲学太多",他"与经院哲学分享了几乎所有的基本观点"。⑤ 笔者同意兰茨的这一结论,因为库萨并不是要颠覆经院哲学,而是要回应否定神学和神秘主义在质疑经院哲学后所产生的怀疑知识的倾向。这一点也意味着库萨与传统的经院哲学毕竟是不同的,因为面对挑战,他的出发点已经不一样了。所以,虽然目的相同,但言说的方式却不同:经院神学作为肯定神学是遵循矛盾律,从存在的类比出发的,而库萨则是从否定神学,即从对肯定神学及其存在类比方法的否定出发的。极大远远地超出于我们以矛盾律为原则的知性认识能力。在知性看来,对立面是无

---

① *De docta ignorantia*, I, 16 n. 42.
② Ibid.
③ Ibid., II, 1.
④ Josef Lenz, *De docta ignorantia oder die mystische Gotteserkenntnis des Nikolaus Cusanus in ihren philosophischen Grundlagen*, S. 59.
⑤ Ibid., S. 102.

法相合的,而在库萨对上帝无限性的想象中,原本在造物这里互相对立的大、小都得到了自身的完满实现,达到了各自的极致,因而就都是作为终极存在的上帝本身,在上帝那里不仅极大就是极小,其他的对立面也都实现了和解。库萨求助于大量的数学例子来促进我们思考极大中的相合,这里我们只略举一例来帮助理解:无限的圆与无限的直线的相合。假设圆无限地扩大,那么随着圆的扩大,圆周的曲度就会变小,因而会无限地接近直线,因此在无限物(极大)那里,无限的圆就是无限的直线了。按照类似的方法,库萨证明了直线、圆、三角形、球体等在知性看来本质互相区别的图形,在极大那里就相合了。①

(2)但是必须注意的是,极大的无限力量不仅在于它不可被达到和不可以知性矛盾律的方式被认识,还在于它作为无限的充满,就是万物的**本质**(essentia)和**尺度**(mensura / Maß)(也就是我们之前提及的极大的**内在性**方面)。事物只有在极大那里才能以无限完满的方式存在,在极大当中"不完满性就是无限的完满性,可能性就是无限的现实性"②。正如极大既是极大的直线,同时也是极大的圆、三角形等,它是一切事物、一切方面、一切存在、一切可能性的无限完满的现实存在。而极大只能是独一的,因为如果有多个极大,那极大也就不成其为极大了,因此,各个事物、方面、性质等在极大当中就是作为无限现实存在的极大本身,极大毫无区别地就是无限的一切,它是一切事物的单纯的、无限的和独一的本质。在它那里,"一切存在着的、过去存在过的和将要存在的事物的本质"都"一直并且永恒地现实存在着",并且"就是这个本质(指极大)自身"。一切造物都共同拥有这个独一的本质,比如两条线段只有一个共同的本质一样,线段与线段的区别不在于本质,而在于它们以不同的方式分有同一个本质。正如无限的直线作为本质整个地在每一条直线当中一样,极大作为万物的独一的本质也在每一个事物当中。③

我们说极大的内在性,并不是说极大作为一个现实的事物存在于别的事物当中,而毋宁说,绝对的极大是万物所力图成为的目标,也是万物得以被衡量的根据。作为事物的本质和无限完满性,它就是事物的一切存在、状态、运动的可能性和动力本身,**它构成了一切存在的意义,撑起了事物的整个存在格局**。万物作为能够被比较和度量的东西,"都处在极大和极小之间,因此无限的本质(也就是极大)是一切本质的适当而精确的尺度"④。事物的变

---

① *De docta ignorantia*, I, 13, 14, 15.
② Ibid., I, 23 n. 71.
③ Ibid., I, 17. 关于事物之有限性的来源,我们将在对"限定的极大"的展开中加以讨论。
④ *De docta ignorantia*, I, 16 n. 45.

化、运动都只能在极大和极小之间进行,也就是说,有限的造物不论向哪个方向发展和延伸,都无法达到作为其完满实现的极大(同时也是极小),极大就是万物的边界,它和造物之间始终有着无法逾越的鸿沟。也正是在这个意义上,库萨认为,从根本上讲我们无法真正地认识任何事物,因为作为万物之本质的极大本身是无法以认识的方式被把握的。

行文至此,我们可以看到,在库萨对"绝对极大"的描述中,最重要的一点乃是从人的感受出发,对上帝之无限力量的**强调和赞美**。(关于这一无限力量如何在造物的存在和运动中贯彻自身,此时还没有形成后期的那种系统化论述。)上帝是万物的本源、本质、尺度和目标,它既从根本上规定着万物,同时又无限地超越于万物,造物无论在任何方面都无法与之匹敌。

但如果我们进一步追问这当中的缘由,就必须与基督教的根本理念——**上帝从无中创世**——关联起来思考。对于生活着并进行着认识、道德等活动的人(基督徒)来说,人自身及其周围的万物赖以生存的整个环境都完全是由上帝创造的;人进行感知、想象、分别和比较等等的认识能力,以及世界的美和秩序,都是由上帝赋予的;一切事物、一切变化,从其可能性到其现实完成,都是上帝意志的产物。从这样一种生存感出发,起初可能让我们非常疑惑与不解的极大概念,亦即库萨早期对上帝的经典描述,也就不难理解了。上帝作为绝对主动的行动、能力和意志,他创造和维持世界的行动,不同于由外在的作用因或动机促成的一般人类活动,甚或人类的道德行动,因为这些都在一定的程度上是有条件的、有限的。作为上帝创造和维持世界的无限力量的这种极大,之所以不是我们可以设想的直线的某个极远之处,宇宙的某个极远边界这类可表象的事物,是因为上帝是一种自身无条件的绝对的发起者,我们不能把他设想成人类经验中的任何状态,而只能信仰或者断言他是一种能使人类经验中互相对立的事物发生相合的终极者。当然,这不是个人头脑中的思维游戏,而是整个中世纪的根本信念和中世纪信仰者的生存依据。

在这里我们要注意区分问题的两个层面:一个是各种现成的事物及其衡量尺度,一个是这些事物与尺度所赖以存在的秩序与格局,以及更根本的,这个秩序与格局的创造者或赋予者。举个我们中国人比较容易理解的例子,之所以子女往往觉得父母的爱是一生都无法回报、无法超过的,是因为父母所给予我们的,不仅仅是衣、食,以及普通的生活经验,更重要的是生活之为生活、爱恨之为爱恨,这样一种根本的格局以及能力,即父母教会我们如何成人,如何辨别是非善恶,如此等等。而我们对父母的回报,则是在父母教给我们的这种生活框架之内的一种举动,也就是说,我们的任何回报之举都是父母教的,是父母的爱才使它们得以可能。它们如何可能大过父母的爱呢? 与此类似,上帝对人而言的"极大"处在前文中区分出来的第二个层面上,上帝是使人与世界的存在得以可能的终极能力,也是在这个意义上,库萨才说,如果我们"从造物中除去上帝","剩下的就是无"。[①] 上帝作为存在和意义的构成者,它不是人的知识所能设想的任何对象性存在。任何以人的尺度去表象与衡量上帝的企图,都是对问题的不同层面的混淆,即用第一个层面的事物去理解第二个层面,或者说将第二个层面的事物降低到了第一个层面,也就是将本不可现成化的上帝现成化了。

基于这样的理解,我们回头再看"极大""极小",就可以发现:正如上文对库萨文本的解释已经初步表明的那样,第一,这里的"极大"可以替换为"极美""极善""极公正"等,也就是说"大"和"小"代表的是世界的秩序性,而不是单纯数学意义上的大小,上帝是使大之所以成为大,美之所以成为美,如此等等的前提性能力。第二,"极大""极小"的重心落在"极"上,我们应以对"极"的理解来带动对"大"和"小"的理解,而不是反过来。如果反过来的话,就难免陷入量化与现成化的危险。

二 限定的极大或宇宙

我们在上文已经表明,绝对极大是人对上帝之无限力量(既包括其绝对的超越性,也包括其打开万物之存在格局的内在性力量)的描述和感叹,而"**限定的极大**",则是对上帝**如何打开世界之局面**的进一步思考。这个问题不仅涉及上帝与宇宙整体、与个体造物之间的关系,也涉及对事物有限性之来源的追问。从根本上讲,正是上帝(绝对极大)的三位一体的存在方式使创世得以可能,或者毋宁说,三位一体本身参与了创世过程,就是绝对极大从自身中外展(explicare)出整个世界的行动本身。库萨将上帝创世的行动称为"限定"(contrahere / einschränken),而正是上帝的三位一体使限定得以可能。

在下文中,我们将首先描述限定的极大与绝对极大的基本区别,在此基础上讨论个体造物与两种极大的关系,然后深入到使创世行动得以可能的三位一体结构中,以切中上帝创世之发生机制,最后再讨论库萨对限定的极大的思考中得出的若干自然哲学结论。

(1)我们生活的宇宙,也即世界,是上帝的造物的整体。它在某种意义上是无限的,但它不是绝对无限的,而只是以被限定的方式(contracte / in

---

[①] *De docta ignorantia*, II,3 n.110.

eingeschränkter Weise)而是无限的,是限定的极大(maximum contractum)。在这里我们需要区分两方面的问题,即在什么意义上宇宙是极大,在什么意义上又是被限定的？一方面,宇宙包括一切有限物,即所有造物在自身之中,除了它的创造者。在宇宙的范围之内,无物能超出宇宙的统一性,没有什么比宇宙更大,没有什么能够作为宇宙之界限,在这个意义上说,宇宙是无限的。① 但是另一方面,作为万物的统一性,它是由所有造物构成的整体,"宇宙(universum)的含义就是总体(universalitas / Allheit),就是由多构成的统一性(unitas plurium / Einheit von Vielem)"②。而作为统一性的宇宙与构成整体的个体物是不可分离的,因为,并不存在一个独立于一切造物的宇宙。因此,不同于绝对极大的是,宇宙的无限性被有限性所限定,它的统一性是被复多性所限定的。③ 在这个意义上,宇宙是被限定的,是限定的极大。

库萨更进一步区分了绝对极大和限定的极大:"只有绝对极大是**否定地无限的**(negative infinitum),……与此不同,宇宙,尽管它包含了除上帝外的万物,它不是否定地无限的,虽然它没有界限,因而是**缺乏地无限的**(privative infinitum)。"④我们在前面已经表明,绝对极大是无限的、主动的力量,作为万物的界限、本质和绝对的完满性,它是任何事物都无法达到的,没有任何东西可以作为它的界限,我们也无法认识它,它的力量之大是我们所无法设想的,只能通过否定有限物及其特性的方式来言说它,因此它是否定地、超越地无限的;而宇宙作为造物的统一性,它受到自身可能性(质料性)的制约,没有无限扩展自身的力量,因为它的可能性从根本上来自上帝,并且无法完全实现其自身。作为被造物,宇宙不是一种无限的力量,它之所以是无限的,是因为没有东西现实地作为其边界,它的无限性是一种缺乏性的、褫夺性的无限性,并不是真正的无限性。

（2）对宇宙这一限定的极大之特性的认识,不仅来自对它与绝对极大的比较,还必须在此基础上,讨论宇宙作为造物的统一体与个体物之间的关系问题。我们知道,宇宙是由组成它的所有造物共同组成的,但是,宇宙既不先于也不后于个体物的产生,不是先有整体才有各个部分,也不是先有了部分,再共同组合为整体,作为整体的宇宙与作为部分的个体物毋宁是一同被创造的。这就好比有机体,整体的人与组成他的各个部分是同时生成的。不仅如此,而且作为整体的宇宙还"以限定的方式"内在于每个个体当中,也就是

---

① *De docta ignorantia*, II,1.
② Ibid., II,4 n.115.
③ Ibid., II,4 n.114.
④ Ibid., II,1 n.97. 黑体为笔者所加。

说,"在每个造物之中,宇宙就是这个造物本身(creatura ipsa)"①。我们知道,宇宙是一切造物的统一性,它没有独立于事物的存在,而只能存在于造物之中,但是它在不同造物中是以各自不同的方式存在的,这是因为宇宙在不同的造物中就被这个造物限定了,就是说,宇宙(也即万物整体)"在石头中就是石头,在植物灵魂中就是灵魂,在生命中就是生命,在感觉器官中就是感觉器官,在视觉中就是视觉,在听觉中就是听觉,在想象力(imaginatio / Vorstellungskraft)中就是想象力,在知性(ratio / Verstand)中就是知性,在理性(intellectus / Vernunft)中就是理性"②。宇宙或万物的统一性就以这种被事物限定的方式存在于每一个事物当中。

从宇宙与个体的内在性关系中,库萨推出了"**万物在万物之中**"③"**每一物在每一物当中**"④这一类似于莱布尼茨单子论的结论。因为宇宙在各个个体之中,所有个体又在宇宙当中,正是通过宇宙(限定的极大)的中介,才产生了万物之间的紧密关联。我们在每一物当中都可以发现整个宇宙,并且由于上帝作为宇宙的创造者、本质而在宇宙当中,我们也可以在每一物中发现上帝。不仅如此,"每一物,也都如同宇宙一样,直接在上帝当中"⑤。

但是我们还必须注意,"上帝在造物中"与"宇宙在造物中"的**方式**是不同的。我们在关于"绝对极大"的小节中已经表明,上帝是作为绝对极大,作为造物所无法实现的完满性、本质和目标而内在于事物当中的,它是绝对的充盈,不被限制。上帝以绝对的方式在事物当中,也就是说,上帝在事物中就是上帝本身,事物在上帝当中也是上帝本身。而宇宙在事物中是被事物限定了的,因而它在事物中就是这一事物本身。"一个个体不能现实地是一切事物"⑥,也就是说,宇宙不能以不被限定的方式存在于每一个个体当中,因为只有上帝才有不受任何限定的能力。当然,这其中最根本的原因,还在于我们在上一小节末尾得出的结论:上帝是打开造物之存在局面的创造性的、无限的能力,而宇宙只是被造的存在的统一体。

(3)现在,我们来进一步追问"限定"(这一追问同时也是对事物有限性之来源的追问)。正是通过限定,造物才作为有限的造物而存在着,而限定活动之所以可能,是基于上帝三位一体的行动本身。

我们在绝对极大那里已经表明,万物具有独一的无限本质,但是为什么

---

① *De docta ignorantia*, II, 5 n. 117.
② Ibid., II, 5 n. 119.
③ 或译"全体在万物中"。
④ Ibid., II, 5 n. 117.
⑤ Ibid., II, 5 n. 118.
⑥ Ibid., II, 5 n. 120.

这唯一的本质会创造出不同的造物呢？在库萨看来，这是由于偶然性（contingentia / Kontingenz）造成的，而不是出于上帝的偏心或不公平，但是造物都各自满足于由这偶然性造成的差异。每一造物都满足于它从上帝那里获得的存在，都"不愿作为另一个造物，好像后者更完善似的"，而毋宁只偏爱上帝赐予它的礼物，并且不断地去完善和维持它。[1] 在这里，**偶然性**不是说事物的存在和发展背离了它的本质，而是对造物之间差异性的来源的解释。出于一种不可被规定的偶然性，独一的无限本质以各不相同的方式限定了不同造物的存在。因此，库萨研究者罗格纳（Hildegund Rogner）得出了"统一性＋偶然性＝差异性"的结论。[2]

一切造物以及造物的统一性（宇宙）都必然是被限定的，而只有上帝本身是绝对无限的。在这个意义上，"限定的"与"绝对的"是相对的概念。[3] 上帝的创世行动（在偶然性中限定造物）是在**可能性（或质料）－必然性（或形式）－联结的三一格局中**进行的。因此，出于偶然性和造物的有限本性，造物是由**可被限定性**（contrahibilitas / Einschränkbarkeit，亦即可能性［possibilitas］，由三位一体中的圣父位格下降而来）、**施行限定者**（contrahens / das Einschränkene，亦即必然性［necessitatis］，由圣子位格下降而来）和**联结**（nexus / Verbindung，亦即可能性与必然性的连接，由圣灵位格下降而来）这个三位一体形成的。[4] 可能性给出了限定行动的对象，必然性则为这一对象给出了界限，而爱的圣灵则作为联结的力量使限定行动发生，把可能性带向现实存在。没有三位一体，就没有限定行动，也就没有造物和宇宙的统一性。

可以看到，这个三位一体格局在上帝那里和在造物那里是有差异的。上帝是绝对极大，绝对的完善性，在它的三位一体中，可能性就是绝对的可能性，必然性就是绝对的必然性，联结也是绝对的联结，并且每一个环节都同时现实地就是另两个环节。但是在造物那里，可能性、必然性和联结都是以被限定了方式而存在的。也就是说造物的可能性都是有限的，因为只有上帝才是绝对的可能性；而造物的必然性都是偶然性，因为只有上帝才是必然性本身；造物的可能性与必然性的联结也是有限的，因此造物无法实现它的所有可能性。上帝的创世因而就是三位一体的限定活动，有限的造物从无限的上

---

[1] *De docta ignorantia*, II, 2 n. 111.

[2] Hildegund Rogner, *Die Bewegung des Erkennens und das Sein in der Philosophie des Nikolaus von Cues*, S. 26.

[3] Hermann Schnarr, *Modi essendi. Interpretationen zu den Schriften De docta ignorantia, De coniecturis und De venatione sapientiae von Nikolaus von Kues*, Verlag Aschendorff, Münster Westfalen 1973, S. 23.

[4] *De docta ignorantia*, II, 7.

帝得到它的可能性和现实存在。

那么,究竟应该如何看待这种三位一体式的限定活动？我们**不可把限定理解为堕落、歪曲等一系列消极的活动,而毋宁应该积极地理解它**。因为它是上帝的内在性本身,通过这一活动,神性的三位一体结构也内在于万物当中,使万物成为从可能性向现实性发展的生成活动。以这种方式,神性的力量内在于万物当中,支撑着一切造物的存在、维持和提升。因此库萨才可以说,每一个造物都是"有限的无限性"或"被造的上帝"。①

值得注意的是,库萨虽然将可能性、必然性这对范畴与三位一体学说结合起来讨论了,但明显还存在一些局限,不同于他后期的思想中以"能-在"自身的主动活动模式系统地吸收和改造从亚里士多德到他为止的整个"潜能-实现"思想传统,作为他整个思想的奠基,并在此基础上重新解读三位一体教义的成熟做法(可参见本书第二部分的第三章)。笔者认为,库萨在这一核心思想②上的局限性同样体现了他早期思想主要是对上帝的一种赞叹,缺乏比较深入的系统思考。这些局限性体现在:(a)库萨此时采用的可能性与必然性这两个概念,只是现成地从思想传统中借取的,库萨没有对二者进行系统深入的思辨;(b)他对三位一体的介绍和采纳,同样也是对现成的教会教义资源的利用;(c)库萨在这里主要是借三位一体学说阐明可能性与必然性,即借助教会教义来引出他要呈现的哲学思想,这和后期"能-在"思想从哲学本身出发进行证明,进而阐明三位一体教义的做法正好相反。

(4)最后我们要略提一下库萨从对"极大"的思考中所得出的一些自然科学结论。③ 比如,宇宙是无限的,宇宙没有中心,地球不是世界的中心,地球不是完美的球体形状,天体运动不是完美的圆圈轨迹,世界中没有两个相同的个体等等。

我们已经知道,在造物的范围内,无物可以作为宇宙的边界,宇宙是缺乏地无限的,因而它是无边无际的、无限广大的,这样一来,也就没有一个现实的固定点作为它的中心,因此库萨说,地球不可能是宇宙的中心,也没有任何现实的天体可以作为宇宙的中心,而作为极大的上帝则不仅是宇宙和每一个事物的中心,也是其边界。

在有限物的世界中不可能有完美的圆或球体,否则那将意味着从中心到圆周或球面的距离完全、绝对地相等,而那在有限物这里是不可能的。只有

---

① *De docta ignorantia*, II, 2.

② 当然,它在早期还不成其为"核心"思想,只是往后才慢慢成为库萨整个思想的基础,库萨对它的认识有个发展过程。

③ *De docta ignorantia*, II, 11, 12.

上帝那里才有完全的、无限的相等,有限物这里只有相对的、近似的相等,因此地球和一切天体都不是完美的球体,其运动轨迹也不是完美的圆周。

尽管库萨先于哥白尼和开普勒几百年提出"地球不是宇宙的中心,宇宙没有中心"等观点,但是与后来的科学研究不同,库萨的结论是从他对绝对(无限)与限定(有限)的思考中推出的,因而更多是形而上学意义上的,而不是科学上的观察和实验的结果。

第二节　对立面的相合

在本节中,我们尝试对极大的内在结构——对立面的相合——作更多的挖掘,因为对它的理解(1)会影响到我们如何全面深入地理解库萨早期辩证思想的布局,并更加公正地评价这一思想的思想史地位;(2)由此它还涉及如何公正地看待这一思想在它的时代所受到的种种指责,进而为库萨所进行的"申辩"寻找可能的支持;(3)它也决定了(尽管可能找到上述支持)我们如何公正地看待库萨早期思想的缺陷,以及它以何种方式向中期思想演进。

上一节的讨论已经表明,极大或者对立面的相合,就是上帝的既超越又内在的存在方式,是一个存在论上的事实。而在本节中我们将表明,它同时也是人对上帝的认识努力的成果。但是对于这里的认识,我们却**不能在近代认识论的意义上来理解**。

一　作为认识的对立面的相合

在库萨对极大及其与万物关系的思考中,我们可以发现,撇开对基督的讨论不谈(这方面的讨论主要是一些教义问题),库萨明显地区分了存在的三个层面:(1)互相区别的个体造物,也就是"多";(2)个体造物(差异、对立面)共存的宇宙整体,也就是"由多组成的一";(3)全无差异的、作为对立面之相合的上帝,也就是"纯粹的、绝对的一本身"。在这个意义上,库萨对上帝-宇宙-个体的思考,就清晰地与柏拉图以来的对一与多关系问题的思考关联起来,并且以其相合学说作为一在多中的内在性的表达。就上帝创世而言,对立面的相合是源初性的,一切可能性和现实存在,都在上帝当中以一种相互间无差异的方式(因为它们都无限地实现了自身,因而就是上帝本身)被内包(complicare)着,并在上帝创世的过程中,出于偶然性和造物的有限性本性,以互相区别地、各自在不同的程度上被限定的方式,外展(explicare)开为整个世界了。① 从这种一与多关系的角度来看,无差异是一切差异的本源,对立面的相合是所有对立面的前提。

但是在上述这种区分背后,是一种不那么明显的、较隐蔽的**对认识方式的区分**(需要强调的是,这些认识方式都是从人的视角出发的):第一种认识方式是分离地看待具体事物,认识到事物间的相互区别,这种认识方式是知性(ratio / Verstand)认识的根本特征。第二种认识方式是对事物关联性的认识,认识到事物处于万物的关联总体当中,每一物都必须被理解为整体,无物可以脱离其他事物而被思考,我们可以在个体中通过整体的中介认识到其他个体,在个体中发现整体的格局。这种认识方式在很大程度上克服了对事物知性的、分离的看法,可以被视作**莱布尼茨单子论的一种萌芽形态**。第三种认识方式则是在个体中认识到那个独一的无限力量的内在性,事物是被这一绝对力量创造、维持和提升着,认识到事物在这一绝对力量当中就以无限的方式存在,因而就是这力量本身。

我们可以看到,上面所说的第二种认识方式和第三种认识方式,都是超出知性的方式之外的,因为它们不再从矛盾律这一认识原则出发认识事物,而毋宁在矛盾双方的统一当中去寻求对事物的新的理解。这样的认识方式后来被库萨称为"理性"(intellectus / Vernunft)。对立面的相合虽然不是知性所获得的认识,但依然是人的精神努力的结果,是有限的人力图超出知性层面之上所做出的思想努力。在后来的作品《论猜想》(*De coniecturis*)中,库萨也明确地指出了这一点,他意识到《论有学识的无知》的缺陷在于,它是"用理性的方式(intellectualiter / nach Weise der Vernunft)在言说上帝,亦即通过把矛盾双方联结到一个单纯的统一性当中(的方式)"②。而绝对的超越者毋宁还要超越于对立面的相合,是对立面的相合也无法捕捉到的。因此在后来的《论神观》(1453)中,库萨把"对立面的相合"称为"墙"③,它只是人的理性所获得的对于绝对者的认识,而绝对者本身还在墙的那一面,超出了人对它的理性认识。

在一般人看来,亚里士多德的矛盾律(更恰当地应该称作同一律或不矛盾律)是一切科学和认识的基本原则:事物如果是 A,就不能同时是 B(非A)。而经院哲学的讨论是在此基础上进行的,以至于根本无法理解对立面的相合。虽然否定神学和神秘主义者们对于对立面的相合并不陌生,他们意识到知性认识和矛盾律的局限性,经历了一些矛盾律所无法解释的体验,但

---

① *De docta ignorantia*, II, 3.
② *De coniecturis*, I, 6 n. 24.
③ *De visione dei*, n. 37.

是在他们那里,对立面相合的现象更多是"在上帝之爱的神秘行动中以体验的方式给出的"①。在埃克哈特看来,不仅人的较低的认识能力(如感性),而且较高的认识能力,都沉溺在互相对立的东西中,甚至最纯粹的理性也停留于一种二元性(Zweiheit)和敌对(Spannung)中,比如你-我,人-上帝,主体-存在等等。只有当人转向自己的灵魂深处,完全与世界分离,失去自己的一切能力,在完全的出离中才能进入一种神秘的合一,体会到全无对立的统一性。②

与否定神学和神秘主义者的做法不同,库萨在超出矛盾律的有效性范围的同时,并没有陷入那种无思想、无体系、无结构、无规定性的神秘体验中,而仍然寻求通过精神的努力来获得更多的认识。他认识到在知性看来矛盾着的双方在一个更高的层面上是可以相互过渡、相互统一的。这种认识努力的结果并不是发现了一个新的世界,或者新的认识对象,而是以一种新的视角"赋予事物新的意义"③。库萨本人对自己的对立面相合的原则评价极高。"库萨将这一原则视为一个决定性的发现,并且坚信,借助这一原则能够照亮他之后的哲学史,并从根本上改革他的时代的哲学。"④库萨认为,经院哲学的"灾难性的错误"就在于忽视了,或者在亚里士多德的影响之下,错认了这一原则。⑤

许多库萨研究者都在这个意义上看待对立面相合的思想史意义,即认为对立面的相合,作为一种认识方式,其价值就在于它突破了知性和矛盾律的局限,为我们把握现实性、认识存在者、观察世界给出一种新的视角和方式,对我们生活的世界中的种种事物和现象及其相互关系给出新的解释,凸显出了一个"从属于逻辑性的非知性领域"⑥,或者用霍夫曼的话来说就是,"为通向超逻辑者的思想之路找到了逻辑形式"⑦。在相同的思路上,里特也表达了类似的观点,认为对立面的相合是对知性的学院神学的克服。否定神学尽管打破了矛盾律,但是没有积极地把握上帝的存在,而在库萨这里,对立面的

---

① Odebrecht, *Nikolaus von Cues und der deutsche Geist*, S. 9.
② 埃克哈特的上述思想参见:Heimsoeth, *Die sechs grossen Themen der abendländischen Metaphysik und der Ausgang des Mittelalters*, S. 35。
③ Josef Stallmach, *Ineinsfall der Gegensätze und Weisheit des Nichtwissens*, *Grundzüge der Philosophie des Nikolaus von Kues*, Aschendorffsche Verlagsbuchhandlung, Münster 1989, S. 14.
④ Ernst Hoffmann, "Die Vorgeschichte der Cusanischen Coincidentia oppositorum", in *Über den Beryll*, Verlag von Felix Meiner, Leibzig 1938, S. 1. 在这篇文章中,霍夫曼将对立面相合这一思想原则的开端追溯到古希腊"从多出发追问一"这一古老的哲学问题。
⑤ Hoffmann, "Die Vorgeschichte der Cusanischen Coincidentia oppositorum", S. 32.
⑥ Odebrecht, *Nikolaus von Cues und der deutsche Geist*, S. 6.
⑦ Hoffmann, "Die Vorgeschichte der Cusanischen Coincidentia oppositorum", S. 32.

相合却是一种认识形式,它将知识扩展到矛盾律之外。①

但是,如果我们仅仅从这个角度出发解读和定位对立面相合的思想,仅仅把对立面的相合作为人的一种认识的方式,或者看待事物的新的视角,可能就刚好错失了它在库萨那里的真实的含义。因为这种解读是把对立面的相合作为理性认识从库萨哲学的体系中割裂出来,来看待它的思想意义,并且更多是从近代主体哲学和认识论的视角来诠释它。近代认识论的一个大体的趋势是,从人的内心出发将外部的世界纳入自己的思想体系当中,或者把事物作为现成的对象,用现成的认识框架去"格式化"事物,感性、知性或者理性只是我们对事物进行钳制的工具和方法,认识对象就是等待被格式化的材料。在这一认识范式下,一切未知的对象,只要被承认为存在的,在潜在的意义上其实都是可知的,因为它只是还没有进入我们的认识框架而已。如果在这个意义上去理解对立面的相合,它不过是人类用以扩展认识范围的纯粹主观的思想逻辑,好比一副可摘卸的眼镜,通过它,事物就呈现出新的色彩和存在模式。

对超知性的理性认识方式的开拓,或者说,对矛盾双方的辩证统一的思考,往往被德国哲学家视为本民族的骄傲。库萨对此当然有开创性的意义,因此奥德布莱希特说"库萨使德国精神第一次获得了充满形式和内容的身份认同"②。但是如果我们过度地用后来的思想成就来解读库萨,那就不仅是一种时代错误,也是对库萨本身的误解。因为在库萨这里,相合虽然是一种认识,但它更是存在本身。即便他在后来的《论猜想》中承认相合是理性对上帝的认识,但这在根本上而言也不是近代认识论意义上的认识。原因在于:

首先,作为认识的对立面的相合,并不是近代意义上的人抱着信心满满的态度,从自己的立场出发对事物进行钳制的思想逻辑,而是**寻找上帝的行动**。人首先意识到自己的有限性,怀着对未知物的敬意,以一种开放的、虔诚的态度,试图突破自身的有限性,进入一个无知的领域,即世界以及世界秩序的发源之处。人并不认为自己握有可以将未知领域格式化的概念工具或体系,而是始终在寻找自身力量的来源,因而我的认识对象不是现成的、等待被认识的材料,而是不断地以不同的方式展现自身的无限力量,是有可能改变我的整个生存的未知者,因而人在整个的认识过程中总是保持开放的,是虔敬的。

---

① Joachim Ritter, *Docta ignorantia*, *Die Theorie des Nichtwissens bei Nicolaus Cusanus*, Verlag und Druck von B. G. Teubner, Berlin 1927.
② Odebrecht, *Nikolaus von Cues und der deutsche Geist*, S.5.

其次,在这个寻找的过程中,始终有上帝的呼唤和指引,我的寻找行动就是未知者启示自身的场所,我的思想努力源于上帝的支撑性力量。对立面的相合固然是我对上帝的认识,但是更重要的,它是上帝以理性的方式存在并对我显现。而且不只在理性中,在知性、感性中都有无限者的内在存在,都是无限者向有限者展现自己的方式。对于上帝与人的认识之间的动态的结构关系,库萨在中期思想中有清晰的表达。

所以,如果我们脱离库萨的内在性思想的情境,孤立地评价库萨的对立面相合的思想史地位,虽然能发现库萨与近代哲学的一些关联性和相似性,但是这种做法更多是把近代哲学的一些标签贴在库萨身上,而对他的思想实质没有深入的理解。在库萨思想体系中,对立面相合的价值就在于,它表达了无限者辩证的存在方式——一方面超越有限者,另一方面又内在地支撑有限者的一切存在。

二 对立面的相合作为联结的力量

在这一小节中,我们将延续上文的思路,尝试对作为认识的对立面相合当中无限力量的内在存在进行分析,追问神性是以何种方式内在于我们对"对立面相合"的认识中的。

首先我们看一下在《论有学识的无知》中,对立面的相合是如何达到的。我们在上一节举过圆和直线的例子,假设圆和作为其切线的直线都无限扩大和延长,圆的弧度会逐渐变小,如果这个过程无限进展,那么圆和直线就会合一了。这里,我们还可以引用库萨在《关于能-在的三人谈》中讨论静止与运动的例子。假设有一个转动的圆圈,在圆周上有一个固定的点,当圆圈旋转时,圆上的每一个点都会依次经过这个固定的点,如果转动的速度可以达到无限快,那么圆上的每一个点经过这个固定点时并不先于另一点,也就是说,无限运动的点同时都是那个固定的点,那么无限的运动就与静止相合了。①

这一方法的根本在于:针对一些相对的特性(直和曲,动与静)通过设想其无限状态以考察对立双方的统一和相互过渡,由此得出对立面在极大(无限者)那里相合(coincidencia / Zusammenfallen)的结论。由于极大是造物所在的意义世界的尺度与可能性条件本身,它不是我们通过对所认识的各种对立面进行程度上的增加或减少就能达到的,而毋宁超出了我们的意义世界。

---

① *Trialogus de possest*, n.19. (在此书中,这个例子是为了形象地说明上帝同时整个地在一切事物当中。)这个静止与运动相合的示例,让我们联想到古希腊哲学家芝诺提出的"飞矢不动"的悖论。但是必须注意,芝诺悖论是通过分解时间得到的,而库萨的对立面相合则是通过设想运动状态的无限化得到的。

但是，我们通过把有限性推至我们意义世界的边界之外，推至我们所无法设想的状态，然后发现对立面的联结，在这个认识方法中，正如康迪亚克所强调的，作为对立面相合的"极大"不是一个现成地存在着的、作为实体的无限者，它也绝不是一个空的、虚构的理念或名词（像唯名论者所理解的那样），而是"现实地在整个辩证过程中在场"，它"表达出了一种真实地无限的综合力量"。① 也就是说，对立面的相合不是一个现成在那的、等待我们发现的对象，但也不是空无，不是我们所臆想出来的虚构，而毋宁是一种综合力量的表达：这需要精神将对立的两个方面——通过设想它们的无限状态——进行**关联**，在超出我们的意义世界的层面上寻找它们之间的统一性，因而这联结两个对立面的活动就是一种进行**综合**的力量。

这种进行综合的力量并不是人所特有的，事实上它无处不在，"充满整个大地"②。**从根本上来讲，它来自上帝的第三个位格——圣灵**（或"神圣精神"，spiritus sanctus / der heilige Geist）。我们在论述极大的三位一体时已经发现：可能性在极大中是绝对的、纯粹的可能性，也就是父的位格；必然性在极大中是绝对的必然性，也就是圣子位格；而圣灵则作为绝对的联结行动，将绝对可能性和绝对必然性联结起来，以致在上帝中，绝对的必然性就是绝对的可能性，反之亦然。而造物世界中的进行联结的精神（spiritus conexionis）就是"从上帝的精神（divinus spiritus / der göttliche Geist）那里降下来"的③，作为"被造的精神"，它一方面使得限定的可能性和限定的必然性关联起来，使得事物成为一个能够持存的存在者；另一方面也"作为爱着的关联运动，把万物关联进一个统一性，以至于由万物形成一个独一的宇宙。"④库萨在1463年写作的《论寻求智慧》（*De venatione sapientiae*）中把联结当作我们寻找上帝的一个场所（campus / Feld），视为由圣灵（爱）降下来的进行统一的力量，没有它就无物存在，也没有理性物（人）的幸福。⑤

我们可以看到，库萨正是在三位一体教义的传统中，来描述这种进行联结的精神力量及其内在性，这种联结力量既内在于外在的现实存在者（人以外的造物），也内在于进行思想的人类精神。因此上帝（圣灵）的内在性一方面使得外物得以存在和相互关联，另一方面也使得人能够认识外物、自身和

---

① Gandillac, *Nikolaus von Cues*, S. 212. 康迪亚克以他一贯的敏锐觉察到了库萨的这一思想与辩证法传统的联系，对立面的相合作为认识无限者的一种思想努力，在辩证法思想史上的确有很大的贡献，对此需要另作专论。
② *De docta ignorantia*, II, 10 n. 154.
③ Ibid., II, 10 n. 153.
④ Ibid., II, 10 n. 154.
⑤ *De venatione sapientiae*, S. 24, 25, 26. 此书中描述了人可以寻找上帝的十个场所。

上帝。从根本上讲，人的所有认识能力都是被上帝的灵所贯穿的，都是无限者内在于人类精神的方式，因而都是一种能够进行联结的力量，我们的每一种认识能力（感性、知性、理性）都是一种统一性，在这个意义上，我们可以追随施塔马赫所得出的结论："认识就是统一（Einigung）"①。需要注意的是，虽然库萨在初期思想中还没有突出这一点，但正是通过初期对对立面相合的研究，他才**在思想的综合行动中发现了神性的内在**，因而在中期思想中，他就追随着这一思路，通过探讨无限精神与人类精神的关系，来言说上帝的内在性与超越性的统一。对此我们将在本书第四章专门展开讨论。

三 指责与回应

《论有学识的无知》甫一发表，就引发了一场关于"如何正确理解通向上帝的神秘主义上升"的时代争论（1440—1460）。② 库萨的"对立面的相合"思想，引起了同时代许多经院哲学家和僧侣哲学家的强烈反应：有支持者，也有反对者。库萨的支持者主要是特格尔恩湖（Tegernsee）修道院③的僧侣们，库萨后来的《论神观》（*De visione dei*④，1453）以及《论眼镜》（*De beryllo*，1458）都是为他们而写的，帮助他们了解自己的思想。而当时针对库萨的攻击主要有两种形态。一种是以卡尔特会僧侣（Kartäuser）阿格斯巴赫（Vinzenz von Aggsbach）为代表的僧侣神学（die monastische Theologie），它认为通向上帝之路只与爱有关，而与认识无关。我们不难看出，这种批评的矛头所指向的，是上一小节所表明的在知性范围之外的认识努力，而这一点正是库萨自认为的独特之处，也是学者们认为库萨对思想史做出的重要贡献之一，亦即他对于知识的信任（也正是在这一点上他和神秘主义者们区别开来）。另一种是以海德堡神学教授文克为代表的学院神学（Universitätstheologie）。文克的《论无知的学问》（*De ignota litteratura*，1442—1443）是专门针对库萨——这位他"一生中所见过的最邪恶的作者"⑤——而写作的。库萨后来专门写了《对有学识的无知的申辩》（*Apologia doctae ignorantiae*）（1449）对文克进行回应。

---

① Stallmach, *Ineinsfall der Gegensätze und Weisheit des Nichtwissens*, S. 111.
② 参见 Ulrike Treusch, "Nicolaus Cusanus und Aspekete nonastischer Theologie", in *Nicolaus Cusanus: Perspektiven seiner Geistphilosophie*, hrsg. v. Harald Schwaetzer. Roderer Verlag, Regensburg 2003, S. 138-142。
③ 在今德国巴伐利亚州，直到19世纪初都是巴伐利亚州最重要的本笃会修道院。
④ 这里拉丁语第二格的用法有两种含义，一是上帝作为观看的主语，二是上帝作为观看的宾语。中文不能同时表达两种含义，所以暂且译作"神观"，取其模糊性。
⑤ John Wenck, "On Unknown Learning (De Ignota Litteratura)", in Jasper Hopkins, *Nicholas of Cusa's Debate with John Wenck, A Translation and an Appraisal of De Ignota Litteratura and Apologia Doctae Ignorantiae*, The Arthur J. Banning Press, Minneapolis 1981, p. 40.

文克在《论无知的学问》中援引了库萨文本中的十个命题(thesis),对其一一展开批评。① 研究者弗拉施(Kurt Flasch)从中总结了文克对库萨的指责有八个方面。② 但是如果我们对这些批评进行分类,就可以发现,文克的批评主要集中在两个焦点上:

(1)库萨的对立面相合的理论"破坏了一切知识的基本原则",即"一物不能既是又不是同一物"的逻辑原则③,也就是说,库萨破坏了矛盾律,或者文克换个更严重的批评,库萨根本就是"缺乏逻辑学素养"(an meagerness of instruction in logic)④。出于这个原因,库萨的学说常常是自相矛盾的,比如他一方面宣称上帝不可认识,另一方面又允诺更高的认识,又比如"以非把握的方式理解不可把握者"等矛盾的表达。出于同样的原因,库萨的"运动与静止的相合"也与《物理学》相悖。⑤ (2)"对立面相合"理论宣称"万物与上帝相合"⑥,因而取消了"事物的个体存在"⑦,得到了"造物是虚无"的结论⑧,因而和埃克哈特的"存在即上帝"的论点一样,是一种泛神论,违背了基督教"上帝不同于造物"的根本教义⑨。

文克对库萨的第一个批评从根本上来说,是出于**对超出知性之上的认识方式的误解或者不理解**。正如上一小节所表明的,对立面的相合作为一种认识努力,不是要破坏矛盾律和知性认识的有效性,而毋宁只是对其有效性范围作了限制,并将认识推进到这个范围之外,所以对立面的相合并不导致知识被摧毁。希尔斯贝格(Johannes Hirschberger)的观点可以更清楚地说明文克误解库萨的原因:只有对知性思维方式来说,对立面的相合才导致知识被摧毁。⑩

至于文克的第二种批评,我们可以做出如下辩护:库萨从来没有"上帝与造物相合"的说法,上帝始终是造物无法达到的边界和终极状态。文克对库萨(以及埃克哈特)——他敏锐地发现了库萨思想与埃克哈特的关联——的泛神论指责,从根本上是**出于对内在性思想的不理解**。埃克哈特和库萨都

---

① John Wenck, "On Unknown Learning", pp. 21-40.
② Flasch, *Nikolaus von Kues*, S. 182-185.
③ John Wenck, "On Unknown Learning", p. 23.
④ Ibid., p. 25.
⑤ Ibid., p. 37.
⑥ Ibid., p. 25.
⑦ Ibid., p. 27.
⑧ Ibid., p. 36.
⑨ Ibid., pp. 21-23.
⑩ Hirschberger, *Die Stellung des Nikolaus von Kues in der Entwicklung der deutschen Philosophie*, S. 17.

是从上帝在世界的内在性存在出发,即从上帝对造物的本质性的支撑行动,从上帝的无限强力在造物中的在场来言说上帝与万物的关系,他们因此都得出了"万物从上帝获得存在,抽去上帝,造物就是无"以及"上帝在万物之中"的结论。我们不可以知性的方式理解上帝的内在性,以免误以为"造物在上帝之外没有实际存在";内在性的要求实际上要表达的,一方面是上帝本身的无限的力量,另一方面是造物与上帝的直接关联,这也是怀疑主义所导致的时代要求(对此我们在第一部分中已经有所表达)。在这个意义上,库萨为自己的辩护同时也是针对埃克哈特在1329年所受到的"异端"指责的辩护。

库萨的《对有学识的无知的申辩》写于1449年,此时,他早已完成了他的第二部重要的哲学作品《论猜想》,可以说,他对文克的回应是在《论猜想》——而不是《论有学识的无知》——的基础上进行的。在《论猜想》中,他已经认识到"对立面的相合"只是人在理性层面上对上帝的认识,而不是对上帝本身的表达,上帝还要高于、超越于对立面的相合。① 从这个基础上出发,库萨在《对有学识的无知的申辩》中说,文克的"摧毁知识"这一批评的原因在于文克没有"区分知性和理性"②,对立面的相合是在理性层面上进行的,而文克却从知性出发去理解和指责。③ 关于文克的泛神论指责,库萨则是通过重复和进一步澄清他在《论有学识的无知》中的论点进行回应,因为他始终强调上帝是造物无法达到的。

尽管库萨本人和读者都可以做出如上辩护,但不可否认,库萨早期的表达本身也是有缺陷的。库萨早期思想的自相矛盾之处在于,(1)他没有清楚地认识到,对立面的相合和极大本身是人的一种认识方式或认识成果,那么在此基础上,由于他把相合都推到认识之外了,当然就(2)不会在相合和上帝之间作什么区分了。但是尽管有这两方面的缺陷,我们也不能得出泛神论的结论。

小 结

总体来说,库萨早期思想的特点在于,对于绝对者的内在性,更多的是感

---

① *De coniecturis*, I,6 n. 24.
② Nicholas of Cusa,"A defense of learned ignorance (Apologia doctae ignorantie)", in Jasper Hopkins, *Nicholas of Cusa's Debate with John Wenck, A Translation and an Appraisal of De Ignota Litteratura and Apologia Doctae Ignorantiae*, The Arthur J. Banning Press, Minneapolis 1981, p. 52.
③ Nicholas of Cusa,"A defense of learned ignorance", p. 53.

受和赞叹,用一种人所无法表象的极大来描述绝对者的力量,尚缺乏对内在性之动力学的系统表达,也就是说,对于绝对者支撑造物之存在的方式,还没有找到足够成熟的描述。这主要表现为两点。第一,尽管库萨有意识地要描述上帝对于万物的绝对的建构作用,描述它作为事物存在的前提、可能性条件这一机制,但是把万物规定为对立面,把上帝规定为对立面的相合,以此来作为对上帝创造和维持世界之机制的说明,这种描述方式本身依然是外在的。因为它无法展现上帝如何创造和支撑事物的结构与过程,也容易带来消解造物之存在的误解。第二,这种对上帝内在性的描述方式归根结底是不太恰当的,因为它没有深入到内在性的动力学中去,追问内在性之发生,因此有可能导致将上帝作为与人对置的对象(Gegenstand)(这也同样是阿奎那的困境),而对内在性之动力学的说明最终是在晚期以"能-在"为核心的思想中完成的。(遗憾的是,作为库萨整个后期思想之基础的潜能-实现学说,在早期仅仅是对宇宙这一极大的一种现成的描述手段,库萨在这个时期还没有意识到上帝的内在存在与这一学说之间的深刻关联。)

也就是说,早期库萨思想对内在性的描述,在系统化和深度方面都有不足之处。但是在"对立面的相合"思想中,库萨对联结对立面双方的第三个环节——联结或精神——的发现,为他的进一步思考提供了新的方向,人类精神的认识方式成为库萨寻求言说上帝之内在性的新的领域。因为虽然所有的造物中都有上帝的存在,然而唯有精神,作为一种进行统一的力量,将上帝的内在支撑作用最为明显地表达了出来。我们可以看到,在寻求对内在性之系统描述和表达的意义上,库萨的思想从来没有发生"断裂"。

第四章 库萨中期论无限精神与人类精神

从《论猜想》(*De coniecturis*,大致写于1442—1444之间)到写给特格尔恩湖僧侣们的《论眼镜》(*De beryllo*,1458)之间,库萨几乎所有的哲学作品,都表现出一个共同的特点,即把人的精神能力作为绝对者启示自身的场所,通过探究人的精神与绝对精神的关联,来描述上帝的内在性。因此对精神的分析就成为库萨中期思想的核心。

《论猜想》构成了这一努力的开端和核心。在《论猜想》中,库萨发展出许多新的主题,例如对人类精神的结构及其诸认识能力的研究,人的认识的猜想性,诸认识能力或认识方式之间内包(complicare)和外展(explicare)的紧密关联①,人的精神——作为被绝对精神内在地贯穿和支撑着的存在——的创造特性等。对这些主题的展开并不局限在《论猜想》这一本书中,而在中期的多部作品中都有涉及。1444—1445年库萨关于"隐秘的上帝"的三部曲,即《论隐秘的上帝》(*De deo abscondito*)、《论寻觅上帝》(*De quaerendo deum*)和《论与上帝的父子关系》(*De filiatione dei*),论述了人类精神的认识方式,以及人如何被内在于自身和世界当中的元根据引领着,走上寻找真理(上帝)的道路,此之为人的本性。1450年的《平信徒论智慧》(*Idiota de sapientia*)和《平信徒论精神》(*Idiota de mente*),在人类精神对于神圣精神的绝对关联性的前提下分析人类精神的活动,体会人类精神之力量,在此基础上强调神性无所不在。它是伴随着一切人类日常活动的前提性力量,它随处可见,它"在大街上呼喊",甚至未受教育的平信徒比神职人员、学院学者们都更容易找到它,因为前者不受教条、书本和知识虚荣的蒙蔽。1453年的《论神观》(*De visione Dei*)和1458年的《论眼镜》(*De beryllo*),是写给特格尔恩湖修道院②的僧侣朋友们的,旨在为他们指引一条通向神性的简单道路。《论

---

① 库萨早期作品中就已经运用这对概念说明上帝与万物的关系,参见本第三章第二节。而在中期思想中,这对概念也用来说明无限精神与人类精神之间、人类精神的较高层级与较低层级之间、人类精神及其思想物之间的关系。

② 在今德国巴伐利亚州,直到19世纪初都是巴伐利亚州最重要的本笃会修道院。

神观》表明上帝伴随着每一个人的一切活动，不管我进行何种行为，上帝都与我同在；《论眼镜》描述了如何借助谜图（Rätselbild）引导和帮助理性较弱的人，达到人的认识可以达到的最远边界，这就好比给予读者一副辅助视力的眼镜——在某种意义上说，万物都是上帝的谜图，而人就是解谜者。在《论眼镜》中，库萨在无限精神之内在性的基础上，对于人类精神的创造性也有较多的表达。但是除两卷本的《论猜想》外，其他作品的篇幅都不大，而且《论猜想》是最系统地处理以上各主题，并明确地对中期思想的各主题都有所表达的作品，因此，我们对库萨中期的内在性思想的分析将主要围绕《论猜想》进行，但也会根据需要涉及其他作品。

在中期思想中，"精神"（mens[①]）概念成为库萨表达上帝的内在性、表达上帝与人和事物之间关系的论述框架，因而是中期思想的核心概念。至于这一概念何以能够成为言说内在性的基石，这与它本身丰富的内涵密不可分。精神概念，从其来源来讲就是非常丰富的，它既与古希腊的许多哲学概念有关联，比如 pneuma（气息）、nous（奴斯、理性）、psyche（灵魂）、logos（逻各斯）等，也与犹太教中的 ruach（气息）有关。在基督教中，经过早期教父们的阐释和争论，以及对希腊传统和犹太传统的吸纳，它成为上帝的第三个位格——圣灵（spiritus sanctus）。从其发展看，不同的哲学家对它的理解也纷繁复杂，这使得我们无法对这个概念给出一个固定的定义。在这里我们并不打算对这一概念的发展和流传的历史进行梳理（那需要非常细致的考察工作），而只满足于对它的主要内涵和基本特征作简单的勾勒，尤其关注它在库萨所面对的基督教思想情境下的内涵：

第一，精神概念不仅可以言说思想，与人的认知、思想能力相关（比如柏拉图和亚里士多德那里的灵魂概念），也可以言说存在，与宇宙的原则相关（比如在阿那克萨戈拉和赫拉克利特那里的奴斯和逻各斯概念）。并且这两方面都与一种较高的存在秩序有关，具体而言，它是比现象、质料、身体、混沌等更高的存在，并且是现象、质料等的秩序的来源。**第二**，精神概念与生命概念相关，它表达的是一种活动，而且它不仅自身能够运动，也可以作为他物运动的推动性力量。尤其值得重视的是，在基督教语境下，精神概念还是位格性的存在，它与上帝的意志相关。**第三**，精神概念表达了目的和方向性，它的运动不是杂乱无章的，而是引向秩序和更高存在的运动。

库萨把精神区分为两种：一是无限精神（mens infinita）[②]或神圣精神

[①] 库萨有时也使用 spiritus，但不常见。
[②] *De coniecturis*, I, 2 n. 7.

(mens divina)①,有时也加上形容词,称为"自身持存的无限精神"(mens in se subsistens infinita)②;二是这一无限者的肖像(imago infiniti),也就是人类精神(mens homonis),或者我们的精神(mens nostra)。作为无限精神之肖像的人类精神,就其自在存在而言是精神,就其使命(officio)而言是灵魂,也就是说赋予身体以生命。③ 人类精神又展开为三个层面:理性(intellectus)、知性(ratio)和感性(sensus)。在讨论库萨对精神结构和运动的论述之前,我们可以结合上面所说的精神概念的三个基本内涵,来看看库萨的精神概念的特点:第一,人的精神固然是人的认识能力,但它并非与上帝脱离的主观之物,其能力的根据在于上帝,即绝对精神,而精神的活动所需遵循的世界秩序,其根据也在上帝之中,反过来说,这种能力和这种世界秩序也是上帝的精神的体现。第二,精神是引导人与事物向上帝攀升的一种力量。对于越是追寻上帝的人,上帝越会向其显现,由此人就越发领会到有一种力量在引领着他走向上帝,因为他所领会到的世界秩序本身就处处透显着上帝的存在。第三,精神是一种人格性的存在。中世纪人从世界现象中看到的,不是古代的那种理念,而是如同一个活生生的人,可以与人发生某种交流的人格性存在。对此库萨在《论神观》中的画像示例给出了非常形象的表达。

我们可以看到,精神概念为库萨论述内在性提供了一个更广大、更深刻的平台,这是因为精神作为活动性、生命性的存在,它本身就包含了运动、秩序、意志等适合表达内在性之动力学的因素,使得人类精神的一切活动都被神圣精神自身的运动贯穿和渗透。但是库萨对精神的分析,不局限在对上帝精神和人类精神之关系的讨论中,也就是说不局限在对内在性的表达上。因为精神这一主题,不仅涉及上帝对人类精神的绝对的支撑性,也涉及人在此基础上如何认识和寻找上帝的问题,涉及上帝与造物的关系,人与外部世界的关系,人与自己思想的产物(感觉、概念等)的关系,以及外部事物与我们的思想物的关系。也就是说,在精神的论述框架内,库萨集中处理了许多主题(这造就了库萨思想的一个多产期),并在无限精神内在性的前提下,对人类精神的重要性有了突破性的认识。不过只要我们抓住内在性这个库萨思想一以贯之的主题,就会发现中期的多个主题并不是杂乱无章的,而都是对这一中心主题的表达或拓展。

在本章第一节中,我们将论述库萨的统一性思想,看看库萨如何通过对新柏拉图主义层级流溢学说的利用改造,克服早期言说内在性的方式过于僵

---

① *Idiota de mente*, 3 n.72.

② Ibid., 1 n.57.

③ Ibid.

硬的缺陷,在一个动态的发展和运动当中来论述无限精神在人类精神当中的内在性。在第二节中,我们将在无限精神的内在性的基础上,谈论人类精神接触上帝和事物的模式——猜想。第三节将在前两节的基础上进一步表明人类精神的创造性力量。

第一节 统一性思想:无限精神的内在性

库萨早期谈论上帝内在性的方式还比较僵硬,因为他有意将上帝排除在我们的知性认识之外,并把上帝限制在超出知性认识的对立面相合的领域当中。尽管对立面的相合作为诸对立面的前提和完满性,为有限的世界打开了活动局面,并为其提供目标,但是对上帝与造物的关系的这种描述,缺乏对上帝与造物间运动的关注,缺少对绝对者之内在性的结构和发生的描述,缺少对内在性何以可能的追问。我们可以通过一个可能不尽恰当的比较,来进一步说明早期思想的问题。在对立面相合的思想中,上帝和造物的关系就类似于前期柏拉图学说中理念和现象的关系(这个比较的不恰当性就在于,理念并不是主体式的创造者,它并不产生现象,理念与现象之间没有上帝与造物之间那么大的超越性张力),理念虽然是现象的本质和完满性的范本,但是对于理念如何赋予现象以形式的问题,或者反过来说,对于现象如何从理念那里获得形式的问题缺乏交代,对两个层面如何相互过渡的问题缺乏适当的描述。这同样是库萨早期思想的问题,他虽然想要说明对立面的相合对于造物的奠基性力量,但是没能说清楚这当中的动力学结构。

不过正如我们已经说过的,早期对对立面相合的分析,为中期提供了新的方向,即以精神——进行联结的力量——作为内在性表达的新的着眼点。库萨将精神规定为统一性(unitas / Einheit),也就是进行统一的力量。无限精神(上帝)作为统一性力量的根本来源,以不同的方式贯穿于人类精神的各个层面。在对神性自上而下展开为人类精神的诸层面,以及人类精神通过自我反思向无限精神回归的运动的描述中,库萨借用了新柏拉图主义的**存在流溢学说和坚守-产生-返回**(mone-proodos-epistrophe)的模式。

虽然在《有学识的无知》中库萨就对《论猜想》的内容有多次预告,但是最后成型的《论猜想》一书与他的原计划很不相同。这当中一个重要的原因是库萨有了新的思想来源,那就是新柏拉图主义。[1] 根据弗拉施的考证,库

---

[1] 具体可参考 Josef Koch, *Die Ars coniecturalis des Nikolaus von Kues*, Westdeutscher Verlag, Köln und Opladen 1956, S.35。

萨大概在 1440 年阅读了普罗克洛斯的《〈巴门尼德篇〉评注》和《柏拉图的神学》的片段,以及《神学要素论》。① 新柏拉图主义思想旨在将柏拉图那里分离的理念与现象带入一种连续运动当中,它所发展的层级流溢和下降-上升的辩证法,其力量就在于表明一与多之间的积极关联,使得一切存在者都与本源相关联,甚至最边缘的多都被太一的动力作用所贯穿。因此,库萨对这一思想的借用,就在某种意义上克服了他早期对上帝之内在性的表达方式的不足。必须指出的是,对于新柏拉图主义的层级流溢学说,库萨并不是外在地套用,而是进行了改造。② 由此他不仅为上帝在人类精神当中的内在性的动力学给出了新的、更恰当的描述方式,也对人类精神的结构有了更深入的分析。

类似于新柏拉图主义的太一-精神-灵魂-感性事物的存在层级,库萨在中期的精神分析中,提出了神圣精神-理性-知性-感性四个层级。他把对立面的相合作为理性的特征,认为上帝本身在理性之上。表面看来,库萨似乎把上帝推得更远,承认对立面的相合只是理性层面的行为,而上帝还要超出于此,但实际上他让上帝更贯通地内在于整个精神活动和存在当中,因为他不再像早期那样试图限定上帝,将上帝保持在某个层面上,而是承认人类精神所有层面的认识都是对上帝的某种猜想。这就是说,库萨在似乎原本只属于有限者的每个层面上,都给上帝留出了地盘,从而在人的一切活动当中给上帝让出了活动的空间,这种"让"的态度给予上帝更大的活动范围,让无限的精神渗透在人类精神的一切活动层面当中得以可能,当然这种"让"的态度不仅仅是一种断言,更体现为系统的描述。

在本节中,我们将(1)展开库萨的"统一性"思想,即精神运动的四个层面以及它们之间相互过渡的运动,(2)并通过与新柏拉图主义的层级宇宙思想的比较,表明库萨这里的精神诸层面之运动的特点。库萨这一思想的目的在于描述无限精神如何动力性地内在于一切人类精神当中。在无限精神展开的三个统一性层面中,每个层面都有自己的真理,都以各自的方式表达着神性。但就它们都不是绝对的统一性,即就真理本身而言,每一个层面所获得的认识都只是猜想。(3)最后我们将借助库萨在《论神观》中的一个示例,来直观地表明无限精神与人的精神的内在性关系。

(1)库萨区分了精神的四种存在方式,即四种统一性,它们分别是:神性或绝对的统一性(absoluta unitas)、理性(intellectus)、知性(ratio)和感性(sen-

---

① Kurt Flasch, *Nikolaus von Kues*, *Geschichte einer Entwicklung*, *Vorlesungen zur Einführung in seine Philosophie*, Klostermann Verlag, Frankfurt am Main 1998, S.153.

② Josef Koch, *Die Ars coniecturalis des Nikolaus von Kues*, S.18.

sus)。它们不是新柏拉图主义流溢而成的固定的等级宇宙意义上的层级,而是作为世界之结构的精神运动,是精神观察和运作的四种方式(modi),或者说是存在显现的四种方式。① 精神以神性、理性、知性、感性这四种统一性力量建构了包括上帝在内的整个宇宙秩序,因为精神分别以这四种方式内包一切事物,内包整个存在性,"精神在万物当中,万物在精神当中",精神可以宣称"在精神之外无物"。② 接下来,我们先分别论述这四种统一性的特点,进而分析它们与新柏拉图主义存在流溢学说的区别。

感性③即可感物的统一性。它只关乎物体性的、空间上可延展的事物,而对于非物体性的事物则是无法通达的。感性感受感性物,如果没有感性统一性,就没有可感物的显现。也就是说,感性统一性是感性物向我们显现的方式。然而感性本身是粗糙的、不清晰的、混乱的,因为它只进行感知,而不进行区分,区分来自于知性。感性只是确认有可感物在那里,而不能将一物与另一物区分、辨认出来。然而事实上,当我们感知事物时,我们就在区分着黑与白、冷与热、直与曲,区分着一物与他物。④ 我们的一切感性活动中都有知性的作用,是知性在感性当中对感性物进行着区分,没有知性在感性当中作用,我们就无法真正地感知事物。"在知性灵魂**下降**到感性的同时,感性也**上升**为知性"⑤,这一下降-上升的往复运动,使得感性成为真正的感性,成为区分着的、有意识的感性。

知性⑥是一种否定和区分的力量,它以概念和定义为对象,根据矛盾律进行判断和推理。通过比较和区分可感的个体物,对事物进行分殊,为事物给出定义,由此将事物带向更高的统一性,即在更高的程度上——以概念和定义的方式——统一了可感物,使事物之间相互区别以保持自身。相互对立者非此即彼,不能同时为真。知性认为无法统一的对立,在理性中是统一着的,正如在感性上相区别的东西在知性中是统一的,比如这支笔和那支笔都被统一在"笔"这个概念之下。然而,知性对对立面做出的区别则是以理性中对立面的相合为前提的,知性做出的任何"非此即彼"式的提问中都已经有理性为前提了。⑦ 正是因为理性在知性当中联结着诸种对立,才使得知性可以对它们进行区分,这里同样进行着下降-上升的往复运动。

---

① Kurt Flasch, *Nikolaus von Kues*, S. 159.
② *De coniecturis*, I, 4 n. 12.
③ Ibid. , I, 8.
④ Ibid. , I, 8 n. 32.
⑤ Ibid. , I, 8 n. 36.
⑥ Ibid. , I, 7.
⑦ Ibid. , I, 6 n. 24.

在理性的统一性①中，诸对立面未加分离地联结着。不同于知性的矛盾律，理性的原则是"对立面的相合"。对于理性来说，没有不可统一的对立面，诸对立面相互内在、相互关联。对于"对立面的相合"，库萨经常以数学示例来启发读者：比如在知性中，三角形的角与其对边，圆的直径和圆周都是相互对立的，而如果存在无限的圆、无限的三角形，角和对边、直径和圆就会相互过渡，相互统一。② 相合不是对立面的简单相加，不是对对立面的无区别的同时肯定，而是理性的努力，即通过不断普遍化的建构发现存在的整体性。存在本身原本就整体性地相互关联着，是知性力量在做出区别和划分。

理性的统一性力量是以神性的统一性为前提的。神性的统一性③是绝对的真理本身，它是绝对确定的，它先于精神的一切认识，又是一切认识的前提。它是人类精神（理性、知性、感性）的各个层面的生命本源，是一切精神运作的前提。我们的精神的一切力量都从它而来，并以它为目标。但是由于人类精神自身的有限性特点，我们的感性、知性甚至理性都无法适当地认识和言说上帝，我们对上帝本身的一切认识都是"猜想"（coniectura）④，我们不能达到真理本身。

（2）神圣精神作为绝对的统一性，它是一切精神运作的前提。通过下降又上升的运动，它就内在于精神的各个层面中，以致人类精神的每一个层面都具有一种进行统一的能力，能够对外部的事物进行综合。可以看到，在对精神的层次和运动的论述中，库萨承袭了新柏拉图主义分层的方式和"坚守-产生-返回"的模式，并将其改造为自己的四种统一性之间"下降-上升"的辩证法。但是要理解库萨的统一性思想的真正含义和意义，我们还必须进一步厘清它与普罗丁的"太一-奴斯-灵魂"所构成的层级宇宙思想的区别：

首先，四个统一性不可等同于新柏拉图主义流溢而来的**存在层级**，而是精神运动。普罗丁流溢说中的层级是存在的层级，不同的事物属于不同的宇宙层级，较低的层级只以间接的方式依赖绝对太一。而在库萨这里，四种统一性不是存在的不同等级，而是精神运动的不同阶段，它们也共同构成思想的运动。在各个层面的思想行动中，人类精神（感性-知性-理性）将事物纳入整体关联之中，使事物不同的侧面向我们显现出来，从而建构出人的世界，并且这种建构是持续不断地进行着的。以上帝为中心，精神建构了三个世

---

① *De coniecturis*, I,6.
② Ibid., II,1 n.76.
③ Ibid., I,5.
④ 但不可就此把"猜想"理解为一种消极的认识，因为猜想是人类思想努力的积极成果。关于认识的这一特点，我们将在下一节论述。

界:理性世界、知性灵魂世界、感性世界。然而这三个世界其实是同一个世界,因为"万物都在第一个世界中,万物都在第二个世界中,万物都在第三个世界中,但是是以三种不同的方式"①。这三个世界以不同的方式是真的,只是真的程度不同,只有作为中心的上帝才是绝对真理本身。因此在精神所展开的世界中,"同一个事物有多种存在方式"②。它在感性中以感性物的方式存在,在知性中以知性物的方式存在,在理性中以理性物的方式存在,在上帝中则就是上帝本身。也正是在这个意义上,库萨才说"万物在人的本性中以人的方式展开,以人的方式内包在人的本性中"③,"人以人的方式是万物"④。

在精神的活动中,认识与存在从根本上是一体的,不存在谁先谁后的问题。随着感性向知性的推进,知性向理性的深入,存在也显现为并非感性所感受到的那些特征,而是具有知性的特征,更进一步,它也不呈现为知性的那种分离的特征,而是理性的统一性特征。这是从人类精神认识世界的角度来说的。另外一个角度是人对上帝的认识:在《论有学识的无知》中,库萨发现中世纪经院哲学更多是以知性的方式来言说上帝的,即上帝通过与世界分离的方式创造和维持世界,即通过把上帝言说为一、善、真理等,把它与多、恶、非真理对立起来。而库萨自己则超越了矛盾律,用对立面的相合来理解上帝,上帝作为对立面的相合内包了万物在他自身之中。而在《论猜想》中,库萨又作了自我批评,认为对立面的相合只是理性认识的方式,对于言说上帝仍然是不充足的。上帝是以一种比有限性所能理解的统一性更深的方式在行事的,上帝的认识以及行事方式就等于存在,只是后一种认识和后一种存在的真正奥秘是人类精神还没有达到的。而对世界的认识与对上帝的认识,这两个角度又是互相联结的,人越认识上帝,就越是以更真的方式认识世界,反之亦然;随着认识的提升,世界和上帝也以更真的方式向人显现。

其次,四种统一性不可理解为新柏拉图主义那里固定的、**彼此分离的层级**。它们共同构成了精神努力的连续发展,并且在实际运作中**相互渗透,不可分割,区分是由知性作出的**。⑤ 每一种统一性都是精神运作不可缺失的重要环节,都有其真理性。感性是人类认识的起点,但不可由此就将其视作最低下的、可以被抛弃的,因为感性认识当中就蕴涵着同一精神力量的其他不同模式,感性就已经是神学了,它已经表达了神性的力量。上帝作为绝对的

---

① *De coniecturis*. I,12 n.63.
② Ibid.,II,9 n.118
③ Ibid.,II,14 n.144.
④ Ibid.,II,14 n.143.
⑤ Ibid.,I,10 n.53.

精神力量在认识的不同阶段启示自身,各个层次的运动都被神性贯穿着,因而每个层次都有各自的真理性——只有神性是绝对真理本身。四者在同一个精神运动中相互关联,相互过渡(transire),而不是如同新柏拉图主义流溢说那样在存在论上固定的宇宙等级。可以说,库萨的精神反思就是一种上帝证明,即在精神的运作中发现绝对者的在场。人类精神的一切活动都以上帝的支撑和内在为绝对前提,精神越是施展自己的力量,就越发现自己的统一力,也就越发现在自身中的神性力量和本源。

借助上述差异的呈现,我们可以展开更深层次的追问:为什么面临同样的根本问题———一与多的关系问题,库萨却不满于新柏拉图主义流溢式层级宇宙论,而寻求万物与上帝的直接关联,并且通过分析精神结构来说明绝对者在世界中直接的内在性?我们尝试作一点试探性的解答。

我们在第一章论述普罗丁的一的思想时,就分析过古代的思想模式和层级宇宙的发生机制:宇宙秩序作为万物的朝向,支撑万物和人的生活,万物和人只需适应这种秩序,按照事之当然、朝向自己的德性(arete),便是善。这种发生可以说是大化流行,本性使然,既无须自上而下的强制,也无须自下而上的反思。但在中世纪基督教思想的世界图景下,情况则大不相同:上帝、人、世界之间,都以主体的方式互相对待,寻求对自身之外的事物的控制。由此万物都分出内外,从自身出发去看待一切自身之外的事物,认识就成了主体从内部对外部事物之显现的接受,而外部事物之在内部显现就是存在。对外物的这种控制就是精神的统一性力量的显现,而最具统一性力量的则是无限精神,即作为人格神的上帝。他作为最大的主体,直接在一切力量中起作用,一切认识和存在都是他的力量的直接表达。他是万物的中心,一切都被他直接贯穿和渗透,并且正是这种直接性才表达出了他的绝对大能。这种主体控制的模式,使得人类精神一方面具有一种怀疑精神,他只相信自己的力量,试图从自身出发去解释一切,建构自己的思想世界;另一方面又令人类精神渴望对绝对精神——最终主体——的通达,渴望与神的亲近,渴望神的爱,只有被这个最终的主体控制,他才感觉到安全。

尽管有这种世界图景和思想模式上的根本差异,普罗丁的一的思想、层级宇宙思想毕竟还是以一种变形的方式影响了库萨。这主要是因为他们共享了古代的真理观和发展观。古代真理观就是对统一性、真理、确定性的寻求,而发展观则来自亚里士多德,将存在描述为一个连续的、自我发展的整体,库萨中期的四个统一性的思想继承了这一思想。(他后期的能-在思想更是在亚里士多德潜能-实现学说的基础上发展出的纯熟形态的内在性思想。)

（3）为了避免论述空疏，在结束本节之前，我们借用库萨本人思考过的一个经常为人引述的例子，看看他是如何形象地论述上帝之内在性的。1453年，库萨为他特格尔恩湖修道院的僧侣朋友们写下了他最美的一本书。这些僧侣们已经读过库萨的一些作品并接受了他的思想，现在他们希望库萨用更易理解的方式来解释自己的思想，于是库萨以赞美诗的形式写下了《论神观》(De visione dei)。随同这本书，他寄去了画家威登(Roger van der Weyden)的一幅肖像画的摹本，画中人的眼睛会直视每一个观看者，这是文艺复兴时才出现的肖像画画法。库萨要求僧侣们将画挂在一面墙上，然后围成一个半圆来观看画中人的眼睛。在观看中，每一个人都认为画中的眼睛始终在观看自己，并且只是在观看他自己；然后僧侣们一来一回走动，一边观看画中人，发现不论自己怎样运动，这双眼睛都在跟随着自己。

库萨是一个极擅长在辩证思想和日常经验之间来回思考的人，由于他对内在性有深刻的思考，因此往往在十分平常、甚至容易被人忽略的生活经验中，看出寻常人很难看到的精微之处。他希望他的朋友们可以从这双观看一切人、一切行动的眼睛出发去理解上帝（这里的观看可以被理解为认识），从上述体验出发，来获得对上帝在人的精神当中的内在性的理解，为他们指引一条通向神性的简单的道路。整部《论神观》，就是从这个例子生发出来的。我们将从库萨对这个例子的讨论中抽引出若干与本节主题直接相关的思想，略作介绍。

首先，上帝作为观看一切的眼睛，伴随着每一个人的一切活动，让每一个人都感觉到上帝在直视和关注自己，上帝一直在观看我，不管我进行何种行为，上帝都与我同在。上帝与人之间的关系就是这样一种活生生的人格性交流，而不是像古代式的永恒秩序与理念那样。库萨说："主啊，你的存在没有抛弃我的存在。也就是说只要我存在，你就与我同在。"①古代的那种理念，无所谓与人之间的互相观看，并且理念也不以人格性伴随的方式给予人存在的力量，只有基督教中那种作为主体、作为人格性存在的上帝，才可能成为具有这样大能的生命源头。

其次，在我与上帝的互相观看中，上帝的观看是我的观看的前提，我对上帝的观看是基于上帝对我的观看才可能的。这不仅是因为我的存在和进行观看的能力来源于上帝，没有上帝对我的关注，我就无法获得精神性的存在，"你（指上帝）的观看就是一种赋予生命的活动(Lebendigmachen)"②，更是因

---

① Nikolaus von Cues, *Von Gottes Sehen*, Übersetzt von E. Bohenstaedt, Felix Meiner Verlag, Leipzig 1942, S.61.
② Ibid., S.62.

为,上帝在适合于人的观看的各个层面上的不同显现,才使得人以各种方式进行的观看得以可能。上帝在人的精神存在的各个层面,都以适合那个层面的方式显现,如此一来,人类精神各层面都能以各自适当的方式接触到上帝,但上帝并不因此而受到削弱或者局限,恰恰相反,正因它能如此显现,才让人得以窥见它具有无限大能这一事实,而且这种大能是这种显现和窥见的前提。上帝的观看是绝对的观看,从根本上说,不是因为有人的观看,人才能看到什么,而是因为上帝让我们观看到什么(这不仅是能力意义上的,也是福音意义上的),我们才能看到什么。

最后,上帝对我们的观看无处不在,他总是在向我们显示自身,我们作为思想着的存在总是被上帝观看,如果我们没有认识到这一点,没有观看到上帝,只是因为我们没有把目光投向上帝,我们没有向他的目光开放自己。而只要我们看向他,就会发现上帝就在我们之中,与我们同在。

第二节 猜　想

在上一节中,我们谈论了无限精神在人类精神中的内在存在及其体系运动,上帝的内在性存在为人对上帝(也是事物之本质)的认识和把握提供了前提。但是库萨中期对内在性存在的讨论,一般都蕴涵在对人的认识和把握的讨论当中。也就是说,虽然从逻辑上讲,上帝的内在性是先于人的认识的,但是从对库萨中期思想的叙述方式而言,对人的认识的介绍是必不可少的,因为库萨并没有脱离人的认识活动来谈论上帝的内在存在,而是在人的认识活动中发现绝对者的内在性。因此这一节我们将基于无限精神内在存在于人类精神的情形,反观人对无限者的认识和寻求,关注人类认识的模式——猜想(coniecrura)。

我们对上帝和事物的任何认识都是对真理的某种把握,但是又都达不到真理本身,这就是认识的猜想特性。猜想是人进行认识的必然模式,是人类认识的根本特点,究其原因,在于上帝与人、世界之间的既内在又超越的格局。一方面,上帝是人的认识的根本预设和确定性,是人进行认识的动力和最终目标;另一方面,作为人类认识之起点和终点的上帝是超越的,不可最终达到的,这两个方面共同构成了人类进行认识时所无法跳出的根本情境,是认识之猜想性的无法消除的根源。在本节中,我们就力图呈现人类认识的上述特点。

(1)库萨在《论有学识的无知》中就得出了"事物无法真正被认识"的结

论,其原因在于,作为事物之尺度和本质的极大本身是超出我们的进行比较的知性认识方式的,也就是说更多出于否定神学的传统,要将无限者推出我们的(知性)认识。但是与早期不同,中期的猜想有着更为积极和丰富的内涵。总的来说,经由统一性思想对人类精神当中神圣精神的内在性的确认,早期从否定神学那里继承的"上帝完全无法被认识和把握"的思想倾向消失了。现在,人类精神的各个层面都被无限精神的力量贯穿着,成为无限精神向人展现自身的不同方式,人的感性、知性、理性都由此获得了积极的力量。在此基础上,不再如同早期那样,上帝被推到人的知性认识之外,作为人完全无法认识的极大或无限者。人对上帝(同时也是一切事物的本质)的认识不再是困难的和无法实现的,而是只要人的精神进行认识活动,无论是哪一个层面的认识,都已经是对上帝,也就是真理的某种认识了。

但人在每一个层面的认识,都还不是真理本身,而只是以不同的方式获得的对真理的"猜想"(coniectura / Mutmaßung),人类精神的各个层面也都只能以各自特有的方式去猜想上帝和事物。不过,尽管猜想不是真理本身,是不完美的,但是在库萨思想中,猜想概念始终**有别于我们对"猜想"一词的任何一般性理解**。首先,猜想不是任意的主观猜测,不是任意的个人判断,不是假象或臆测;其次,猜想也有别于苏格拉底、柏拉图那里与真理相对的意见(Doxa),后者是基于习俗而不是理智作出的判断;最后,真理也不是一个假设,能够经过推理或试验最终被证实或证伪。我们这里列举的对猜想一词的通常理解,有一个共同的特点,就是它们对真理的背离,或者它们的不完满性,只不过它们的不完满和缺陷是需要被修正的,并且是一定能够被修正和克服的,经过人的思想努力,它们能够达到最终的真理。但是与这些含义上的猜想不同,在库萨的精神学说中,人类认识的猜想性是无法消除的。因为它不是缺陷,而是人的认识所无法跳出的情境,猜想就是人进行认识的唯一方式,因为人只能从自身出发去认识世界,不断向上帝的方向追寻。

"猜想"的动词形式是 conicere,它的原意是"放在一起"(zusammenwerfen),后来发展出"分类""推论""推断""猜测"等含义。在库萨的统一性思想中,猜想一词所要表达的是精神把无规定性的"多"网罗到具有统一性的"一"当中的思想努力,感性、知性和理性都以各自的方式在进行这一活动,这种活动就是思想的本质行动,没有它人就无法进行认识。不过,相比无限精神的绝对统一性,人类精神在各个层面的统一性都是相对的,"感性、知性、理性的统一性都只是被限定了的统一性"①。在上的层级的统一性都是

---

① *De coniecturis*, II,1 n.75.

以限定的方式内在于下一层级中的,而绝对的统一性就以适合于各个层级的方式内在于每一个层级当中。我们的精神只有上升到上一个更少受限定的统一性,才能发现在下的那个层级的局限。每一个层级都只能以自己的方式来进行认识,库萨将它们分别称为:神圣的方式(divine)、理性的方式(intellectualiter)、灵魂的方式(animaliter)、物体的方式(corporaliter)。① 比如,视觉不能"听"或"尝",感性"不承认多个感性物可以被综合在普遍概念的统一性中",知性"不承认对立面的相合,并宣称对立面不相互触碰"②。每个认识层级所获得认识也都在不同的程度上是真的:绝对的统一性所获得的认识是真理本身,理性的认识尽管不能认识真理本身,但也是真的,知性认识是近似于真的,而感性认识则只是粗糙的、无秩序的印象。③

虽然认识的每一个层面都有自己的局限性,但是精神力量的每一个在下的统一性层级中都有在上的统一性的作用。没有知性的作用,感性就不能清楚地区分事物;没有理性的作用,知性就不能进行判断。库萨用光和颜色之间的关系来比喻上下层级之间的关系,因为颜色只有在光的照耀下才可见,才能被认识。最初的统一性则是光本身,它的下降使人的所有认识得以可能。光的下降是为了人的缘故,因为人就是与身体结合着的、具有感性的存在物,理性必须经过知性、想象力下降到感官,然后再自下而上地返回自身,"只有通过完成这样的往复运动,理性才能成为完满的、作用着的理性"④,才能引领着感性的人向绝对的光攀升,才能"使它的感性生命完满化"⑤。"理性越是沉潜到感性的图像中去,后者就越被吸纳到它的光(笔者按,指统一性)中去。"⑥在这个意义上,施塔马赫正确地指出,上升的运动不是由最低层次,而是由最高者推动的。⑦ 虽然理智也不能达到光本身,而只能在自己的有限性中以自己的方式来观看它,只有无限的、神圣的统一性才是真理和精确性本身,但是我们的认识的一切努力都在于寻找这个统一性,在"多"当中去把握这个单纯性。

在此基础上,人类精神的所有猜想活动总是与那个最高的统一性的整体相关。最高的统一性作为绝对的确定性和真理,不仅是我们的一切认识努力

---

① *De coniecturis*, I, 4 n. 15.
② Ibid., II, 1 n. 76.
③ Ibid., I, 4 n. 15.
④ Ibid., II, 16 n. 162.
⑤ Ibid., II, 16 n. 161.
⑥ Ibid.
⑦ Josef Stallmach, "Geist als Einheit und Andersheit, Die Noologie des Cusanus in *De coniecturis* und *De quaerendo deum*", in *Nikolaus von Kues in der Geschichte des Erkenntnisproblems*, MFCG 11. Matthias-Grünewald-Verlag, Mainz 1975, S. 97.

的目标,是认识的起点,也是使认识得以可能的前提。无限精神作为无限的超越者,为我们的精神带来两方面的因素:一方面作为一个不可达到的、无法被最终规定的**消极的环节**,另一方面作为一个可以无限接近的**积极的环节**,两方面一起就构成了我们的精神不断提升的辩证法和认识努力。认识是永远无法完成的,我们的精神能够施展自己的力量,将更多的差异性统一到相互关联的统一性中,并且我们越是进行这种统一活动,那无限的精神力量就越是启示自身,我们的精神也就越是与无限精神相似,越有力量。猜想是人类精神力量的产物,是人进行认识的唯一方式,它不是消极的,不是缺陷,而毋宁是创造性的,是思想的积极收获。(对于人类精神的创造性,我们将在本章第三节集中讨论。)

(2)如上所述,正是上帝既内在又超越的模式,给了精神一种无限的活力,使它成为持续运动着的存在,成为思想着的生命。上帝既是我们思想的起点,又是一个无法达到的终点,我们的精神就在这起点和终点之间运动,这一模式造就了精神的持续运动。所以研究者克洛莫(Colomer)指出,上帝是"思想的动力学"①。至于超越的上帝如何作为认识的起点和终点,库萨的《平信徒论智慧》给出了更详尽的描述。在这部作品中,库萨将认识进一步规定为寻求智慧的行动。人为什么要进行认识?人如何认识?人的认识指向什么?这些问题都在此书中得到了解释。

智慧(sapientia),是上帝的第二位格,也即圣言(verbum)。作为无限的形式(forma),它是万物存在的本质根据。② 在上帝的三位一体的行动中,父通过智慧给予万物以形式和存在。一物要能够存在,它就必须具有某种形式(外观、样子),也就是说,任何存在着的事物当中都有无限形式或智慧的作用,否则它就不存在。无限的智慧,它"触及万物,规定万物,整理万物"③。它是绝对统一性的现实的力量,在万物当中以各不相同的方式使得事物成为具有某种形式的统一体,每一物都以不同的方式接受这个独一的本质。

库萨早期的极大思想,已经对作为万物独一本质和存在根据的极大与造物之间的关系有所论述,极大内在于万物当中,为万物打开了存在的格局。在这个方面,中期思想并没有改变早期的根本立场。这里必须反复强调的是,早期的对立面相合与极大思想,和中期、后期的思想是一脉相承的,它们

---

① Eusebio Colomer, "Die Erkenntnismetaphysik des Nikolaus von Kues im Himblick auf die Möglichkeit der Gotteserkenntnis", in *Nikolaus von Kues in der Geschichte des Erkenntnisproblems*, MFCG 11. Matthias-Grünewald-Verlag, Mainz 1975, S. 206.

② *Idiota de sapientia*, I, n. 23.

③ Ibid., I, n. 25.

都是要表达上帝既内在又超越的存在模式,表明万物与上帝的本质的、直接的存在关联,它们都致力于这一结论,这是库萨哲学的主旨。当我们说早期思想的问题所在时,并不是说它的结论错误,而只是说对立面相合的思想虽然致力于证明内在性,但由于缺乏对上帝与造物之间运动的动力学描述,因而过于僵硬。但是,中期与早期的一个明显的不同在于,通过统一性思想对上帝精神在人类精神之间的内在运动的证明,使得上帝成为精神活动的内在动力,于是与早期相比,对人的认识的看法发生了变化:

在早期,作为万物之本质的极大,虽然内在于万物当中,但是超出了人的认识能力之外,而在中期,**智慧在大街上(向我们)呼喊**。[1] 智慧不在书本中,而在上帝手写的书中,即在一切造物中,无处不在。[2] 无物比上帝更容易被认识。因此,没有受过教育的平信徒(idiota / Laie)都可以随处发现他。我们知道,在中世纪,教育是教会阶级的特权,普通的信徒是无法阅读书本的。现在,由于智慧向所有人的精神敞开,只要我们关注上帝,就会获得关于他的知识。而受教育的哲学家、雄辩家,则可能由于知识的虚荣和教条的蒙蔽,距离智慧更远,因此在库萨的平信徒系列对话作品中,他们反而常常要向平信徒请教关于上帝、精神、智慧的思考。法国的库萨研究者康迪亚克,将库萨对平信徒的重视关联到神秘主义者对于教会博士们和教士们的不信任这一传统之上的做法[3],虽然不无道理,但是在这里,库萨对于书本知识的批评,毋宁出自与神秘主义者相反的原因。神秘主义者是出于对以知识接近上帝这种方式的不信任,而库萨则是出于对这一方式的信任。

智慧已经无处不在,但是还缺少人追求智慧这一行动的动机。库萨用"预尝"(praegustatio / Vorgeschmack)作为认识的动机。由于智慧是理性的生命来源,在理性中就有一种与生俱来的对智慧的预先品尝,理性对智慧的预尝构成了人类精神追求智慧的起点,理性的精神才能追求以智慧为自己的食物。若没有这种预尝,人类精神就不可能开始寻找智慧,并且即使找到了,也不知道自己找到了。"精神追求存在,其存在即生命,其生命即认识,其认识即以智慧和真理为食粮。"[4]"精神从智慧获得生命,并对它有某种预先品尝,因为精神要以它为食粮,才能活着。"[5]从对智慧的预尝出发,人类精神具有追求智慧亦即认识上帝的冲动,它只要存在,就有一种知识欲。库萨用磁

---

[1] *Idiota de sapientia*, I, n. 4.
[2] Ibid., I, n. 3-4.
[3] Gandillac, *Nikolaus von Cues*, S. 52.
[4] *Idiota de sapientia*, I, n. 13.
[5] Ibid., I, n. 16.

石和铁的关系来比喻智慧和人类精神的关系:正因为铁当中有对磁石的某种预尝,铁才会向磁石运动。① 但是必须注意,只有最接近智慧的理性生命才有对智慧的预尝,因而只有它才具有将自己向智慧提升的能力,因为理性生命作为上帝的肖像(imago)是活的生命(viva vita),能够从自身中产生活的运动。② 理性的力量使得人类精神能够厌弃感性的身体带来的尘世的、虚假的感性快乐,而追求真正的极乐。因为只有出自智慧,理性才是活的、快乐的、活动的。

不仅我们认识的动机和认识指向的目标是上帝,我们的认识活动本身也是由上帝规定的。因为在我们的一切提问中,都已经预设了上帝。比如,当我们问"某物是否存在"时,就已经预设了绝对的"存在"概念,即上帝本身。也就是说,上帝是一切事物的绝对预设(absoluta praesuppositio)和绝对概念(absolutus conceptus),也就是圣言或本质根据。③ 它是一切人类精神的概念、一切对概念的提问、一切对概念的怀疑的前提。人类精神的认识总是离不开概念,但我们所构成的概念都要以上帝这个绝对概念为前提和范本。

综上所述,由于人类认识的起点、终点、动力和尺度都是上帝,并且上帝同时是超越性的,上帝内在性和超越性之间的这一辩证格局,就使得人类精神成为一种永无止境的认识努力。当我们说上帝的超越性时,并不是说上帝在我们外面,在遥远的天边,高不可攀。相反,在我们以及造物的**最内在的核心处**,都有一种我们**永远无法真正洞见**的无限力量。事物的存在和我们的活动都被这个我们**日用而不自知**的力量支撑着,它是一切造物、一切活动的根本预设。当我们认识到这一点后,我们一切活动的目标就都在于去不断地反思它、接近它,虽然我们的认识永远达不到它本身,而只是对它的猜想。但猜想也不是消极的,而是人类精神的积极运作,我们越是获得对无限者的猜想,就越是发现我们与他的关联,越是从他那里获得存在和生命的力量。因此我们可以说,猜想不是近代认识论意义上的狭窄的认识,而**是人的生存**,是人遭遇上帝和外部事物的方式,是出于上帝并指向上帝的不断运动。在这里我们可以把库萨和近代哲学作一点比较。近代哲学中,认识着的主体在追问思想之确定性来源的时候,就会追溯到人的内心,认为人对自己的内在是确定无疑的(比如笛卡尔的我思原则,康德的先验自我),因而可以从自身出发获得确定的认识;而在库萨这里,进行认识和行动的人对自己的内心是不确定的,人的内心和外部事物始终是以人无法完全地、真正地把握的方式而存在的,

---

① *Idiota de sapientia*,I,n.16.
② Ibid. ,I,n.26.
③ Ibid. ,II,n.35.

因为无限者内在于每一物当中。

第三节　人是第二上帝

我们强调库萨笔下的人不是近代意义上的主体,这并不意味着他抹杀了人的自主性和创造性;恰恰相反,库萨在对上帝内在存在的证明和对人类精神的描述的基础上,十分重视人的创造性,并对此有非常完整和独立的叙述,这种叙述在中世纪的语境下显得很有独创性。由于一方面,这个问题涉及库萨对数学、技艺以及自然等多方面的看法,内涵非常丰富;另一方面,这一思想虽然为历代的研究者所重视,但他们大都是从近代主体式的视野出发进行考察的,对库萨思想的评述有失公允,因此我们有必要将它单独作为一节进行探讨。

人之所以是创造性的,是因为基于神圣精神的动力式的内在性,人类精神也是一种内包力(vis complicationis),它能够外展这一力量,将以内包的方式蕴涵在自身中的事物创造出来。正如上帝创造出现实世界,人也创造出了自己的精神世界。人所创造的精神世界表现为多个方面,比如,人可以将神圣精神所创造出来的造物纳入自己的统一性中,这就表现为概念和科学,这一活动并不是传统认识学说的反映论,而是以人可以认识的方式,将事物对我们的显现整合进人的世界中;人类精神也可以创造出自然界所没有的形式(forma),并将它实现出来,这就表现为人的技艺,比如人可以造房子、桌椅、木勺等自然界原本没有的事物;此外,音乐、数学、逻辑等也是人类精神创造力的产物。库萨由此得出了"人是第二上帝(secundus deus)"的结论。① 在这里,我们必须注意,人类精神固然是创造性的,但是它的创造并不是从**封闭的自我**出发而对自身力量和意志进行施展,不是人的凭空杜撰,它的创造毋宁是通过一次次回溯到那内在于它的无限力量而完成的,并且它的创造就是为了显明这一无限力量。库萨那里用来说明人之创造性来源的内包及外展概念就表明了这一点。因此在下文中,我们将首先论述精神的内包力,以及对内包力形成补充性说明的一个关键性概念——度量(mensurare),然后论述精神的创造性成果。

(1)在《论猜想》中,库萨为了论述精神的层级运动,也运用"内包"(complicatio)和"外展"(explicatio)这对概念来说明精神诸层级的力量。神

---

① *De beryllo*, 6 n.7.

圣精神是绝对的内包力,在神圣精神、理性、知性和感性的下降-上升的运动中,每一个在上的层级都在自身中内包着可以外展为下一个层级的动力,而每一个在下的精神层级都是上一层级之统一性力量的展开,在下的层级中的差异、对立、多样性包含在上的精神层级中,都在更高的统一性中相互统一起来,以无差异的方式存在。因此,内包-外展这对概念就表达了内包在外展当中的内在性,以及外展在存在上对内包的依赖性,相邻的两个精神层级之间可以说是动力与表达的关系。基于无限精神的下降-上升的运动,人类精神在每一个层级上都是内包的力量,并且每一个层级有自己独特的内包和外展的方式。

我们可以看到,内包表达了原则性的、本源性的力量之凝聚,而外展则是这一力量的现实作用。但是,我们不可在"可能性"与"现实性"这对概念的意义上理解内包和外展,即抽象地仅仅把内包对应于可能性,仅仅把外展对应于可能性的实现。因为,在对可能性-现实性这对概念的一般理解中,现实性是比可能性更完满的存在,因为可能性作为尚未实现者更少具有存在性;与此相反,在内包和外展这对概念中,内包是更完满的存在,因为内包比外展更具统一性力量,因而是更高的存在,正是内包的力量使得外展出的事物能够维持自身作为具有统一性的事物而存在。

虽然人也是上帝的造物之一,但是**人与其他造物的区别**在于:①其他造物**只是**上帝的绝对内包力的外展,而人作为精神性的存在,基于无限精神在人类精神中下降-上升的运动,就不仅仅是上帝力量的外展,而同时也是一种内包力,也是一种进行统一的力量,精神的每一个层级都是如此。内包力及其外展的活动使得统一性成为创造性的,即统一性能够在自己的领域范围内展开自身,它所外展出的东西,是早都已经内包在自身之中的,是自己的创造力的表达。② 我们可以说,**正是人的精神性造就了他的创造性**,精神的运动就是一种创造的活动,内包和外展表达了精神的积极建构。在这个意义上,人就是上帝的活的肖像(viva imago)③,是对神性外展自身这一行动的模仿。正如绝对的统一性或绝对的内包力(即神性),作为万物之独一本质内包了整个世界,当它外展自身的时候,它就创造了整个世界,并且在这个过程中,它自己就是创世的目的,也是一切人类认识的目的;同样,人的精神也以人的方式内包了万物,"万物在人当中都以人的方式内包着"④。因为人类精神的

---

① *Idiota de mente*, 4.
② *De coniecturis*, II, 14 n. 144.
③ *Idiota de mente*, 5 n. 85.
④ *De coniecturis*, II, 14 n. 144.

统一性力量可以通过感性、知性或理性的方式去触及万物,它可以在这三个层面上外展自己的力量,从而创造出外部事物的感性肖像和知性、理性概念,也就是对上帝和事物的不同方式的猜想,以这种方式,他将内包在自身中的精神力量展开了。人类精神越是外展出自己的力量,就越是发现自己的统一力,也越是发现隐匿在自身中的神性力量和本源。

正如神圣精神的构想活动(conceptio)就是产生世界一样,我们的精神的构想活动则是产生对事物的概念认识(notio rerum)①,但是,这里的概念不仅仅是概念和范畴,而是包括知性认识在内的人的多种认识能力对事物的不同猜想,是人接触事物(以及事物当中的上帝力量)所获得的积极成果,也是人类精神的本质行动。正如现实世界产生自神圣精神一样,猜想世界产生自人类精神;正如神圣的存在性在一切存在者中一样,人类精神的统一性也是它的一切猜想的存在性;正如上帝是一切的精神本源和目的一样,人类精神也是从它产生的思想世界的本源和目的。② 在这里涉及四个因素:神圣精神、人类精神、造物、人的猜想。神圣精神创造造物,而人类精神创造猜想,也就是说从自身中展开作为现实物之肖像的所有理性物。人类精神是上帝活的肖像,而我们的猜想也是对外部世界的模仿。人类精神通过将外部世界的现象纳入精神的诸层次的统一性中,外展出了自己的猜想世界。

(2)在《平信徒论精神》中,库萨用"度量"(mensurare)进一步描述了人类精神的猜想过程,也即人类精神的创造性活动。库萨将精神(mens)一词的词源追溯到 mensurare,即度量。③ 精神就是度量,度量是精神的本质行为。在精神的度量行动中,精神本身就是度量万事万物的普遍尺度。具体来说就是,人用感性度量可被感性认识的东西,用知性度量可被知性认识的东西,用理性度量可被理性认识的东西。度量就是人与事物沟通的方式。度量让事物被思想所理解,进入精神的各个层级的统一性当中,让事物进入精神的光芒之中,从而成为可认识的和对人有意义的。在库萨这里,认识不再是对外部世界的反映或符合,而是自身力量的作用,认识就是一个在精神的不同层级上将事物纳入自身统一性的行动。比如:"视觉将一切可被见物的形式内包在自身之中,因此当可见的事物向它在场时,出于本性,它通过这些形式认识事物;理性也如此,它的形式就是所有可理解的形式的单纯性,当这些形式向它在场时,它出于本性就会认识它们;……最后,万物在第一理性中以如下

---

① *Idiota de mente*, 3 n. 72.
② *De coniecturis*, I,1 n. 5.
③ *Idiota de mente*, 2 n. 58.

方式被认识,即认识给予被认识物以存在。"①因此,对于人类精神来说,"可被感性认识的事物必须像它被感性地感知到的那样存在,可被理性认识的事物必须像被理性认识到的那样存在"②,如此等等。事物如果不进入人的认知,不被人以或感性或知性或理性的方式所把握,它对于人来说就是不存在的。因此,"人在自身中——如同在一个进行度量的本质根据中——发现一切被创造物"③。在这个意义上,人以人的方式是上帝,也以人的方式是世界,是万物。在人的统一性力量中,一切都以人的方式存在。④

在人接触外部事物的过程中,精神不是要复制给定之物,不是要忠实地模仿外在事物,而是要通过自己的统一性力量,把外部世界**整合**进自己的思想世界,将事物纳入人自身创造的价值和意义的关联总体当中的活动。在这个意义上,库萨也得出了"**人是万物的尺度**"(mensura rerum)的结论。⑤ 但是与普罗泰戈拉的语境不同,在库萨的这一结论中,(a)没有相对主义,(b)"尺度"不仅仅是感觉意义上的,而是对世界在多个层次上进行整理的判断活动,(c)人之上还有神圣精神。人之所以能作为事物的尺度,是因为绝对者的内在存在,以及在此基础上人趋向绝对者的能力。在我们以感性的方式来接触事物的活动中,已经有知性的作用,它作为感性活动的尺度,成为我们感性地度量事物的指引者和起点。比如,没有知性的数,感性就不能将事物度量为感性的个体存在,而知性又必须以理性为起点和尺度,并最终追溯到无限精神。在这个过程中没有断裂和停顿,只有精神的持续活动。

也就是说,我们精神的每一次度量行动,都需要**回溯到作为绝对单纯的起点的上帝**。精神的任何创造活动,都不是从封闭的人的自我出发,而是要关涉到那位无限者,是无限精神的某种体现,上帝就在我们的精神的行动中向我们开放。人用自己的感性、知性或理性去度量事物,是"为在事物中观察那不朽的理性本性"⑥。在自己的度量活动(认识活动)中,人能够反思地回溯到赋予自己的尺度以客观性的"绝对尺度",发现绝对尺度在自己当中的内在存在。虽然绝对尺度本身是不可被达到的,但是人类精神在自己的一切具体的活动中,都发现自己对神性的分有,发现绝对尺度的在场。可以说,正是通过人类精神的度量(猜想、外展)活动,作为绝对尺度的神圣精神,以及世界的意义和价值,对我们显现了。库萨用造币者(monetarius / Münzherr)和

---

① *De beryllo*, 39 n.71.
② Ibid.,5 n.6.
③ Ibid.
④ *De coniecturis*, II,14 n.142.
⑤ *De beryllo*, 5 n.6.
⑥ Ibid., 38 n.69.

换币者(nummularius / Münzenwechsler)来比喻神圣精神和人类精神的关系。① 上帝如同造币者,而人类精神则是换币者。上帝出于其万能和超越的力量制造了钱币(造物),并安排了一位换币者(人类精神)。钱币自然是有价值和意义的,它的存在和本质就是它的价值和意义,但是只有通过换币者的活动,钱币的价值、重量和尺度,也就是钱币从造币者那里所获得的一切,才能被知道、被认识和被承认。而且让绝对尺度和本质得以显现的换币者的活动,也是基于绝对价值的活动的内在性才得以可能的。

(3)因此,人类精神的猜想、度量、外展的活动,就是以神圣精神为起点、尺度和终点的活动,是让无限精神可见的活动。我们不可把它们仅仅理解为与实践活动对立的、沉思性的理论活动,它们毋宁是人的一切基于神圣力量的创造性活动。在《平信徒论精神》中,库萨以制木勺的技艺(ars)为例,说明人的创造活动。人所创造的木勺"不是对任何自然物(res naturalis)的模仿(imitatoria)",而是对神圣精神创造造物的行动的模仿。② 库萨看到,虽然一些动物的筑巢、捕食等活动似乎与人类的技艺相似,但实则非常不同。人的技艺是人的构想,是自由的活动,是创造性的发明,并且这一活动最终以神圣力量的内在性为根基,是通过把自身与绝对力量关联起来的那种反思而完成的;但是动物的上述活动则是受本性的驱使,受自然法则的羁绊,而没有精神的运动。③ 在库萨看来,虽然人的创造性在算术、几何学、音乐等与外部事物无关的科学中④,表现得更为明显,因为这些活动更容易体现人类精神的创造性力量和无限物在自身中的在场。但是人类精神作为灵魂,也就是精神与身体的复合物,必须接触外部事物,在用自身的尺度测量外部事物的活动中,通过理性下降到感性并引领感性回溯到无限力量的活动,发现自己所有层面的力量及其来源。人类精神的所有活动,都是通过向绝对力量的回溯而完成的。

可以发现,库萨始终基于上帝的内在性来说明人类精神的力量和创造性,并给予人类精神一个极其重要的地位。库萨的精神学说在某种意义上是一种对上帝的证明,人类精神的一切运作中都有绝对者动态的、支撑性的在场,并且人类精神可以反思到这一点。无限精神和人类精神相互支持,构成一个整体。一方面,上帝的内在性是最大的现实性,他是支撑起一切现实性的力量,上帝是人的根本预设,人的存在基于绝对者的内在性。另一方面,上

---

① *De ludo globi*, Ⅱ, n.115.
② *Idiota de mente*, 2 n.62.
③ *De ludo globi*, Ⅰ, n.34, 35.
④ Ibid., Ⅱ, n.93.

帝的内在性是通过人的认识而被思考和被发现的。人通过度量外部事物而发现上帝在万事万物中的内在存在和力量,并通过这种方式不断认识并接近上帝。在库萨那里,如果撇开无限精神的内在性存在去考察人类精神,这种处理问题的方式就是抽象的,是现实性的反面。人类精神的力量必须在无限精神之动态的内在性基础上才是真正自由和有力的,上帝思想是人类思想之确定性的关键。相比之下,在某种意义上甚至可以说,笛卡尔和启蒙运动的那种自以为能够建构一切而无拘无束的主体,可能在库萨看来反而是一种脱离根基的抽象主体。(库萨对人类精神的分析虽然对近代思想产生了重要影响,但是一些研究者从近代思想出发来解读库萨,把库萨作为近代哲学奠基人的做法,则使读者偏离了库萨思想的本意。关于库萨思想与近代哲学的关系,我们将在本书的第三部分涉及。)

小　结

　　精神的运动性和主动性,以及库萨从新柏拉图主义那里借用的描述精神之运动的下降-上升模式,为库萨谈论上帝的动力式内在性提供了一个很好的平台,在人类精神的一切活动中都有无限精神的内在推动。在对精神的论述中,虽然已经大量涉及上帝和整个世界的动力学关系(尤其体现在内包-外展思想中),但主要还是通过讨论两种精神的关系来间接地处理这个问题。虽然精神的内包-外展的运动也是对上帝在事物中的内在性存在的动力式描述,使得事物的产生和存在成为上帝内包力的外展过程,但是在中期的精神分析中,一方面无限精神创造和维持万物的内包-外展的活动,主要是通过描述人类精神的内包-外展的猜想运动而间接显现的;另一方面,库萨是在一个比较现成的意义上谈论内包和外展及其相互关系的,缺少对这两个概念的内在机理与内在关联的细致分析,以及与常识意义上的潜能-实现概念的分殊。库萨在随后的一系列作品中,都感到有必要直接处理上帝和整个世界之间内在的动力学关系,他将视野扩展到人的精神之外,并且基于对亚里士多德的"潜能-实现"学说的改造,直接谈论上帝与事物间内在的动力学关系,使得一切造物的运动都成为神圣力量的显现。库萨的内在性思想由此达到了顶峰,对此我们将在下一章展开论述。但是我们切不可认为后期对上帝和事物之间的动力式描述是对真理本身的获得,它依然只是人对上帝内在性模式的一种猜想。

第五章　库萨晚期的存在论奠基与思想完成

在前两章的论述中，我们可以清楚地看到，内在性思想如何构成了库萨思想的核心。几乎他的每一部哲学作品都是从不同的视角、不同的深度去思考和展示上帝与造物之间的紧密关联。他始终立足于哲学传统，抓住一切思想契机，以期结构性地（而不是神秘地）证明**上帝对于万物的绝对奠基力量和造物对上帝的绝对依赖**。早期、中期对无限者与有限者、对立面的相合与对立面、超出一切大小的极大与我们可以进行比较的大小、统一性与多、内包与外展、真理与猜想、绝对尺度与被度量者等对子的思考中，对子中的前者对于后者都是奠基性的，是后者的开端、尺度和目标。尤其从中期思想开始，上帝的内在性作为动力性的、作用着的力量伴随着人类精神的一切活动。而且库萨通过思考人类精神对无限精神之本质依赖性，也间接地获得了对上帝在造物中的动力式内在存在的结论，这主要体现在内包-外展的思想当中。

但是早期和中期的这些思考的一个共同点在于，它们都**在问题的最核心处止步了**，或者说，对于上帝在万物当中的内在的奠基行动究竟如何发生，始终语焉不详，没有说透彻。只有在以《关于能-在的三人谈》（*Trialogus de possest*，以下简称《能-在》）为代表的一批晚期著作中，在"能的思想"（Posse-Gedanke）中，立足于亚里士多德以来的潜能-实现思想的传统，库萨才为上帝在万物中动力式的内在性存在给出了有力的存在论奠基。这种存在论奠基使得库萨的内在性思想得以**真正完成**，从而与他之前的普罗克洛斯-托名狄奥尼修斯的超越论传统区分开来，也与基于体验的神秘主义区分开来，也使库萨思想具有了开启后世莱布尼茨与德国观念论等内在性论证的重要地位。

"能的思想"是库萨晚期思想（1460—1464）的主要线索。这一思想本身的发展，主要体现在库萨的三部作品之中，即《能-在》（1460）、《论寻求智慧》（*De venatione sapientiae*，1463）和《论观察的最高层次》（*De apice theoriae*，1464）。在这三部作品中，库萨展开了他对能-在（possest）、能造（posse facere）与能被造（posse fieri）、能本身（posse ipsum）的思考，它们一起构成了库萨晚期思辨的主要内容。库萨研究者布吕恩特鲁普(Alfons Brüntrup)指出,在这三部作品所呈现的"能的思想"的三部曲式发展当中,一个一以贯之的趋势是,不断清晰地展现出上帝图景和世界图景的动力学(Dynamik)。[①]而作为这一思想之开端的"能-在",对于整个后期思想都是核心性和开创性的,它最系统并深刻地展现了内在性的动力特性,并为此作了根本论证。另外两本有关"能的思想"的书则是在《能-在》的基础上对这一思想作了扩展。因此本章将主要基于《能-在》一书,并立足于思想传统,对"能-在"的内容和意义进行深入发掘。

但是,我们也必须注意,库萨的晚期思想并不是要摒弃早期、中期的思考,相反,在晚期为内在性给出存在论奠基的基础上,早期、中期的思想也以新的形态表现出来,而且表现得更加有力量了。在本章的第一节中,我们将结合相关的库萨早期、中期思想的一些内容和特点,来说明能-在思想对于库萨内在性思想的重要意义和必要性。第二节中,我们将梳理相关的思想史背景,主要是亚里士多德关于潜能和实现的思想,以及中世纪对这一思想的运用。第三节中,我们将展开讨论库萨的能-在思想,并简略论述库萨在《能-在》之后的一些作品。

第一节 能-在思想的重要性

库萨对上帝和事物关系的所有思考,从根本上讲,都是在描述和阐明一个共同的结构,即一切造物的存在和运动如何被独一的上帝的强力贯穿和支撑着。他的以能-在为核心的晚期思想则不仅是对这一结构的描述,更切入到了内在性的更深层次,因而是对早期、中期思想的深化和奠基。没有能-在思想,早期和中期关于内在性的论述(极大与有限物,内包与外展)就依然是缺乏根基的,因为它们只是描述了上帝的内在性是如何的,而没有追问其何以可能。正是在这个意义上,能-在思想是非常重要的。

在对库萨思想的研究中,学者们历来大都较少关注以能-在思想为开端和核心的晚期思想,而将注意力更多放在对早期、中期思想的研究中。这一方面是因为,早期、中期的思想中对人类精神及其认识的反思,表面看来与中世纪思想很不相同,尤其是对人类认识层次的划分,对理性诸层面的提出,对对立面的相互统一的发现,以及认识不再是消极模仿而是积极创造等,都表

---

① Alfons Brüntrnp, *Können und Sein: Der Zusammenhang der Spätschriften des Nikolaus von Kues*, München und Salzburg 1973, S.131.

现出与近代哲学的亲缘性,引起了研究者的兴趣,学者们倾向于在与近代思想的关联当中发现库萨思想的意义和地位。另一方面是因为,大多数研究者都把晚期思想仅仅视为对早期、中期思想的"继续发展"或"完善",旨在寻找对上帝内在性结构的新的表达方式,根本而言并没有什么新东西。只有很少的研究者发现了晚期能-在学说对于库萨整个内在性思想的奠基性和成全性意义。① 不过,我们在这里强调能-在思想的重要性,不是说晚期思想与早期、中期的内在性思想是割裂的,或者说它是凭空冒出来的,相反,晚期的能-在思想是从之前的思考中生长起来的。下文中,我们将在与早、中期思想的发展关联中论述能-在思想的重要性。

在《论有学识的无知》中,库萨对极大,以及作为极大之内在结构的对立面相合的描述,虽然是对事物与上帝本质之间关联的思考,但大体上还是从比较被动的感受出发,还未从根本上涉及上帝与人、世界如何贯通的问题。极大主要是作为一种完满性意义上的无限者,因而与有限的造物区别开来,而在极大与造物的贯通方面,往往只是从极大作为一切对立面之完满实现的意义上,说极大作为有限的对立面(造物)的根据和尺度,因而构成了万物存在和运动的格局,但是对于作为本质的极大究竟如何在万物中内在存在并起作用,进而支撑造物的整个存在,并没有深入的论证。虽然库萨也尝试通过结合三位一体思想和可能性-必然性-联结的思想,来说明极大是如何以限定的方式内在于每一个个体造物之中②,但是由于这种结合主要是现成地利用了上帝创世、维持和引导世界的三位一体学说和传统的可能性-现实性学说,所以这只是一种外在的结合。库萨对于上述核心问题的论述依然是不清晰且没有说服力的。晚期能-在思想则在使这两种传统学说互相解释和互相改造的基础上,给出了对上帝在世界中的内在存在的动力学说明(详见本章第二节)。而早期之所以没有对可能性-现实性学说进行改造的迫切性,没有发现潜能-实现结构与内在性问题的深层次关联,主要是因为在这个时期上帝的内在性更多是浮于表面的断言,库萨并没有追问它何以可能。加之库萨在这个时期对"可能性"和"现实性"概念的认识也不够深入,只是把可能性-现实性当作历史流传下来的一种现成学说直接加以接受和利用,并非将其视作存在本身的根本结构。最关键的是,早期学说上述的根本不足之处的一个重要表现就是,库萨没有说清"有学识的无知"何以可能。虽然作为库萨思

---

① 前所提及的布吕恩特鲁普的作品,就笔者所知,是迄今为止库萨研究界中唯一一本关于"能的思想"的专著。在此书中他综述了在他之前对库萨的能的思想的研究作出贡献的四位研究者。参见此书第19—25页。

② 参见本书第三章第一节中的"限定的极大或宇宙"。

想的研究者,我们发现这一结论是基于上帝既超越又内在的存在模式,但是由于《论有学识的无知》中缺少对上帝之内在贯通何以可能的描述,直接把上帝推到我们的知性认识之外,而无法说明我们如何认识到自己的无知状态。中期基于无限精神在有限精神当中的下降-上升的运动,"猜想"思想就克服了"无知"的这一缺陷。猜想是知识,在无法达到绝对真理的意义上它也是无知,同时基于认识之绝对尺度的内在性,它同时可以反思到自己只是猜想。但是晚期的能-在思想则进一步给出了猜想的根本原因。人的如此这般的认识能力,以及其他造物的如此这般的存在,看上去似乎都是自足的运动,实则都是上帝力量(作为潜能-实现结构)"不同的显现方式"(varie apparens)①。也就是说,整个世界(包括人在内)都是由潜在状态实现出来的运动过程,却又都达不到自己的运动的基底,因而使自己的运动得以可能的那个结构,本身都是不充足的。人的认识能力,即人的"有学识的无知"和"猜想",也只是这种结构的一环与表现而已。

在中期的作品中,关于统一性下降-上升的辩证运动和它的内包-外展的思想,都试图追问内在性何以可能,相较于早期而言,更深入到上帝在一切存在中(尤其是人类精神的各层次中)的体现这一问题内部了。尤其无限者的内包和外展的运动模式,是对早期遗留下来的作为对立面之相合的无限者如何贯穿到作为对立面的有限者当中这一问题的尝试性解答,内包就是对立面的统一性,而外展则是统一性的力量展开为"多"和差异的行动。但是这一解答没有解决内包与外展的运动何以可能的问题,因而它在问题核心处的论述仍然是一种断言。

虽然我们可以看到内包-外展与传统的可能性-现实性概念的差异,但是库萨本人还没有将内包-外展联系到潜能-实现这一存在之根本结构的层面上进行思考。其中的原因在于,他此时还没有结合西方思想史上的一个根本问题来思考,即西方人不管有没有自觉地意识到,他们的生活和认识总是以"万物的变化都是在一种永不消逝的由潜在状态实现出来的模式下发生的"为前提。潜能-实现不是某种现成的、可消逝的状态,也不是空虚的逻辑可能性,而是万物只要存在便必然要遵循的模式。在中世纪上帝主体模式的共同作用下,亚里士多德的这一结构就演变成了库萨晚期思想中解释上帝内在性的极为深刻的框架。在此基础上,上帝创造和维持世界的"内包到外展的过程何以发生"的问题,从根本上得到了解释。正是因为潜能-实现这一终极结构本身——它来自上帝——是一切存在和发生之框架,因此它自身之中就

---

① *De apice theoriae*, n. 9.

内包了一切现实存在者和尚未存在者,万物的存在和活动都是这一框架在运作自身、外展自身、呈现自身。① 在这个意义上可以发现,正是潜能-实现结构使得"外展何以可能"这个对于内在性思想非常关键的问题清晰起来,库萨的内在性才真正得以完成。库萨本人也认识到"能"的思想对于这一根本问题的意义,认为它"驱走了所有黑暗"②。

在能-在思想中,上帝和世界之间是一种动力式的内在关系。每一个事物都是一个从潜能(Dynamis)向实现(Energeia)发展的运动过程(Kinesis),潜能-实现作为存在的本质结构,内在于万物之中,这一结构由上帝赋予,或者换句话说,这个动态的结构就是上帝的内在性本身。上帝作为生生不息的大能(Posse / Können),是一切事物的源泉和原则,他在每一个具体的能(具体的事物)的最核心处在场,是每一物的活的根据和力量源泉。上帝在万物中表达自身的活力,并且他就是一切造物的力量、规定性和活动性本身。因此,在晚期思想中,不仅绝对者是内在的,内在性本身又是动力式的、活的、辩证的,而且正是这种动态特性才使内在性真正得以可能。上帝的内在性不是如同水在杯中,后一种静止的内在毋宁仍是一种外在;内在性毋宁如同生命在种子中,正是这活的生命才让种子成其为种子。**上帝的内在性就是事物的生命和活动本身**。上帝是万物当中动态的力量和活动,是万物的创造者、保持者、指引者和提升者。它是指引事物向它运动的动力本身,同时是万物不断趋向和接近的那位超越者和不可最终达到者。虽然在奥德布莱希特看来,绝对者既内在又超越的模式构成了一个圆圈,上帝既是万物的开端也是万物所追求的终点,这个圆圈使上帝与造物之间的整体结构获得了流动的、动态的特性③,但是只有在能-在思想中,一切事物出于上帝、指向上帝这一存在结构何以可能的问题才在存在论上最终得到证明。

相比中世纪其他思想家对可能性和现实性的论述和运用,晚期库萨的能-在思想的独特之处在于,他明确意识到了作为一切存在之可能性前提的"潜能-实现"这一结构,并自觉地运用到对上帝之内在性的描述中去,作为他的整个学说的根基。一个明显的特点是,库萨将潜能-实现学说与三位一体思想紧密相扣,使得双方都获得了新的内涵;并且主要是用前者统摄后者,

---

① *Trialogus de possest*, n. 8.
② 转引自 O. Kästner, *Der Begriff der Entwicklung bei Nikolaus von Kues*, Verlag von A. Siebert, Bern 1896, S. 18. 凯斯特纳(Kästner)在此文中专门研究了库萨的发展(Entwicklung)概念,认为能的思想使发展思想明晰起来,成为从可能性向现实性实现的过程。
③ 参见 Odebrecht, *Nikolaus von Cues und der deutsche Geist*。奥德布莱希特在此文中还将库萨放在一个从赫拉克利特开始到黑格尔达到完满的圆圈式思想的传统之中,认为库萨作为第一人借助圆圈理论创造了非知性逻辑,打破了矛盾律的权威。

而不是反过来,以现成的三位一体学说来解释潜在性与现实性——后二者是对潜能-实现结构的现成化。在进入库萨的能-在思想之前,我们有必要先考察这一思想传统的渊源,以便在论述库萨的思想时可以洞见他从这一传统中借鉴了哪些因素,进行了何种改造。

第二节　问题的起源

库萨作品中的"能"(posse / Können),对应于希腊哲学中的 Dynamis(中文一般译作"潜能"),以及 Dynamis 与 Energeia(译作"实现")形成的整体结构"Dynamis-Energeia"。关于潜能与实现的学说,其体系性的开端始于亚里士多德的《形而上学》。作为对库萨的"能-在"思想的前史的探究,本节将主要论述亚里士多德的潜能-实现学说的主要内容和意义,以及与这一问题相关的"质料-本质"问题,后者对于基督教的上帝创世的"第一质料"问题也至关重要;然后略述中世纪神学对亚里士多德这一思想方式(以托马斯·阿奎那为例)的借用和改造——与库萨的做法相比,这种改造仍是外在的。

在《形而上学》中,根据亚里士多德的文本,人们可以在三重意义上说一物是"可能的"。① 第一种可能性是从实在性(Realität)中抽离出来的纯粹逻辑上的可能性②,这种可能性必须被排除在"潜能"的含义之外③。因为纯粹逻辑上的可能性不是根据潜能而被言说的,而仅仅基于思想内容的无矛盾性,不是基于存在,而是基于真假。与此不同,亚里士多德那里的"潜能"是指向实在的存在的。潜能绝不是就空的逻辑而言的,而是关乎存在的逻各斯。亚里士多德主要在两种意义上使用"潜能"一词,这也是"可能性"的另外两种含义。

潜能的**第一种含义**要从"能力"(Vermögen)或"力量"(Kraft)的意义上去理解,这个含义又分为两种方式:一是主动的作用能力,即在他物中或者作为他者的自身中变化的原则;一是被动的承受能力,即承受者当中,承受由他

---

① 我们这里所作的划分,主要基于 Franz Brentano 与 Josef Stallmach 的研究。Franz Brentano, *Von der mannigfachen Bedeutung des Seienden nach Aristoteles*, Freiburg 1862;Josef Stallmach, *Dynamis und Energeia: Untersuchungen am Werk des Aristoteles zur Problemgeschichte von Möglichkeit und Wirklichkeit*, Verlag Anton Hain KG,Meisenheim am Glan 1959.
② Aristoteles,*Metaphysik*, 1019b28.
③ Franz Brentano, *Von der mannigfachen Bedeutung des Seienden nach Aristoteles*, S. 41; Josef Stallmach,*Dynamis und Energeia*, S. 17-18.

物或者作为他者的自身所造成的变化的原则。① 与此相应,"实现"也在现成化"能力"的意义上被理解。据此,说一物是可能的存在或它具有某种潜能,就是说根据能力它能够作用或者承受,或者换句话说,它能够作为自身或者他物变化(作用或者承受)的原因;潜能和实现的关系则是变化(作用或承受)能力与实际的变化(作用或承受)之间的关系。能力意义上的潜能和实现,如果没有作用因的影响,"潜能"就无法过渡为"实现"。因而潜能和实现必然与一个运动过程(kinesis)相关联,潜能和实现是凭借作为中间状态的运动而被联系在一起的。比如青铜作为潜在的雕像,以及雕塑者尚未实现出来的雕塑能力,都要在雕塑过程中、经由作为雕塑者的作用因才能现实化。并且能力意义上的潜能一旦实现出来,就消失了:青铜潜在地作为某种形态的雕像的能力,雕塑者塑造这个雕像的能力,通过运动现实化出来之后,就成为已经实现的,而不再是潜能。如果说此时还有潜能的话,那也分别是成为新的雕像形态和塑造新的雕像的能力。因此能力意义上的潜能与实现在本质上仍是分离的,是现成性意义上的潜能和实现,潜能一实现出来,就消失了,成为现实存在,不复为潜能。

　　潜能的**第二种含义**要从潜能和实现共同构成的**结构整体**出发去理解。② 光从能力意义去理解潜能和实现是不够的,因为这种含义仅仅基于运动,而不基于存在。③ 潜能和实现不只是基于运动和作用因之上的能力以及能力之实现,更深层含义上的潜能-实现毋宁是构成一切存在之机制的一个整体结构,一切存在都只有基于它,才是可能的。存在论含义上的潜能-实现结构是存在的内在动力结构和最终根据。通过潜能-实现结构,存在者才从非存在过渡为存在。因而这个结构不仅仅是一种解释事物的方式,更重要的是,在西方人看来,它就是事物本身根本的存在方式。这个结构使得事物当下存在的原因和目的都得到了说明,它使得事物的生成、存在和运动得以可能。(我们甚至可以延伸开来说,亚里士多德的"四因"说和目的论思想,都与"潜能-实现"思想有着密切的关系。)

　　能力意义上的潜能也必须基于这个本质结构才有效。能力意义上的潜能只能归给已经实际存在的事物、现实的事物,如青铜成为雕像的能力,雕塑

---

① Aristoteles, *Metaphysik*, 1019a15, 1046a11。依据布伦塔诺,在能力意义上的潜能可以在四种意义上被言说,除了此处列举的主动作用能力和被动承受能力之外,另外两种是不被改变或者保持自身的能力,以及不仅能够承受或作用而且以善的方式承受或作用的能力。参见 Brentano, *Von der mannigfachen Bedeutung des Seienden nach Aristoteles*, S. 46-47。由于后两种可以被还原为前两种,并且为了突出重点,笔者在正文中将后两种方式略去了。
② 施塔马赫在其著作的第 3 章中突出强调了潜能-实现的存在论含义。
③ Josef Stallmach, *Dynamis und Energeia*, S. 26.

者的雕塑能力,都附着在现实存在的、已经具有某种现实性的事物(青铜、雕塑者)之上;而作为存在之本质的潜能-实现结构则可以解释从非存在到存在的生成,解释一切事物何以存在,解释事物现在的状态如何而来,这个结构从根本上把握了"**事物的存在何以可能**"。因而**两种含义的差别**并不仅仅是适用范围上的差别,更是表面现象与基础的差别。潜能-实现结构是万事万物生成和存在的框架,贯穿变动不居的世界,是支撑世界的恒在基础。无论是主动作用的能力还是被动承受的能力,都必须在这个框架的基础上才是可能的,因为后者规定了存在之可能性本身。在这个作为存在之基本框架的结构中,潜能和实现是不可分的,两者共同构成了规定存在之方式的整体结构,而且二者都是不可终止、无始无终、永不消失的。

潜能与实现还常常在质料与本质(Hyle-Ousia,德语一般译为 Materie-Wesen)**的含义上被理解**。潜能被等同于质料,实现被等同于本质或者形式。虽然亚里士多德本人也作过这个类比①,但是我们必须非常谨慎地澄清,等同是在什么意义上作出的,因为质料一词的含义也是双重的。根据德弗里斯(Josef de Vries S. J.),亚里士多德那里有两种质料(对质料的两种定义分别出现在《物理学》第一卷第 9 章②和《形而上学》第七卷第 3 章)。一种是物理性的质料,即质料性的东西,作为实质性(substantiell)变化之基质(Substrat)或基础。这种质料属于物理学的领域。这种物理性的质料本身不可被产生也不会消失,它是在一切生成消逝中保持自身的基质。另一种是形而上学的、存在论上的质料,作为最终的或者纯粹潜在的基底。这种质料属于形而上学的领域。形而上学的质料是去除一切规定性之后的最终物,因为没有规定性,我们无法认识和言说它,甚至它就是无,但它是一切规定性的承载者和基底。③ 当我们用质料-本质去理解潜能-实现这一存在结构时,必须加以厘

---

① Aristoteles, *Metaphysik*, 1048b6.
② Aristotle, *Physis*, Trans. by R. P. Hardie and R. K. Gaye, in *The Complete Works of Aristotle*, Edited by Jonathan Barnes. Princeton University Press, New Jersey 1984, p.328.
③ 对质料的双重意义的划分参见 Josef de Vries S. J., "Zur aristotelischi-scholastischen Problematik von Materie und Form", in *Scholastik: Virteljahresschrift für Theologie und Philosophie*, XXXII. Jahrgang. Verlag Herder, Freiburg 1957, S. 161-185。Vries 认为由于亚里士多德本人没有澄清这两种质料定义的关联,导致在经院哲学那里的一系列疑难:很多人将两个定义混同起来,认为两种定义关乎同一种质料,差别在于,有人用《物理学》中的质料定义去理解《形而上学》中的质料定义,比如苏阿约,有人则反其道而行之,比如阿奎那,这种混同的做法导致了经院哲学对于创世以及第一质料等问题的不同理解;也有很少人或多或少注意到了两种定义的差异性,比如阿奎那、邓斯·司各特和罗吉尔·培根。但是 Vries 认为,他们对形而上学或者存在论上质料——即作为独一的、最终的、纯粹潜在的主体的质料——的认识还不够清晰。近来的研究对两种质料定义的差异方面作出了贡献,但是两者的关联仍是尚待研究的问题。

清和界定的是:只有在这两对概念的存在论含义上进行等同才是适当的。它们从存在论上而言是同一个存在结构,从根本上说明了事物如何具有存在,事物如何是其当下的状态,因而它是万物生成之可能性的结构,它解释了万物如何从非存在变为存在。这个结构是西方人看待一切事物的根本框架,它立足于现实,往回推溯,追问现实如何而来。

亚里士多德的潜能-实现学说,最大的**成果和意义**在于,作为存在之结构的潜能-实现整体,由于它在万物当中动态的内在性,解决了柏拉图(早期和中期的柏拉图)的分有难题(Methexisaporie)。[①] 分有难题的产生,主要在于理念与具体事物的分离(Chorismos)。柏拉图的理念学说立足于现实,以解释现实事物的状态如何而来,然而理念由于外在于具体事物、与具体事物分离,当柏拉图尝试用外在的、静止的方式将分离的理念与事物进行关联,用分有(Methexis)去解释两者的关系时,就会产生种种难题。亚里士多德遵从其师柏拉图的理念学说的根本宗旨,将潜能-实现结构作为从现实性的角度回顾时发现的**存在论条件**。通过潜能-实现结构,亚里士多德使理念的功能内在于具体事物之中。具体事物的目的、方向和当下状态之原则不再位于现象世界之彼岸,而就在世界当中,在每一个事物之内,支撑着事物的存在与生命。这种使事物的原则内在于事物的做法,让事物成为活的、运动的和自我发展的。由此,作为潜能-实现结构之核心的动态的内在性,就杜绝了事物与其原则分离的可能性,因而也避免了随之而来的分有难题。亚里士多德的潜能-实现学说的这一特点对于库萨独特的内在性学说是非常关键的。

进入中世纪后,问题的情境发生了变化。在古希腊,潜能-实现结构是为了解释这个现实世界,并且世界本身就是美的和充满神性的。而在基督教时代,上帝作为绝对的超越者,成为人类生活不可或缺的重要维度,生命就是对绝对者的不断认识和追求。要为创世主、亦即万物归宿的上帝辩护,就要具有一种全新的视角:神学家们不再像古希腊哲人那样,站在世界内现实事物之发生(Geschehen)的立场上,回顾使这一发生得以可能的根据——潜能,而是试图站在绝对者的立场(无论是通过从结果到原因的逆推,还是通过与有限物的类比达到这一立场),让上帝的大能(Können)庇护世界中的一切事物。对应于这种要求,一些中世纪神学家、哲学家对亚里士多德的潜能-实现学说做出了或多或少的改造(虽然很多人其实只理解到潜能的"能力"含义,而没有理解潜能-实现作为存在之内在结构的含义);潜能不再像在亚里士多德那里一样,仅仅是为了达到实现和隐德来希(圆满的实现),通过往回推

---

① Stallmach, *Dynamis und Energeia*, S.36.

溯和追问而获得的一种辅助性的设置,而是至少具有了与现实同等的地位。①

在库萨之前,基督教学说对潜能-实现学说的改造,始终停留于对这一学说的表面理解,而没有真正领会这一学说与动态的内在性思想之间的深刻关联,而实际上内在性思想是这一学说的灵魂。以鼎盛期经院哲学家、神学家托马斯·阿奎那为例(尽管相比他之前的神学家,他更深刻地吸收了潜能-实现学说):他区分了主动潜能(potentia activa)和被动潜能(potentia passiva),主动潜能是上帝特有的,是一种万能的、无限的力量,是"造成他物变化的原则"②,只有上帝是主动潜能,而且只有上帝是纯粹现实,即主动潜能的完满性和现实性。而被动潜能则是质料、事物所从出,尤其指上帝创世的**第一质料**,即完全的无规定性。③ 必须注意,这里的第一质料并不是物理性的、物质性的质料,而是全无规定性的,作为一切规定性之承载者的形而上学意义上的质料。阿奎那虽然认识到了潜能-实现学说的重要地位,并用主动潜能来言说上帝创世的无限力量,但是他割裂了被动潜能与上帝的关联,两者互相分离,因而上帝和造物的关系成了分离的本质(形式)与存在(质料)的关系,成为一种**赋型**关系。此外,在上帝之外的质料也在创世问题上带来了二元论的难题。这种状况究其根源,在于上帝虽然作为世界的本质与形式,却如同柏拉图的理念一般,与造物分离(阿奎那确实深受新柏拉图主义分有思想的影响④),而不是如同亚里士多德的潜能-实现,作为存在结构与生命内在于每一物当中。由此,阿奎那虽然运用和改造了潜能-实现学说,但是他没有发现内在性思想对这一学说的重要性,因而不仅会损害亚里士多德潜能-实现学说的完整性,而且有可能会架空这一学说,抽去其核心与灵魂。如果只强调上帝是规定者、超越者,那么对潜能-实现学说的应用和改造都只能是表面的、粗糙的。——当然这并不意味着阿奎那"错了",思想史上的变化很多时候都是视角的转换,而不是简单的对错问题。

在这样的思想传承中,库萨面临什么样的任务呢?他通过重新阐释亚里士多德的这一学说,既为他独特的内在性思想进行了存在论上的奠基,同时也将基督教的三位一体学说与此紧密关联起来。

---

① 亚里士多德发现,潜能与现实构成了一个互不可分的整体性结构,但很明显,这个结构是以现实为旨归和重心的。
② Thomas von Aquin, *Sum. Theol.*, Ia, XXV, 1. 转引自 Gandillac, *Nikolaus von Cues*, S. 301。
③ 阿奎那的潜能和现实的说法,参见 *Historisches Wörterbuch der Philosophie*, Bd. 1, S. 139-142。
④ Siegfried Dangelmayr, *Gotteserkenntnis und Gottesbegriff in den philosophischen Schriften des Nikolaus von Kues*, Stuttgart 1969, S. 206。

第三节 能-在

《能-在》是一篇三人对话,主人公是作为红衣主教的库萨本人和他的两位朋友(在历史上都确有其人),对话从《罗马书》1:20中保罗提到的上帝在造物中的显现,以及人从造物向造物主的提升谈起。这篇对话的内容可分为三个部分:概述作为潜能-实现之改造的能-在思想,能-在思想与三位一体思想的互相规定,以及能-在思想之应用。能-在(possest / Können-Ist)思想基于库萨对亚里士多德潜能-实现学说的深刻理解,它不仅是对绝对者动态的内在性及其超越性的表达,更为其作了存在论上的奠基。能-在思想的这种奠基作用,其核心来自于作为基督教主要教义的三位一体学说与潜能-实现结构的关联。三位一体学说与潜能-实现结构互相规定、互相解释,才使得上帝在造物中动态的内在性得到阐明。最后,库萨还从能-在思想中获得了更多的丰富成果,比如对"第一质料"的创造性理解。本节将对这三方面内容逐一进行论述。

一　能-在思想作为潜能-实现学说之改造

在《能-在》中,上帝(永恒性自身)被规定为绝对的可能性(possibilitas)和绝对的现实性(actualitas)以及两者的关联(nexus)。[1] 绝对的可能性就是绝对的"能"(posse),绝对的现实性就是完全的现实存在(actus / Wirklichsein)。在上帝那里,这两者的关系是这样的:一方面,绝对的能或者绝对的可能性并不先于绝对的现实性,因为可能性只有通过现实性才能实现,可能性不能自己变为现实性。所以如果可能性先于现实性,它就不能实现,不能变为现实存在。另一方面,绝对的能或者绝对的可能性也不后于绝对的现实性,因为只有通过可能性,现实存在才能成为现实存在。[2] 因此,在作为绝对者的上帝那里,能与现实存在是同一的(idem),两者同等永恒,并且就是同一个永恒性自身。除了用于对人类思想进行纯逻辑的分析之外,两者实际上并不相互区分。而上帝与造物的区别就体现在这里:只有上帝的现实存在才与它的能绝对等同,而上帝的一切造物,尽管也现实地是其所是,却不能完全地是其所能是,也就是说,造物的能无法完全实现出来,它总是能够以别种方式存在,有别种的、未实现的可能性,造物的现实存在不能穷尽它的能,因

---

[1] *Trialogus de possest*, n. 8.
[2] Ibid., n. 6.

为造物的能不是绝对的能,它的存在也不是绝对的存在。

上帝作为绝对的能和绝对的存在的同一,就是能-在(possest / Können-Ist)。能-在这个词作为"能"(posse)与"在"(ist,是动词 esse[存在]的第三人称单数的现在时)的复合词,如同库萨那里其他一些对上帝的称呼,是由库萨自己生造的。"能-在"的含义是"能(现实地)存在着"①。只有上帝是"能-在",造物不能被称为"能-在"。但是能-在这个上帝之名,也只是就人类精神而言,是人的猜想,是人所能够尽力获得的一个对上帝比较精确的指称,而不是上帝本身真正的名,上帝总有一个超越的维度,他本身是人类精神永远无法达到的。

只有上帝才是能-在,这是在双重意义上而言的。"Solus Deus id est quod esse potest"②,这个句子从语法上讲③,有两种可能的翻译。一种是"Nur Gott ist das, was er sein kann"(只有上帝是其所能是),另一种是"Nur Gott ist das, was (es) sein kann"(只有上帝是[一切]所能是者)。两种不同翻译也带来了两种不同的解读:第一种解读指向上帝自身的内在关联,而第二种解读则指向上帝与世界的关系。有的研究者(如维尔珀特④)只赞成第一种译法,认为第二种理解似乎带有泛神论的色彩,因为它使上帝和万物同一了;另有一些研究者(如施塔马赫⑤、布吕恩特鲁普⑥、弗拉施⑦)则同时赞成两种译法,认为库萨用这个句子表达上帝的能与现实同一的同时,确实也表达了"上帝就是万物"的思想,如果只作前一种理解,就是对上帝力量的"削弱"。笔者认为,基于《能-在》的文本,对这个句子确实可以作两种理解。

这样看来,"能-在"概念就表达了两方面的含义。⑧ **一方面**是上帝三位一体的自我结构。只有在作为绝对者的上帝那里,他的能才同时就是现实本身,现实与能在上帝中同一,并且就是上帝自身,只有上帝才是"能-在"。**另一方面**是上帝与造物的内在性关系。第二方面是基于第一方面才可能的。上帝之所以能够是所能是的一切,正在于它本身作为绝对潜能与绝对现实存

---

① *Trialogus de possest*, n. 14.
② Ibid., n. 7.
③ 因为拉丁语中,句子中的主语一般被省略,而通过动词的变形体现出来。
④ Paul Wilpert, "Das Problem der coincidentia oppositorum in der Philosophie des Nikolaus von Kues", in *Humanismus, Mystik und Kunst in der Welt des Mittelalters*, Hrsg. v. Josef Koch. E. J. Brill, Leiden-Köln 1953, S. 45-48.
⑤ Stallman, "Sein und das Können-selbst bei Nikolaus von Cues", S. 413.
⑥ Brüntrnp, *Können und Sein*, S. 46.
⑦ Flasch, *Nikolaus von Kues*, S. 523.
⑧ Brüntrnp 在 *Können und Sein* 中也指出,possest 既表达上帝的内在本质,也表达它与造物的关联。参见此书第 47 页。

在的统一。上帝作为能-在，作为绝对的能、绝对的现实存在以及两者的关联，内包了一切能、一切现实存在在自身之中，因而上帝就在自身中内包了万物，无论世界上的事物以何种方式存在或者能够存在，都已经以更高的存在方式被囊括在上帝之中了，只有在上帝中，造物的存在才可以穷尽其能，才是上帝本身①。也就是说，**上帝就是赋予万物以可能性和现实性的那个根本的存在结构本身**。因此，作为能-在的上帝，就是一切造物的本源、边界和目标，这不仅因为上帝是全部的能及其现实，在上帝之外，没有能，也没有存在，是能-在使得一切造物存在或者能够存在②，也因为上帝以超越于万物的方式而内包万物，他是万物永远不能达到、却又不断寻求的完满实现。针对维尔珀特等研究者的担忧，我们在这里必须强调，说"上帝是所能是的一切"，并不必然导致上帝与世界的同一，因而并不必然导致泛神论（库萨对这一点一贯非常谨慎）。"上帝是一切所能是者"，它只表明了上帝对万物的内包，而不表明上帝与万物同一，因为"上帝是万物，但不是以造物存在的方式"，而是以更高的方式；在上帝之中，造物是以更高的、更真的方式存在，或者说就是上帝本身。③

在这里我们发现，库萨早期、中期关于**对立面的相合**和**内包-外展**的思想并没有消失，因为上帝作为能-在，就是极大的潜能与极大的现实存在的相合，也是对一切存在者和尚未存在者的内包。但是不同的是，能-在解释了事物何以从上帝——作为极大或者对立面的相合或者内包——当中外展出来，获得存在，以及上帝如何内在于一切存在者和尚未存在者当中。因为潜能-实现结构，是事物只要存在就必须遵守也无法逃出的存在和发展之根本结构，从这个结构出发，上帝的内在性才真正得到了说明。于是，基于亚里士多德的潜能-实现学说，库萨就对自己独特的上帝-世界关系规定进行了证明，即上帝作为能-在，动态地内在于一切现实存在着和可能存在的事物当中，同时又超越于任一物之上。上帝作为一切事物的生命同时在每一个造物当中，没有上帝就无物存在；同时上帝又超出了一切造物。

库萨在《能-在》的第18—24节中，以运动的陀螺来比喻这种上帝-世界关系。假定运动的陀螺上有两个重合的圆，一个运动，一个静止。当陀螺旋转达到无限的、最大的运动，以至于运动的圆上的每一点都不先于或后于另一点，此时，进行无限运动的圆上的每一点都同时与静止的圆上的任一点重合。上帝也是这样，他作为整体，同时在每一个造物当中存在，每一个存在着

---

① *Trialogus de possest*, n. 8.
② Ibid., n. 16, 47.
③ Ibid., n. 12, 13.

的事物当中都有无限自足者的完全内在。但与此同时,上帝也超越于任一造物,这正如在静止的圆中相互分离的点到了无限运动的圆当中却是同一个点。

不同于阿奎那,库萨发现了潜能-实现学说与内在性思想的本质关联,才将潜能-实现转化为能-在思想。然而库萨的能-在思想虽然基于亚里士多德的潜能-实现学说,却也对后者作了一些**改造**,这表现在如下两方面。**第一**,亚里士多德那里的作为事物存在之结构而内在于一切事物,使生成和存在得以可能的潜能-实现结构,在库萨那里被关联到作为绝对者的上帝上,上帝成为这个结构的最终主体,或者说上帝就是这个结构本身。通过这种改造,上帝以动态的方式内在化到一切造物当中,上帝既是世界的创造者,也是世界的内在动力,他保持和提升这个世界,使得一切造物都作朝向他的运动。也就是说,潜能-实现结构由亚里士多德那里的趋向永恒秩序的非人格性存在方式,被改造成了库萨这里的人格性的主体自身运动的方式。因此,在对话的一开始,库萨和他的两位朋友试图从生成物出发,去寻找那永恒的力量和神性本身。①

第二个重要的改造在于:在潜能-实现结构中,亚里士多德将重心放在现实上,现实高于潜能,因为现实是已经实现了的,而潜能只是一个指向现实的方向;库萨改变了亚里士多德强调现实的做法,将重点均衡地放在了这两者之上。这一区别背后的原因可能在于:希腊人是站在有限的世界之内,追求事物所当是的状态。作为一个在美与和谐中生活的民族,他们并不忽视甚或抛弃当下的世界,而只是从现实出发,追问世界的目的与可能性条件;而在中世纪基督教的世界图景中,世界自身并不是自主独立的,它从上帝获得它所是的一切。上帝作为世界动态的内在本质,他的能与现实是他自身的两个环节,就是他本身,两者没有高低之分。而整个世界就是一个由上帝的能及其实现所规范的整体运动。

由此,基于亚里士多德的潜能-实现学说,能-在思想就为库萨独特的上帝-世界关系进行了存在论上的奠基。然而,在中世纪基督教语境下,能-在思想的关键在于,通过这一学说,潜能-实现结构与基督教神学的核心学说,亦即三位一体学说,关联起来了。并且正是这两者的关联才使得能-在思想得以可能,使得上帝能够作为动态的生命支撑世间万物的存在。可以说,**潜能-实现结构与三位一体学说的关联,是库萨的内在性学说的基础和前提**。两者的关联,绝不是思想家应景而为的一种外部关联,而是对库萨的内在性

---

① *Trialogus de possest*, n. 2.

思想非常关键和根本的,或者说,这两个学说的关联才是能-在思想的本质和核心。在能-在思想中,潜能-实现结构与三位一体学说在根本上是相互阐释、相互规定的。下文中我们将详细阐明这一点。

二 能-在思想作为三位一体学说与潜能-实现学说的结合

三位一体学说是中世纪神学、哲学的核心学说,在库萨这里也是如此。在《能-在》中,库萨将圣父对应于绝对的能,将圣子对应于绝对的现实存在,将圣灵对应于两者的关联。① 由于三个位格在实体和本性上的同一性,圣父并非不同于圣子、圣灵;同时圣父又不是圣子,因为,圣子(存在)以圣父(能)为前提,而圣父(能)则无需任何前提;圣父作为绝对的能,经由自身而存在(per se est),而圣子作为绝对的存在,来自于圣父的能,圣子(存在)就是圣父之所能是,圣灵则出自于这两者的关联。② 能、现实存在和两者的关联,是上帝的内在结构,三个环节缺少任何一个,上帝都不能存在,万物也都不存在。③ 能、存在和两者的关联这三者,表达了神性生命的本质,是上帝的自我规定。上帝只有作为这三个环节的整体,才能作为存在的结构,才能作为生生不息的大能,内在于世界之中,使得世界得以可能并存在。并且,由于三一性的上帝是一切存在的内在动力结构,一切造物也都是三一的。④

在上述三一学说与潜能-实现学说的结合中,两者是相互规定的,并且通过相互规定,双方都同时被深化了,因此我们要从两方面来考察两个学说的关系。

第一,三一学说如何规定着潜能-实现结构?

首先,作为圣父的潜能,不再是从现实性出发的往回推溯,不再是尚未实现的可能性,或者指向现实性的单纯方向,而是最大的、最确定的、无所不包的全能,它持续地创造、保持和提升世界。其次,作为圣子的现实,是由作为父的潜能产生(zeugen)的,因此不再高于潜能。通过与三位一体的关联,在亚里士多德那里还相对不完满、有待实现的潜能,在库萨这里被改造了:作为圣父,能是自身独立的,经由自身而存在,并且独立地产生圣子,亦即产生现实存在。与此相应,现实是那独一的大能的自我实现和完全实现。最后,作为能与现实存在之关联的圣灵,不再如同亚里士多德的潜能-实现结构一样,是一个单向度的实现过程。在库萨这里,潜能和实现的统一,毋宁是一个双

---

① *Trialogus de possest*, n. 48.
② Ibid., n. 49.
③ Ibid., n. 47.
④ Ibid., n. 48.

向的活动,并且通过双向活动,才产生圣灵:父在子当中现实化自身、启示自身,子意识到自己来自于父,意识到自己与父的同一本质,并且体会到父对自己的爱。在这个父爱子、子爱父的双向活动中,关联(圣灵)产生了。基督徒的生命也是这样的双向活动:对于基督徒而言,生活既是不断向前,更是一次次不断地回到自己的本源,而且正是通过福音书,通过布道,一次比一次更深地认识和体悟到与上帝的合一,感受到上帝的爱,通过回到根源(回推),才不断地向上帝接近(前进)。

第二,潜能-实现结构如何规定三一学说?

面对三位一体学说,每一个基督教神学家、哲学家,都必须回答的一个根本问题是,三位一体如何可能? 三个位格如何能够是同一个主体? 父、子以何种方式关联着? 这个问题不解决,对圣灵的描述就成为空洞的宣称,三位一体学说也就落空了。库萨的能-在学说通过结合潜能-实现结构与三一学说,将父与子真正关联起来。因为能(父)与存在(子)是同一个主体的两个状态,由此,父与子两个位格就被统一在同一个主体当中,父是子的能,子是父的现实存在。而能与在的这种关联也恰当阐释了圣灵何以作为同一个主体的第三个位格。不过,问题不止于此,因为上述三个位格的统一只是就上帝的自在存在而言,而不是就世界上的万物和人而言的。对于万物和人而言,潜能和实现、圣父和圣子仍是分离的,人只有通过在圣子身后、在思考和行动上追随圣子,才能达到圣灵的存在,也即达到对圣父与圣子之统一性的认识。

在能-在学说中,基督教的三位一体学说与亚里士多德的潜能-实现学说互相规定,紧密结合,从而使上帝在世界中的动态的内在性成为可能。可以说,正是基于潜能-实现结构之上的上帝三一的(dreieinig)自我规定,为大能在世界中的内在性奠定了基础。在库萨这里,通过两种学说的互释,内在性"是动力的,是活的,是辩证的"①,并且,正是动力学(Dynamik)才使内在性可能。内在性必须首先是动态的,然后才能是真正内在的。

库萨的能-在学说,除了为上帝的内在性进行存在论奠基外,也产生了其他的丰富成果,比如基于能-在学说,对第一质料问题所作的论述,下文将对库萨关于这一问题的原创性表述略作说明。

三 能被造(posse fieri)和能造(posse facere):第一质料的问题(与阿奎那的比较)

在《能-在》中,库萨将上帝创世的质料或者"第一质料"规定为世界"存

---

① Gandillac, *Nikolaus von Cues*, S. 393.

在的可能性"①(possibilitas essendi, Seinsmöglichkeit),或者世界的"能被造/能生成"②(posse fieri③),亦即世界生成的可能性、它被上帝创造的可能性。根据我们之前对能-在思想的论述,作为能-在的上帝是一切存在的唯一根据,是世界存在的结构,因而就是世界产生的可能性,能-在(绝对的能与绝对的在的合一)是现实存在的唯一的前提,没有它,就无物存在或能够存在④。那么,既然能-在(上帝)才是世界存在的可能性,那么质料或者世界被造之可能性,是否如同阿奎那那里一样被规定为在上帝之外的并与上帝(主动的能)共同创造世界的被动潜能?

首先要看到,库萨继承了阿奎那将第一质料与潜能等同的做法⑤,并且也和阿奎那一样,将质料规定为被动潜能。但是库萨与阿奎那的**重大不同**在于:在阿奎那那里,上帝只是主动潜能,绝不是被动潜能;在库萨这里,被动的潜能在上帝之内,而不被排除在上帝之外。上帝从中创造出世界的第一质料,它表明了事物存在的某种方向,即能生成为某物,或能被创造为某物。上帝创世行动中的被动潜能(即能被造,第一质料)是永恒的,它不是被上帝创造的,不是造物,也不是上帝之外的某物,而就是永恒的本源(principium)自身。⑥ 主动潜能(能造,posse facere⑦)和被动潜能都以同一个能-在自身为前提,或者说,上帝主动创世的可能性和世界被创造的可能性,都来自能-在(上帝)自身。"在能-在中,创造(facere)、被造/生成(fieri)都是能本身。"⑧ 在上帝的"能造"的行动中,并不需要一个外在的事先存在的某物作为基底,只有人的能造才需要它。⑨

为了使上帝创世中的"能造"与"能被造"的同一性清晰易懂,库萨在《能-在》第29节以"**写书**"为例来说明这个问题。在写书这个活动中,主动的能(posse activum),亦即"写书",与被动的能(posse passivum),亦即"书的

---

① *Trialogus de possest*, n. 28.
② Ibid. , n. 29.
③ fieri 是动词不定式形式。这个动词有两种含义:一方面,作为独立动词,其含义是生成(werden)、产生(entstehen),发生(geschehen, sich ereignen);另一方面,它是动词 facere(machen, tun,制作)的被动式,因而其含义是被造、被制作、被产生(gemacht werden, getan werden)。因此对 posse fieri 也有两种翻译,werden können 和 gemacht werden können。而世界的"能被(上帝)造"就是世界的"能生成",就是世界存在的可能性。下文中的 posse facere 则是与 posse fieri 相反的形式,含义为"能造,能制作,能制造"。
④ *Trialogus de possest*, n. 29.
⑤ 关于将质料与潜能等同,在何种意义上是合法的,请参见本章第二节中相关段落。
⑥ *Trialogus de possest*, n. 28.
⑦ Ibid. , n. 49.
⑧ Ibid. , n. 29.
⑨ Ibid.

被写"，是同一个活动所打开的两个方面，也可以被视为构成了同一个整体活动。正是在这个整体活动中，写与被写同时开始了，设置位于写书活动之外的"书能被写"是没有意义的，在这个行动中，被动的能就是对主动的能的展示(Zeigen)。① 同样，在创世活动中，并没有一个外在于或先于创世的主动活动的被动潜能来作为创世行动所针对的对象，也没有一个先于一切造物并作为造物之来源而存在着的某物。施塔马赫因此指出，在库萨那里，上帝不仅仅是元行动、元形式，也是元质料。② 没有所谓的在上帝之外的质料，如此这般创造世界的上帝才是绝对的大能，才是绝对的主体。我们知道，在柏拉图和亚里士多德那里，理念、形式因都不是赋予存在的力量，而毋宁是赋予形式的力量，或者都指引着事物力图实现的完满存在。而在库萨这里，被动潜能也纳入上帝的大能之中，就使得事物存在的所有前提都被奠基在上帝当中。在创世活动中，造物的能被造和上帝的能造同时展开了，而**世界的生成（被造）就是上帝的能显现自身的过程**。上帝从自身中创造出世界，世界"无非就是不可见的上帝的可见化(invisibilis dei apparitio)"，"世界揭示(revelare)上帝"。③ 上帝创世就是为了启示自身，因此我们可以在一切事物中，包括在我们自身之中，看到上帝的大能。

库萨将能-在分为能造和能被造，将被动的能也包含在上帝之中，绝不是要将惰性的、恶的东西包含到上帝之内④，而这点正是阿奎那将第一质料或被动潜能置于上帝之外时所忧虑的。因为在库萨这里，质料作为被动的能，作为世界被创造的可能性，并不是一种恶的能，而毋宁具有非常积极的含义。上帝的创造行动同时就以不可分的方式是能创造和能被造，这是对绝对者的创造力的完全表达，事物的被造没有处在上帝之外的根源。相比于阿奎那，无论在对第一质料问题的理解上，还是对亚里士多德潜能-实现学说的改造与运用上，库萨更多地恢复了亚里士多德潜能-实现学说的完整性。通过将主动的能和被动的能都包含在上帝之内，能-在学说才更好地表达出了上帝的创造力和生命，而且无论是质料的被动的能，还是赋形者的主动的能，都与作为赋形过程的现实性一起，构成了不可分割的整体性存在结构，使得上帝作为世界唯一的终极存在结构动态地内在于一切造物之中。也许正是在

---

① Brüntrup, *Können und Sein*, S. 64.
② Josef Stallmach, "Sein und das Können-selbst bei Nikolaus von Cues", in *Parusia-Studien zur Philsophie Platons und zur Problemgeschichte des Platonismus*, Hrsg. v. Kurt Flasch. Minerva GmbH, Frankfurt 1965, S. 415.
③ *Trialogus de possest*, n. 72.
④ Gandillac, *Nikolaus von Cues*, S. 390.

这个意义上,康迪亚克才说,相比阿奎那,库萨给了内在性以完全的意义①。

四 《能-在》之后的作品

综合上文来看,我们可以领略到基于亚里士多德潜能-实现学说的能-在思想的强大力量。继《关于能-在的三人谈》(1460)之后,库萨又分别在《论寻求智慧》(1463)、《论观看的最高层次》(1464)的部分章节中,对能-在思想进行了深化和改进,三本书一起,系统地表达了作为库萨晚期思想之核心的"能的思想"。在《论寻求智慧》中,库萨将重点放在"能被造"(posse fieri)与"能造"(posse facere)上,关注世界从何处(Woraus)产生,关注造物生成的形而上学前提。能造和能被造一起,共同表达出了世界生成的动态特性。在最后一部作品《论观看的最高层次》中,库萨更加深化了前两本书的思想:②"能本身"(posse ipsum)成为对上帝之强力的最适当的表达。

在这本书中,库萨认为没有比"能本身"更清晰、更真、更单纯的上帝之名了。"能本身"作为最强力者在一切事物中表达自身,世界上一切存在和不存在的东西,都被囊括在"能"的力量当中了,上帝是一切能的能(posse omnis posse)。整个现实世界就是由基于"能本身"的诸能力共同构成的关系网,一切具体的能(具体的事物),都由于"能本身"在这个关系网当中的动态的内在性而存在和相互作用。比如,能吃、能跑、能存在(posse esse)③、能生存(posse vivere),能认识(posse intelligere)等等,都是具体的能,或者说"附加性的能"(posse cum addito)④,它们都以"能本身"(posse ipsum)为前提,并且是"能本身"的显现,"一切(具体的)潜能(potentia)都是能(posse)的不同方式的可见化"⑤。因此,"谁不知道能呢?""能在大街上呼喊。"⑥库萨此时反思了自己早年寻找上帝时的误区:"我一度以为人只能在隐秘着的黑暗中发现真理",以为"它超出于一切认识力","而没有注意到……它是一切存在的基底(hypostasis)。"⑦

现在,寻找上帝对于我们的精神来说,就是要在万事万物中,当然也在自身中,观看到这个彰显自身的"能本身"。比如,当我们观察事物的存在时,

---

① Gandillac,*Nikolaus von Cues*,S. 312.
② Brüntrnp,*Können und Sein*,S. 105.
③ 注意不要混淆作为前提的能-在(possest)和以它为基础的能存在(posse esse)。
④ *De apice theoriae*,n. 18-20.
⑤ Ibid.,n. 10.
⑥ Ibid.,n. 5.
⑦ Ibid.,n. 4-5.

目的就是为了发现"物体的存在(esse corporis)无非是物体的能存在"①,为了发现在物体的一切存在和活动中显现自身的"能本身",无论事物存在于怎样的状态,或发生怎样的变化,都是"能本身"的力量的显现。当我们认识到这个内在的、支撑着万物的"能本身",我们也就达到了"观察的最高层次"(apice theoriae)。但是,如同极大和猜想思想所表达的,造物的能始终不能完全达到"能本身"。② 因为"能本身"虽然内在于世界中,却始终有一个超越的维度。我们在第一部分的两章中曾经提及,超越性是基督教上帝的必然维度,超越性是绝对的,正是上帝的超越性才彰显它的无限强力,才使它有了内在性的力量。从上帝的超越性和内在性的统一来看我们对世界的认识就会发现,一方面,"世界无非是不可见的上帝的可见化";另一方面,"上帝无非就是可见物的不可见性"③,也就是说,上帝虽然在万物中启示自身,但是它把自身启示为超越者,启示为不可达到者。这也正如库萨中期的精神分析所得到的结论:"智慧在外面大街上呼喊,它喊道,自己独自居住在至高的高处。"④此外还须提及的是,库萨由此得出了"物体的存在不能被分割"的结论。因为事物的"能存在"是由"能本身"(上帝)支撑的,既不可分也不消逝。比如当我们切苹果的时候,物体的能存在没有被人类触及,被切成的苹果块依然是一个被能存在支撑着的物体。⑤

有的研究者,比如布吕恩特鲁普,援引库萨的一些说法,认为"能本身"是对"能的思想"的前两个阶段——即能-在,能造和能被造——的"扬弃",是前两者的"绝对前提"。这种看法有一定的道理,因为就库萨思想本身的发展看,确实有这样一个轨迹,"能本身"是对之前内在性动态化趋势的进一步发展,是对上帝之强力的最好表达。但是我们也必须看到,如果没有之前"能-在"思想中潜能-实现结构对动力式的内在性的存在论奠基,对作为上帝之强力的能与传统的可能性思想的区分,以及对"第一质料"的厘清,"能本身"思想是不可想象的,也是没有根基的。因为"能本身"作为一切存在的奠基者,它并不像亚里士多德那里单纯表达存在之方向的可能性和潜在性,而是积极地运作和实现自身的主动力量,也就是说,它是包含了活动和实现在自身之内的能,是与绝对的现实性的统一。从这个意义上看,"能本身"只是对能-在结构的另一种表达。

---

① *De apice theoriae*, n. 25.
② Ibid., n. 10.
③ *Trialogus de possest*, n. 72.
④ *Idiota de sapientia*, I, n. 2.
⑤ *De apice theoriae*, n. 25.

除了上述三本与能的思想直接相关的作品外,库萨晚年对上帝之内在性的思考还体现在以下作品中。在《引导观察者,或论非他者》(*Directio speculantis seu de li non aliud*,1462)一书中,库萨又生造了一个词"**非他者**"(non aliud / das Nichtandere)来表达上帝与世界之间既超越又内在的关系。我们知道,世界中的造物都互为他者,也就是说,一物不是另一物,"他者"表明了事物与事物之间的区别和界限,每一物都因为自身的同一性(Identität)而不同于他物,或者说,事物正是在相互区别中才显示出自己独特的规定。而上帝作为万物的创造者,则是"非他者"。这表明了两方面的含义。一方面,非他者是对他者的否定,也就是说,上帝**不是任何一个他者**(nicht das Andere),不是任何一物,他并不处在相互差异、可相互比较的造物的范围内,他不是与其他他者对立的他者(ein Anderes gegenüber dem Anderen),而是对一切互为他者的他者的否定,也就是说,非他者首先表达了上帝与造物的绝对界限,表明了上帝对一切造物的超越性。另一方面,上帝作为非他者,对于任何一物都**不是他者**,"**非他者无非就是**(ist nicht anders als)他者本身",也就是说,上帝不是任何一物的他者,而就是这一物本身,上帝"在天空中就是天空本身"①,非他者就在一切他者当中内在存在,并且一切他者都是经由"非他者"才获得了与他物相区别的、它自己的存在,也就是说,它才得以成为与他物互相对待的一个他者。因此,非他者也表明了上帝在事物当中的内在存在,正是非他者的内在性使得一切造物作为一个独特的事物而存在着。我们可以看到,库萨对非他者的论述好似一个**语言游戏**,这一思想与库萨在极大思想中要表达的内容是相同的,但是在晚期能-在思想的基础上,库萨对内在性和超越性的辩证法的表达不再生涩,而是信手拈来,随处可以拾取对这一思想的形象描述。同样,在1463年写作的《关于球戏的谈话》(*Dialogus De ludo globi*)中,则是年老的库萨与青年们(包括巴伐利亚大公)一起玩陀螺游戏时获得了灵感,借助于对球体运动的思考来讨论上帝与世界、人之间的关系。

小 结

现在我们可以对库萨晚期的内在性思想作一总结。正如我们反复强调的,通过能-在思想,"事物如何能够存在",即一切存在者如何从作为万物之本源的上帝当中生成,以及"事物如何存在",即事物只要存在着,就被能-在

---

① Nikolaus von Kues, *Vom Nichtanderen*, Übersetzt und mit Einführung und Anmerkungen herausgegeben von Paul Wilper, Felix Meiner Verlag, Hamburg 1987, S. 18.

这一存在论结构奠基,这些问题都得到了清晰的表达。甚至尚未存在者也以潜在的方式被囊括在存在的根本结构当中。由此,库萨以能-在为核心的"能的思想"为上帝在世界中的内在性给出了存在论上的基础,使得每一个存在着的现实之物中都有绝对者的动力式的完全内在,从而为整个世界注入了生命,使世界成为一个生生不息的、处于相互关联中的活的整体。由此,库萨那里的宇宙是贯注了上帝的生机的,是一种生命运动。在这个意义上我们可以说,上帝在世界中的动态的内在性,是莱布尼茨单子论与谢林自由观的前驱——当然,是以布鲁诺为中介来影响他们的。

此外,库萨的内在性思想的一个独特之处在于,库萨在强调上帝的动力式的内在性时,总是同时强调其超越性。"能本身"、能-在都是造物所不能达到的状态,尽管事物一再向这个方向努力,却永远不能触及它。上帝的大能是万物的根源,但他超越于任何一物之上。正是其超越性才使得他具有内在性的力量。内在性与超越性并不矛盾。毋宁因为超越性,上帝才能作为本源和原则,才能内在。能的思想始终是对内在性与超越性的辩证法的表达,因而也就避免了泛神论的危险。可以说,库萨的内在性学说为之后德国哲学强调绝对者之内在性的思想奠定了基调,然而,库萨同时强调超越性的做法,又使得他的思想与德国后世的种种泛神论及德国观念论区别开来。

第三部分
库萨哲学的近代影响史研究

第六章 库萨的近代接受史考略

第一节 泛论库萨的历史定位及其与后世哲学的关系

贯穿库萨一生的关于上帝之内在性的思考,及其思想发展的三个时期在论述这个问题时各具启发的不同表述方式,使得库萨的思想构成了哲学史上非常重要的一环,尤其是德国哲学史上重要的一环。然而我们该如何在思想史上,尤其在从中世纪晚期到当代这一阶段的思想史上给这位思想者一个恰当的历史定位呢?

在对库萨思想的研究和定位中,有一种较为流行的观点,即认为库萨在笛卡尔之前开启了近代哲学。舒尔茨说库萨是"近代形而上学的开端"[1];葛斯特里希(Helmut Gestrich)称他为"近代门槛处的思想家"[2];康德勒(Karl-Hermann Kandler)认为他是"中世纪与近代之间的思想家"[3];学者莫兰(Dermot Moran)称库萨为"现代性黎明时"的柏拉图主义者、"中世纪与现代之间的过渡人物"[4]。这些定位的共同之处在于,认为库萨思想中已经有了近代哲学的因素。这是库萨研究界一百多年对库萨思想地位较为一致的看法,即将库萨置于中世纪至近代的转捩点上,分别指出库萨思想中尚属中世纪的成分和新时代的(或近代的)因素。在相同的意义上卡西勒曾说库萨是"第一

---

[1] Walter Schulz, *Der Gott der neuzeitlichen Metaphysik*, Verlag Günther Neske Pflingen, Reutlingen 1957, S. 13.
[2] Helmut Gestrich, *Nikolaus von Kues. Leben und Werk im Bild*, Dokumentation in Zusammenarbeit mit der Landesbildstelle Rheinland-Pfalz und der Cusanus-Gesellschaft Bernkastelkues, Mainz 1990.
[3] Karl-Hermann Kandler, *Nikolaus von Kues, Denker zwischen Mittelalter und Neuzeit*, Vandenhoeck und Ruprecht, Goettingen 1995.
[4] Dermot Moran, Nicholas of Cusa(1401-1464): Platonism at the Dawn of Modernity, in D. Hedley and S. Hutton(eds.), *Platonism at the Origins of Modernity: Studies on Platonism and Early Modern Philosophy*, Springer 2008, pp.9-29.

个现代思想家"①,霍夫曼说库萨是"西方中世纪最后一位伟大的基督教思想家",同时也是"近代哲学的奠基者"②。

这个问题涉及划分近代思想与中世纪思想的"标准"问题,也有学者对库萨思想的通常定位提出质疑,如海姆索特和约阿希姆·里特。海姆索特认为,这一评价中对于思想史的时代划分来源于启蒙的价值体系,他进一步提出:近代哲学和中世纪的思辨有着共同的土壤、共同的生活源泉、共同的宗教,近代和中世纪"内在地编织在一起",因而中世纪和近代的许多基本线索及哲学主题都与古代的不同,中世纪思想的关键形成期在 14 世纪,14 世纪之前的思想都尚在古代哲学的框架之内,自 14 世纪开始有自己的术语、概念和体系构成,正是 14 世纪开始的这些准备才使得 16、17 世纪的新哲学得以可能。在这个新的思想史划分框架中,海姆索特将埃克哈特大师至库萨的德国思想视为近代哲学的萌芽时期。③ 里特同样指出,这种流行了一百多年的库萨历史定位,是站在启蒙哲学的立场上的。④

将库萨思想视为中世纪与近代之间的过渡,或者视为近代思想之开端,上述对库萨的思想史定位,其共同点在于:承认库萨思想与近代哲学的亲缘性不容置疑。除了对布鲁诺的直接影响,库萨的学说在他身后不久就沉寂了。库萨的作品自 16 世纪就未再版过,直到 19 世纪下半叶才被重新发现和研究,那时海因里希·里特⑤最先发现了库萨的重要意义。如约阿希姆·里特指出,库萨所处的新旧交替时代,对于其哲学的命运是灾难性的,我们无法找到文本佐证库萨与近代哲学的直接性关联。⑥ 然而也如霍夫曼(Ernst Hoffmann)、希尔斯贝格(Johannes Hirschberger)等研究者强调的,尽管用通常的手段——即文献史的方法——很难证明德国哲学与库萨哲学的相关性,库萨对近代哲学的间接性影响仍是有迹可循的。

经由布鲁诺,库萨对近代哲学尤其是德国哲学有着深刻的影响。近代哲学发展主线上的哲学家,包括笛卡尔、伽桑狄、莱布尼茨、斯宾诺莎等人,每一个都从布鲁诺那里获益良多,但是由于布鲁诺被判为异端的缘故,没有一个

---

① Ernst Cassirer, *Individuum und Kosmos in der Philosophie der Renaissance*, S. 10-11.
② Ernst Hoffmann, *Nikolaus von Cues: Zwei Vorträge*, F. H. Kerle Verlag, Heidelberg 1947, S. 9.
③ Heinz Heimsoeth, *Die sechs großen Themen der abendländischen Metaphysik und der Ausgang des Mittelalters*, S. 4-16.
④ Joachim Ritter, "Die Stellung des Nikolaus von Cues in der Philosophiegeschichte. Grundsätzliche Probleme der neueren Cusanus-Forschung", S. 111-112.
⑤ Heinrich Ritter, *Geschichte der neuern Philosophie: Erster Teil*, Friedrich Perthes, Hamburg 1850.
⑥ Joachim Ritter, "Die Stellung des Nikolaus von Cues in der Philosophiegeschichte. Grundsätzliche Probleme der neueren Cusanus-Forschung", S. 111.

敢于承认这个思想渊源。① 希尔斯贝格认为,布鲁诺的"万有合一说"(Alleinheitslehre)将库萨的相合哲学改造为同一性哲学(Identitätsphilosophie),然后经斯宾诺莎的思想体系,影响了莱布尼茨单子论中"预定和谐"思想,并且表达在歌德这位德国巨人的如下思想中,即上帝与世界、灵魂与肉体之间不是分离的。如此一来,库萨对"无限性"概念的思考,对统一性、自我性、整体性等概念的变革,经由布鲁诺-斯宾诺莎-莱布尼茨的线索,就间接地影响了德国观念论。康德学说中"先天综合的"统一性、费希特的"纯粹自我"、谢林的"同一哲学"、黑格尔学说中以思辨的方式将一切现实性都收归自身的那种绝对精神,直至施莱尔马赫的思想中,都可以窥见这一影响的踪迹。希尔斯贝格指出,"间接影响"往往是一个解释问题,因为缺少文献的支撑容易遭到质疑,因此他主张不去谈论库萨对德国哲学的"影响",而仅仅谈论两者之间的近似性(Parallelität)。②

必须指出,在近似性之外,库萨哲学与后来的哲学间确实有着时代性的差异。新近的库萨研究,批判早期库萨研究中用近代哲学视角解读库萨哲学,用现代性的尺度衡量库萨,并试图在库萨学说中寻找近代哲学的开端,进而将库萨推上近代哲学第一人的神坛,这种解读方式忘记了库萨学说的真正意图。当库萨讨论人类精神中无限精神的内在性,从而给予人类精神以极大的自由和力量的时候,当库萨思索上帝在世界中的无处不在,并以潜能-实现的格局推动着万物生发与行动的时候,万物(包括人)并未成为一个个封闭的、独立的主体结构。相反,万物始终需要上帝的支持,和上帝一道共同构成一个整体结构,万物都有追求那不可企及的超越者的诉求。由于这样的由无限者支撑着的共同结构,万物的力量都是上帝的力量显现,万物都是上帝的荣耀。正是在这个意义上,库萨学说不是泛神论。在库萨思想中,上帝与世界并不是融为一体的,神圣精神虽展现自身,然而并未穷尽自身并使自身局限于世界之内。如康迪亚克强调的,库萨绝没有宣称"无限存在与有限现象之间的同一性"③。

库萨思想也不可归结为近代的主体性哲学。人类精神不是自我完足的和自我奠基的,精神也始终不能确证自己已经完全把握到无限者。正如库萨反复强调的那样,人类精神始终试图在有限的自身之内以有限者的方式去认识上帝和世界,因而始终在"猜想"(con-icere / zusammenwerfen),而不是"征

---

① J. Lewis McIntyre, *Giordano Bruno*, p. 334.
② Johannes Hirschberger, *Die Stellung des Nikolaus von Kues in der Entwicklung der deutschen Philosophie*, Franz Steiner Verlag gmbh. Wiesaden, 1978, S. 8-10.
③ Maurice de Gandillac, *Nikolaus von Cues*, S. 403.

服"(sub-icere / unterwerfen),即"依照人类思维的种种标准征服现实"。学者博肯(Inigo Bocken)将库萨与笛卡尔关于人类精神活动的论述区分为conicere和sub-icere,前者作为"收集",表明了人不能跳出自己的视角之外,始终是对上帝和世界的猜想;而后者则试图以上帝的视角外在地建立基础,表达的是主体性(Subjektivität)。① 一些库萨研究者用近代的主体性原则解读库萨思想中的人类精神是对库萨的歪曲和误读,因此卡西勒用康德先验自我的哲学解读库萨哲学的做法,受到了康迪亚克的批判。②

尽管库萨在中期对人类精神的诸能力及认识的诸层次做了大量论述,我们却必须指出,认识问题在库萨的学说中不是单纯的认识问题,不可解读为近代意义上的认识论,如同英国经验论所专注的那种认识问题。在库萨的考察中,人类精神通过认识活动被指引向上帝,认识的不断推进,实则是内在于有限精神之中的无限者在实现自身,因为在认识活动中,有限精神被引领着趋向无限精神。所以,如同博肯指出的,库萨关于认识活动的考察有两个层面,一是认识论层面,一是存在论层面。③ 后者才是库萨思想的标的。

本章的工作,将始终谨慎地看待库萨与近代哲学的亲缘性,本章的任务不在于通过比较指出库萨思想的超前性、超时代性,而是试图在与近代重要思想家的比较中指出库萨思想的独特性,这种比较有助于更进一步厘清库萨内在性思想的特点。同时也尝试说明,库萨思想中关于内在性的思考,经由布鲁诺对后来的哲学家们产生了极其重要的影响,这使得库萨的思想在客观上构成了后来一些思想的源头。

第二节　布鲁诺及早期欧陆哲学

库萨生活于意大利文艺复兴的年代,他在年轻时就意识到了自己时代的"新运动",在帕多瓦求学时期,与当时的意大利人文主义者交往甚洽。彼特拉克(Francesco Petrarca,1304—1374)式的人文主义者们感受到时代的新风,感受到个体生命的美好与自由,他们歌颂人的"新生",他们展示人的力量,包括精神的美、身体的灵活、情感的丰富、言辞的雄辩,展示个体的才华、语调

---

① Inigo Bocken, "Konjekturalität und Subjektivität. Einige Anmerkungen zur Position der Geistphilosophie des Nicolaus Cusanus in der neuzeitlichen Philsophiegeschichte", in *Nicolaus Cusanus: Perspektiven seiner Geistphilosophie*, hrsg. v. Harald Schwaetzer, Roderer Verlag, Regensburg 2003, S. 51-63.

② Maurice de Gandillac, *Nikolaus von Cues*, S. 142.

③ Inigo Bocken, "Konjekturalität und Subjektivität", S. 60.

的优雅、行动的矫健,展示人性和品格。歌颂个体生命这一时代基调影响了库萨,然而库萨和人文主义者们毕竟不同,尽管在一些重要的点上他和人文主义者相契。他最终和人文主义者们分道扬镳的标志是,自14世纪40年代起,他与意大利人文主义朋友们的通信变少了。① 赛德麦尔(Michael Seidlmayer)认为,库萨对个体生命的强调是在思辨的意义上、在存在论的层面上,而不是如同一般人文主义者那样在体验的意义上而言的。② 在库萨的思想中,个体对自身力量的确信,来自他对内在于自身中的无限精神的确认。人类精神与无限精神间外展与内包的关系,使得人类精神的每一次活动都是根源自神圣者的一种"内包力"的自身展开,在这个意义上,个体精神如同创造的上帝一样伟大,是"第二上帝"。人类越是通过精神的活动创造出自己的文化和意义的世界,人类自身也就越完满、越丰富,就越是证明了无限精神之大能。我们可以说,在库萨这里,对个体力量的每一次体认都是神正论的,人在其精神的创造性活动中,自身展现为"第二上帝"。因此,库萨对个体力量的强调,相比人文主义者单纯的体验性而言,是在一个更根本的层面上进行的,个体力量在库萨这里是有根基的。另一方面,库萨的个体也不是孤立的,而是被编织进了宇宙当中,作为统一性的宇宙(万物整体)以限定的方式内在于每一事物之中,个体在自身中以概念的方式内包万物,也就是说,库萨这里的个体自由不是一种抽象地脱离一切的自由。③

据考证,库萨对他身后的人文主义者的影响仅限于费奇诺(Marsilio Ficino,1433—1499)和皮科(Pico della Mirandola,1463—1494)。④ 费奇诺是库萨的同时代人,皮科出生于这位红衣主教去世之前。他们三位都曾致力于搜集古代的手稿并从事翻译工作。他们的神学思考都深受当时流行的柏拉图主义思想之影响:据考证,库萨是"自波埃修之后第一个阅读完整的《巴门尼德篇》的人",费奇诺则在稍后翻译了《巴门尼德篇》,给出一份更为正确和经典

---

① Michael Seidlmayer, *Humanismus, Mystik und Kunst in der Welt des Mittelalters*, hrsg. v. Josef Koch, E. J. Brill, Leiden-Köln 1953, S. 5.
② Ibid. ,S. 9.
③ 赛德麦尔认为,人文主义者歌颂的个体,避开与世界的关联、与上帝的关联,使得个体在获得自由的同时,也常常感到一种分裂、一种摇摆,人文主义者的人性观念和传统的宗教意识是无法融洽的,他们突出个体存在以至于反宗教,这种自由的个体生命会从对生命的歌颂和热爱,走向它的反面,即对生命不满和过于敏感,会很容易陷入怀疑生命和幻灭的情绪中,因此,许多人文主义者最终还是回归到基督教苦行主义的弃世思想,或是一种斯多亚式的听天由命。Ibid. ,S. 16-31.
④ Ibid. ,S. 36.

的译本。① 和库萨一样,费奇诺和皮科也尝试对柏拉图主义与基督教思想进行融合,在对上帝与万物关系的思考中,此二人也试图表达出上帝与世界那种既超越又内在(ubique et nusquam)的关联。② 然而,皮科和费奇诺广泛的人文主义兴趣,使得他们的思考和表达更多是诗意的和充满灵感的,而缺乏库萨继承自埃克哈特大师、德国思想中一贯可见的厚重与思辨力量。

布鲁诺因在罗马鲜花广场为其异端学说"献祭"而著称于世。布鲁诺毫不讳言他与库萨的私淑之谊,他在作品中多次提及这位老师。在术语使用、体系论证和一些基本观点上,布鲁诺沿用了库萨的学说,克莱门斯认为布鲁诺思想中"最好的、最真的、最持久的东西"都取自库萨。③ 黑格尔将布鲁诺的核心思想概括为,"一个有生命的东西、一个世界灵魂弥漫着整个世界,它是一切的生命",它就是布鲁诺所说的一切事物的"生命的统一性"。它内在于万物之中,是万物的"创建者、产生者",是"在自身里面具有作用性并且只有在这种作用性中才继续保持自身者",它就是"形式"。布鲁诺"坚持形式(起作用的东西)和质料的统一,坚持质料本身就是有生命的","形式乃是质料的能力和内在生命"。④ 布鲁诺抛弃了库萨那里与内在性始终形影不离的超越性维度,"形式"不具有超出质料之外的维度,形式与质料相统一,质料自身就是形式,质料本身就是精神。世界本身就具有灵魂,世界自我奠基,自我运动,不再需要上帝的内在支撑。如黑格尔所论断的,布鲁诺的思想是斯宾诺莎主义的、是泛神论的。我们甚至可以说它离无神论也相去不远。脱胎自库萨内在性思想的这个自我奠基、自身运动的世界(包括人在内),是近代哲学和近代自然科学发生的起点。

笛卡尔(1596—1650)强调人的理性能力,并把这种能力看作是一切真理与知识的终极审核者。他不信任既有的知识,不依赖过去的哲学,不相信任何权威,经过他那著名的普遍怀疑之后,笛卡尔以"我思"的清楚自明作为真理体系的原点,以人的理性能力为基石,以"清楚明白"作为确定性之标准,重建了具有确定性的真理体系。尽管在这个体系中笛卡尔为上帝保留了一席之地,在其沉思录中给出了一个类似安瑟伦的上帝"存在论"证明,然而

---

① Raymond Klibansky, *Plato's Parmenides in the Middle Ages and the Renaissance: A Chapter in the History of Platonic Studies*, Reprinted from *Mediaeval and Renaissance Studies*, 1. 1941, p. 29.
② Werner Beierwaltes, *Denken des Einen. Studien zur Neuplatonischen Philosophie und ihrer Wirkungsgeschichte*, Vittorio Klostermann Verlag, Frankfurt am Main 1985, S. 217-220.
③ Franz Jakob Clemens, *Giordano Bruno und Nikolaus von Cues*, *Eine philosophische Abhandlung*, Wittmann, Bonn 1847, S. 145-161.
④ 参见黑格尔:《哲学史讲演录》(第三卷),贺麟等译,北京:商务印书馆,1959 年,第 347—366 页。

与库萨体系中的上帝不同,笛卡尔那里的上帝是第二位的,是从"我"所具有的一个清楚明白的"上帝观念"中推导出来的,并借着相同的推导方式确证了广延世界(外部世界及"我的"身体)的存在。库萨那里的世界(包括人类精神)都是向无限者敞开的,它们自身不能独立存在和作用,而是由无限者内在支撑着的。而在笛卡尔看来,广延和思维都是自身封闭、自我奠基的实体,它们是自身完满的,这样的新世界观在布鲁诺的质料学说中最先被表达出来,并在近代的哲学思想中逐渐成为不言自明的前提。

在斯宾诺莎(1632—1677)的思想体系中,只有一个实体,他把这个实体叫作神或者自然(deus sive natura)。"神是唯一实体。宇宙间只有一个实体,而且这个实体是绝对无限的。"①"一切存在的东西,都存在于神之内,没有神就不能有任何东西存在,也不能有任何东西被认识。"②斯宾诺莎对上帝的这个描述看似和库萨非常相似,实则区别甚大。在斯宾诺莎的思想中,上帝完全没有超越性,上帝与世界(他称之为"自然")同一,上帝居住且仅仅居住在世界里,神圣精神完全散布自身于万物里,它失去了传统基督教中的人格神身份,斯宾诺莎的思想因此被标记为"泛神论"。"自然=上帝",神即自然,神和自然重合,神不再是自然的创造者。世界具有了神性,或者说,世界自身就是神,是唯一的实体。世界就能够自身存在,世界就是自身有力的、自身完满的。这个唯一实体,以两种方式向我们人类显现,或者作为广延(res extensa)或者作为思维(res cogitans)。广延和思维是唯一实体的两种属性。③

实体和属性之间并不是因果关系,属性是实体的——用德勒兹的解释——两种表现,"表现……亦即绝对实体的直接具显"④。在斯宾诺莎的体系中,万物是一,是同一个实体的表现形式,一切事物要么以思维的方式,要么以广延的方式表现出来。斯宾诺莎在表达方式上十分接近新柏拉图主义传统的层级流溢学说,但是与同处这一传统的库萨不同,被表现者(神)和表现者(属性)不可区分,而在库萨那里,无限精神(神)的不同层级的外展(explicatio)总是以各自的方式被限定,因而不是完全无限的,不能与无限者等同。通过比较库萨和斯宾诺莎,我们可以看到"世界原则内化于世界当中"这一新世界观在如何表明自身。

---

① 斯宾诺莎:《伦理学》,贺麟译,北京:商务印书馆,1997年,第14页。
② 同上书,第15页。
③ 同上书,第14页。
④ 吉尔·德勒兹:《斯宾诺莎与表现问题》,龚重林译,北京:商务印书馆,2013年,第12页。

第三节 德国哲学

施莱格尔称库萨是"伟大的德国人""比莱布尼茨更深刻的思想家"①。库萨在上帝的内在性基础上得出了如下结论,即"万物在万物之中",尤其在中期阶段,库萨对神圣精神和人类精神之内在关系的探讨,对人类精神的统一性和内包力的确认,就赋予了精神性的个体以度量外部事物并将整个世界以猜想的方式纳入自身思想世界中的能力,并且由于这种能力,个体处于与其他个体、与整体的普遍关联当中。这种与莱布尼茨的单子极为相似的个体精神,被奥德布莱希特称为"德国思想的本质结构"之一,并认为在这个意义上库萨使德国精神"第一次获得充满内容和形式的身份认同"②。在里特(J. Ritter)看来,库萨和埃克哈特是"德国独特的、不同于古代和传统的世界观和世界现象之原则的开端",因此他十分同意范斯汀伯格(Vansteenberghe)视库萨为"德国思想之父的其中一人"的看法。③

在思想的传承上,以布鲁诺为中介,库萨思想间接地影响了莱布尼茨。在莱布尼茨的哲学中,单子是一种完全思想性的存在,它虽然体现于具体事物中,但它自身作为整体性本身,并没有广延,不占有空间,不可分。每个单子都是一个微观宇宙,都有绝对的独特性,它从自己独特的视点表象和知觉着整个世界,而这种表象方式早在上帝——绝对单子——创世时就规定好了。事物之间的相互关联毋宁是单子内在力量作用的结果,而这种力量是单子诞生之初就从上帝那里获得的。④ 上帝并不是以一种外在、偶然的方式,对我与外部世界的关联进行干涉,在单子诞生之初,上帝就预定了所有单子之间的和谐共生,这就是所谓的"先定和谐"。莱布尼茨和库萨一样思考上

---

① 转引自 Maurice de Gandillac, "Nikolaus von Kues zwischen Plato und Hegel", in *Nikolaus von Kues in der Geschichte des Erkenntnisproblems*, Mitteilungen und Forschungsbeiträge der Cusanus-Gesellschaft 11, Matthias-Grünewald-Verlag, Mainz 1975, S. 21-38。

② Odebrecht, *Nikolaus von Cues und der deutsche Geist*, S. 4-5. 奥德布莱希特认为德国思想的本质结构在于:1. 单子式的个人主义,以及由此而来的共同体意识;2. 乐观主义,对生命的强烈渴望。

③ Joachim Ritter, "Die Stellung des Nikolaus von Cues in der Philosophiegeschichte, Grundsätzliche Probleme der neueren Cusanus-Forschung", S. 111-112. 约阿希姆·里特对于库萨思想与近代哲学关联的研究结论,我们曾在本书第一章论及。

④ 莱布尼茨认为,上帝与造物之间的关系不仅是发明者与机器的关系,还是父与子、君王与臣子的关系。也就是说,上帝并非在创世之后将造物抛开不管,不仅如此,他与造物之间是生命与生命的关系。See Leibniz, *The Monadology and Other Philosophical Writings*, p. 266.

帝的内在性,认为我们自身的种种能力,我们所接触与认识到的事物,都体现了上帝的力量。每一个单子的表象方式,以及由单子构成的宇宙整体的和谐,就是上帝力量的显现。在这个意义上,莱布尼茨认为单子论其实就是神正论。

莱布尼茨单子论的一个重要特征是单子没有窗口。"无法解释,一个单子如何能被任何一个别的造物变更性质,或者内在地改变……单子没有可供任何事物进出的任何窗口"①。这不是说在现成的意义上,一个事物不能推动或作用于另一个事物,而是说任何单子都有它自身的一个小的意义世界,它在这个小的意义世界中欲求与感知,并以它自身的方式反映与认知整个宇宙,而整个宇宙中或远或近的所有事物,都以适合于这个单子所独有的方式,向这个单子显现出来。海姆索特认为,灵魂概念在莱布尼茨的单子论中达到一个"高峰",作为单子的灵魂是完美的自为存在,一切都被吸纳到灵魂中。相比之下,笛卡尔还区分了内在(das Innere)和外在(das Äußere),思维与广延;而在莱布尼茨这里,灵魂所思所感的一切都产生自内部,外界无物进入这个内在实体,甚至不作为诱因。②

我们看到,库萨并不认为人类精神能成为一个个独立的小世界,人的生活的所有方面都为上帝让出一定的空间,且谦逊地承认,即便人接近上帝、认识上帝的一切努力,最多也只是对上帝的一种猜想;而莱布尼茨的单子则全面缩回自身之中,以自足主体的视域来看待上帝的内在存在,莱布尼茨坚信主体局限于单子内部的视域,不仅对于主体自身的生活是足够的,对于认识上帝的内在存在与各单子间的关系,及事物的充足根据,也是足够的,他认为单子自身的存在方式就代表了上帝的内在性,不需要另外再给上帝的内在存在留下什么空间。在人作为主体的自足性上,莱布尼茨毋宁更接近于笛卡尔,莱布尼茨单子论中一些为人所熟知的要素,都明确体现出他继承了笛卡尔的主体观。这是理性主义时代的一幅典型的主体主义世界图景。人作为独立的主体,缩回自身内部,以一种相当悖谬的方式得到自由:一方面,它完全独立,单凭居于单子内部进行感知这一视域,便认为自己足以察知整个宇宙,以及上帝内在存在的奥秘;但另一方面,单子明明都是被束缚于自身之内的,这样得到的自由,还是真正的自由吗?

不仅个体的单子是自足的,而且整个世界也是自足的,这一点主要体现

---

① See Leibniz, *The Monadology and Other Philosophical Writings*, p. 219.
② Heimsoeth, *Die sechs grossen Themen der abendländischen Metaphysik und der Ausgang des Mittelalters*, S. 112-117.

在莱布尼茨的"充足根据律"①当中。"既然这全部细节本身只包含着另外一些在先的或更细的偶然因素,而这些因素又要以一个同样的分析来说明其根据,所以我们这样做是不能更进一步的。充足根据或最终的根据应当存在于这个偶然事物的系列之外。"②莱布尼茨的单子不仅仅是自我等同、具有自身独立性的,并且按照充足根据律是处于与整体的联系之中的。和整体的一致性与和谐性就是莱布尼茨单子的另一重要特征。单子之间的相互一致与相互和谐,给出一个与这些简单单元不相冲突的整体,这个整体不是一个个孤立的,并且有可能相互矛盾的要素的集合,而是相互协调的诸实体的最完美的体系,是所有可能世界中最好的世界。在每个个体实体中,整体都以某种方式被理想地包含于其中,或者在某种意义上,可以说个体性是被世界、整体规定了的。

虽然莱布尼茨的充足根据律,以及宇宙中的和谐的普遍关联,最终是一种神正论,"没有这一伟大原则(引者按:指根据律),我们将无法证明上帝的临在"③,但是,它同时也是对个体和世界的赞美和颂扬,个体和世界都是满的。"我的和谐系统把上帝的神圣圆满性颂扬推崇到超乎人们所曾想到的之上……也将有助于获得比人们迄今所曾有过的更伟大无比的关于被造物的观念。"④

而在库萨那里,结合本书对他的相关学说的梳理,可以看出,(1)库萨并不认为人的精神是自足的,无需窗口的,而是认为在人的任何活动中,都为上帝让出了某种自身无法确定、无法认识的空间,如果说库萨这里人的精神可以用"单子"来称呼的话,那么这些单子不仅是有窗口的,而且人也没有被锁闭在这单子内部,而是时时在生活中通过接触上帝的内在存在,而与其他单子发生互通。(2)库萨当然也能接受"充足根据"这一点,每一事物必有其存在的根据,但判断其存在的根据是否充分,则不属于人的事务,而是只有上帝才能完成的,因为人对上帝、对世上的事物的认识,说到底都只是一种猜想,也就是说,人对事物根据的把握总是不充分的,更遑论判断其是否充分了。(3)尽管库萨主张,"和谐"最终也是通过同一个绝对者的内在而得到的,所有个体都以各自的方式依赖于同一个绝对者(微缩),但他同时也认为,个体相互之间、个体与外在世界之间是有相互作用的,而莱布尼茨的单子作为纯

---

① 常译作"充足理由律",但鉴于中文中的"理由"比"根据"含有更多的主观意味,这里取"根据"这一译法。
② See Leibniz, *The Monadology and Other Philosophical Writings*, p. 238.
③ 莱布尼茨:《神义论》,朱雁冰译,北京:生活·读书·新知三联书店,2007年,第135页。
④ 莱布尼茨:《人类理智新论》,陈修斋译,北京:商务印书馆,1982年,第338页。

粹的思想物,是完全思想性的规定,相互不交流,因而才需要"先定的"和谐。总结这三个方面,库萨的基本立场是:人类精神以及世界不是自足的,而是必须凭借超出个人之外的上帝的力量,才能进行和实现其生活。

康德的哲学是主体哲学,用启蒙的主体为现象世界的立法。在康德的时代,思想史的发展已经牢牢确立人的世界为一个独立的世界,尤其在德国,内在性思想的传统已经使得从世界内的视域出发来探讨问题,仅关注世界内的事情,并从中寻找某种绝对力量,成为思想界的主流趋势。主流思想的注意力大都不放在"能超越于世界之外而又成为世界之根基的力量,如何能内在于世界"的问题上,而是认为世界中的种种事情,就能独立而充分地体现某种绝对力量,人所要操心的,更多地是理性概念(在理性不进行僭越的情况下,它们完全是内在的)与人所能直观的感性事物与感性图景之间如何沟通的问题,而不是理性僭越到超越之地后的情形。康德的先验演绎是这一思想努力的一个典型的代表。一些库萨研究者如卡西勒、奥德布莱希特乐于将库萨对人类精神诸认识能力的层级与康德的先验演绎进行对比研究,发现库萨思想的"超前性",甚至施塔马赫认为库萨那里也存在某种意义上的"先验演绎",甚或"先验存在论"[①],正是因为他们忽视我们所强调的时代差异。

康德的先验演绎的任务,不是外在地将感性事物和概念捏合到一起,而是追问一种以类似于现象学的方式向人显现的概念是何以可能的。康德那里的概念,自身完全内在于世界之中,它已然现实存在。康德追问的是,它对人而言是如何成为可能的?图式论回答了这个问题。图式并不是人为加进去的可有可无的东西,而毋宁就是概念的意义显现自身的这个时间性过程本身。也就是说,概念是人的这个独立而自足的世界的一部分,是人对诸现象的统一性、整体性的一种洞见。在康德看来,概念的意义的展现,完全可以通过人的理性能力达到,图式论也是每个理性的人能理解和掌握的,也就是说,图式完全处在人的表象能力所能达到的范围之内。

如果不恰当地对比库萨学说中神圣精神及其力量的显现,可以见到后者是一种人格性的显现,即上帝如亲临般凝视与观照人,人由此才能看到上帝的显现。"人格性的显现"的含义在于,上帝的显现是出自上帝的意志,因为上帝愿意显现,才会有那样的显现,因此他的显现无论从根据上讲,还是从显现的方式来讲,都不取决于人的理解能力,人对上帝进行的把握,始终只能是一种猜想。除此以外,人还需要在更广大的生活与世界中,全身心地投入到与上帝的接触中去。所以用康德先验自我的哲学去解读库萨哲学,如康迪亚

[①] Josef Stallmach, "Geist als Einheit und Andersheit. Zur Noologie des Cusanus", in *Nikolaus von Kues in der Geschichte des Erkenntnisproblems*, S. 86-124.

克所言是对库萨的误读。①

库萨研究者们也十分关注黑格尔辩证法与库萨的亲缘性。黑格尔尽管从未援引库萨,在其哲学史中从未探讨库萨,然而经由哈曼,黑格尔很早就得知了"对立面的相合",而哈曼的这一原则可以追溯到布鲁诺。哈夫瓦森(Jeans Halfwassen)在他的研究中勾勒出如下发展线索:普罗丁-托名狄奥尼修斯-爱留根纳-库萨-布鲁诺-哈曼-黑格尔,并认为在库萨和黑格尔那里,"对立面的相合"的原则都旨在使矛盾律失效。② 莫茨克(Erwin Metzke)认为,没有人比黑格尔更接近库萨的思想,就好像西方思想的道路在黑格尔那里到达了这样一个点,那位库萨仍曾试图克服的任务,在哲学意识的一个新历史阶段重新提出了自身。③ 康迪亚克认为库萨和黑格尔是同一个柏拉图传统的追随者,拥有相同的基督教根源,因而具有可比性。康迪亚克分别从历史哲学、辩证法、神学领域三个方面对库萨和黑格尔进行了比较。④ 他的库萨研究中提到,在某种意义上与其说库萨是赫拉克利特的学生,不如说他是黑格尔的一位先驱。⑤

库萨的辩证法(对立面的相合)和黑格尔的辩证法有极大的区别:黑格尔消除了上帝不可认识和不可接近的一面,相合是人类认识可以达到的状态——绝对知识。在黑格尔那里,自我反思是神圣的最初物的基本特征,自我认识着的精神将一切现实性以思想的方式包含在自身之中,它是真理和存在的化身,思有同一。人类文明的历史是绝对精神的自我展开与自我扬弃的历史。而在库萨那里,上帝作为对立面的相合超出人的一切认识能力。

小 结

正如本章所显示的,库萨思想在客观上的确构成了后世一些思想的重要的源头,但笔者认为展现这一点的同时更要注意它们之间的区别,突出库萨思想本身的特征。尽管库萨与他之前的中世纪思想相比,固然有很大的开创性,也为后来的思想,尤其是德国哲学,开辟了一些道路,但是在思想的根本

---

① Maurice de Gandillac, *Nikolaus von Cues*, S. 142.
② Jeans Halfwassen, *Plotin und Neuplatonismus*, S. 77.
③ Erwin Metzke, *Coincidentia Oppositorum, Gesammelte Studien zur Philosophiegeschichte*, in Forschungen u. Berichte d. Evangelischen Studiengemeinschaft, Bd. 19, hrsg. von K. Gruender, 8. Kap: Nicolaus von Cues und Hegel, Witten/Ruhr 1961, S. 216.
④ Maurice de Gandillac, "Nikolaus von Kues zwischen Plato und Hegel", S. 21-38.
⑤ Maurice de Gandillac, *Nikolaus von Cues*, S. 201.

立场上,库萨依然是一个中世纪人。库萨思想与后来哲学的差异,其原因仍然在于他们面临的问题情境和对事物根据的看法不同。

近代从笛卡尔哲学以来逐渐发展壮大的主体性学说,是要把一切异己的东西放置在思想着的人的对面,把存在、外部世界逐步纳入主体,消解为主体的现象,让它们臣服于自己的设置和安排。海姆索特指出,这种做法只有近代才有,在中世纪,外部世界是自在的世界;到了笛卡尔那里,外部世界作为广延实体仍有自己的存在,但笛卡尔已经表现出一种倾向,即世界和一切存在之本质被置入灵魂的内在反思中,"物体"被理解为"昏睡的单子",事物作为这样的单子依然有自己的存在;到了贝克莱那里,存在等于被感知(esse = percipi),物体的意义和存在被视作个体灵魂的一束观念,被视作表象(Vorstellung);而斯宾诺莎将灵魂消融入存在(泛神论)的做法也只是这一趋势的另一种表达。① 在康德的先验哲学中,在理论领域和实践领域都发生了"哥白尼式的革命",理性的先验构造使得经验世界成为主体构造的成果,主体的认识能力成为人的世界的条件,知性为自然(经验总体)立法;同样,人的行动的法则也只由理性自身来颁布,人的德性之可能性也收归主体自身,理性成为道德的先天条件。

与近代哲学的"人作为自足的出发点"这一根本立场相比,库萨哲学显现出其差别。虽然在库萨看来,人作为绝对精神的肖像,具有度量外部世界,进而创造自己的思想世界的能力,作为"活的肖像",人就是"第二上帝";并且库萨对有限精神诸层次的表达,理性对知性局限性的认识,这些因素都使得人们很容易把库萨哲学与近代哲学联系起来,并把库萨哲学作为近代哲学的开端。但是,这样一种将二者简单关联起来的做法,没有看到主体概念在库萨那里与在近代哲学中的巨大不同。不少研究者把库萨视为近代哲学之开端,或用近代的一些思想去诠释库萨的做法,对于库萨思想本身是不公允的。伽达默尔批评这种趋势,认为当我们在比较库萨与近代哲学时,"不应丢失库萨的独立形象(souveräne Figur)"②。

虽然我们认为,基督教哲学(当然包括库萨哲学)也是一种主体性哲学,因为无论上帝的创世行动还是上帝与世界、人之间相互的爱,都是一种人格式的自由意志行动。但是在库萨那里,人固然可以说是主体,但上帝更加是主体,而且是最终的主体,在有限精神的活动与认识的意义上,上帝主体和人

---

① Heimsoeth,*Die sechs grossen Themen der abendländischen Metaphysik und der Ausgang des Mittelalters*,S. 118-130.
② Hans-Georg Gadamer, "Epilog", in *Nicolaus Cusanus: Perspektiven seiner Geistphilosophie*, hrsg. v. Harald Schwaetzer, Roderer Verlag, Regensburg 2003, S. 280.

主体之间形成一个循环的结构。人和上帝的关系不是一种只由人的自主行动作为最终的裁决者,对世界进行构造的关系,而是上帝赋予人认识结构,人作为主体的力量是通过绝对主体的动态内在而赢得的。而且我们不能在近代的意义上说这种认识结构是先验的,因为所谓先验的就是对于人而言是最终不可再追问的,但中世纪是一定要追问认识结构的前提的,那就是上帝。因而在库萨这里,人不管有多大的能动性,他都不是一个封闭的、自足的、确定的出发点,他的每一次行动都是通过上帝的力量而完成的,并且是上帝力量的展现。

在库萨的世界中上帝是最高的现实性。然而在近代的世界观中,现实性发生了变化,理性的我及我的世界(包括感官经验、表象、思维、观念、范畴)成为自在而自为的现实性,而上帝逐渐演变为抽象概念,成为我想象出来的东西,失去了现实性,终至苍白无力,发展出无神论。

第七章　库萨哲学对布鲁诺质料学说的影响

近代哲学主要是一种意识哲学。在传统的研究中，我们对近代哲学通常有以下两方面的印象：一是所谓的"认识论转向"，即从直接谈论事物，转向从人的认识出发来谈论事物，以至于像笛卡尔那样，以人的内在意识为事物之确定性的基点；二是认识的层级发展，即认识由简单、分离、可感的层面一步步上升到理性对终极秩序的认识。但对于近代哲学的这类描述还相当外在化，并没有触及近代哲学转向的实质和基础。

如果我们仔细考察笛卡尔、斯宾诺莎和莱布尼茨等的学说，不难发现它们在表面的差异下掩盖着一个共同预设，即世界有一种内在的真理，尽管它可能有超越于世界之外的终极根据（上帝），但它具有一套可为人的理性所理解和把握的机理，这机理构成了世界的充足根据，近代所重视的认识层级的攀升也正是基于这个预设才得以可能的。这一想法的肇始者与确立者，既不是通常被我们当作近代哲学之奠基者的笛卡尔，也不是构成中世纪思想与近代思想之转折枢纽的库萨，而是乔尔达诺·布鲁诺。本章将考察布鲁诺如何将"质料"（Materie，又译"物质"）的根本意义确定为"能力"，而不是僵死的材料，从而为终极秩序在世界中彻底的内在存在提供了存在论根据，并由此开启了"认识可在世界内部的层级攀升中理解世界终极秘密"的可能性，从而奠定了近代思想的根本特色。由此便可尝试回答这样一些问题：为什么近代人有了内在地认识世界的勇气？为什么世界的真理开始作为内在、独立而又可为人所理解的真理而向人显现？没有布鲁诺的质料学说，这些都是无法想象的。

第一节　布鲁诺的质料学说

布鲁诺的思想对近代哲学，尤其是德国哲学的影响甚深，在学者们发现他的思想渊源之前，布鲁诺一直被视为一个突然"跳入历史"的"谜一样的人物",不断被德国学者们称赞其深刻性和独创性。直到 19 世纪下半叶,库萨的思想被发现并进入研究视野,学者们(比如克莱门斯)发现,布鲁诺思想中"最好的、最真的、最持久的东西"都取自库萨。① 其实,在布鲁诺的作品中,他也多处提及他的这位私淑老师,对其表达敬意,称其为"神圣的红衣主教"。

作为布鲁诺思想的主要先驱人物,库萨就已经提出了一整套系统的内在性思想,而这一思想的顶峰和集中表达便是他晚期的"能-在"学说。从布鲁诺的多部著作中可以看出,这一学说对布鲁诺思想的核心部分——质料学说——影响尤为巨大。在布鲁诺的质料学说中,质料、形式以及它们的相互关系如何被重新界定的问题,在极大程度上借鉴了库萨的"能-在"学说,从而我们可以说,在根本特色上塑造布鲁诺思想进路的正是库萨的"能-在"学说。

布鲁诺的质料学说所表达出来的世界图景,在很大程度上借用了库萨的"能-在"学说,尤其是接续了"能-在"学说中的内在性思想。但是,布鲁诺的学说和库萨的学说也有根本的差异,这种差异或许在相当大程度上代表了"中世纪"和"近代"的差异。库萨在思辨地证明上帝之内在性的同时,始终强调上帝的超越性,甚至可以说,库萨正是为了证明上帝的超世界性,才首先强调上帝内在于世界的存在。库萨一生对于上帝之内在性的各种证明,其根本旨归仍在于彰显上帝的强力,表明上帝作为世界的开端、基底、目标与边界,是无限地高于和超出于这个世界的,是有限的造物(也包括作为第二上帝[secundus deus]的人在内)不能完全认识和达到的。因此库萨认为,我们对上帝、对这个能-在结构本身的认识最多都只是对上帝的猜想(coniectura),而不是对上帝的彻底理解。而在布鲁诺的学说中,世界虽然同样也是一种整体性力量实现自身的过程,然而终极秩序的内在性是核心,布鲁诺只关心内在的这部分存在,而对超越的存在存而不论,从这一立场出发,人的认识的猜想性也杳无踪影了。② ——我们发现从此以后,整个近代哲学对上帝的描述都不再具有这种猜想性。人们虽然在字面上一再描述上帝如何崇高、无

---

① Franz Jakob Clemens, *Giordano Bruno und Nikolaus von Cues*, *Eine philosophische Abhandlung*, Wittmann,Bonn 1847, S.145-161.
② 这代表了整个近代哲学的一种根本特征,即缺乏对世界根本秩序之来源的真正关切。当然,这并不意味着现代人主观上认为自己缺乏这种关切,相反,他们认为秩序的来源就在世界当中,而且能通过人的理性完全加以把握。现代人的这种立场,是古代和中世纪人无法接受的:古代人虽然并不认为秩序的来源是超越于世界之外的人格神,但这个来源(理念、至善、太一)是与感性生活及人在感性世界中的认识有很大距离的,理性固然可以通达秩序,但它并不能像在黑格尔那里一样完全通透地理解秩序,相反,理性要向秩序开放其自身;中世纪人则认为这来源不仅不能被人所完全认识,而且来源本身超出了这个世界。

限,如何不同于世上的种种有限事物,但与此同时也将自己对于上帝的崇高性、无限性和特殊性的这种描述设定为对上帝本身的正确描述了。简言之,在近代思想中,理性与上帝之间不再有任何缝隙,理性认为自身足以把握上帝。这正是十足的内在性。

终极秩序之超越性维度的消失,并不像摘掉一顶帽子那么简单,而是意味着某种全局性的改变。正如研究者们所指出的,布鲁诺的思想"绝不只是对库萨思想的剽窃,而具有极高的原创性","就整体表现形式和细节方向来说,都是独特的"①。即便布鲁诺本人认为自己"实质上在追随库萨",他的理论也是"非常不同的"。② 总体来说,布鲁诺虽然关心世界的整体秩序及其在现实事物生成和发展过程中的表现,但不再像库萨那样关心这种秩序的来源,而是满足于描述一个有秩序的世界,即描述秩序的表现和后果。布鲁诺虽然也承认"事物是神的行动的结果"③,"一切都起源于第一本原的意志"④,但是布鲁诺决定对这个神"避开不谈","撇开不予考察",因为在布鲁诺看来,这个作为无限者的第一本原,已经"极远地离开了"它的结果。⑤ 上帝已远离他所创造的世界,但是这并不意味着布鲁诺眼中的世界就是无序的、混乱的。尽管缺失了上帝在世界中的作用,世界自身却仍是充满神性力量的,是某种内在秩序的表达,是向着善的方向发展的。布鲁诺对世界秩序性的描述集中表现在他关于质料的思考中。

质料在库萨的学说中已经获得了较为积极的意义。在库萨看来,万物是由上帝带动和引领的,甚至传统上视为消极、被动的质料,也不缺乏上帝的恩典,质料作为万物生成的被动可能性,也来自于上帝。事物的被造,并没有位于上帝之外的根源。相对于阿奎那不敢将被动、惰性的创世质料纳入上帝大能之内的做法,质料在库萨的"能-在"学说中则获得了积极的力量,因为上帝指引事物从单纯的生成可能性(posse fieri)、从无形式状态,发展为现实的存在者、具有形式者,这整个过程都是上帝力量的表现,而不是上帝的力量外在地加于别的某物之上。可是相较于布鲁诺的思想,库萨的质料概念似乎仍比较消极被动。上帝虽然是质料的来源,但也要同时将质料引向更高的方

---

① Franz Jakob Clemens, *Giordano Bruno und Nicolaus von Cues*, S. 144.
② J. Lewis McIntyre, *Giordano Bruno*, Macmillan and Co., London 1903, p. 144.
③ 布鲁诺:《论原因、本原与太一》,汤侠声译,北京:商务印书馆,1984年,第40页。引文参考了该书的德译本:Giordano Bruno, *Von der Ursache, dem Princip und dem Einen*, Aus dem Italienischen übersetzt und mit erläuternden Anmerkungen versehen von Adolf Lasson. Verlag von Georg Weiss, Heidelberg 1889。
④ 同上书,第39页。
⑤ 同上书,第40页。

向,引向可能性的实现,单纯的质料状态依然是不完善的,是需要被克服的。但在布鲁诺那里,质料有了更加积极主动的地位,因为布鲁诺认为,质料本身就能够生出形式,质料不再需要另一个根本性力量的牵引,它本身就在运动着、自身实现着,本身就具有正当性和方向。

下面我们具体来看布鲁诺对于质料的描述,这主要集中于《论原因、本原与太一》一书的第三、第四个对话中。布鲁诺认为,我们可以从两种含义上来考察质料:一是看作可能性(即能力),二是看作基质。① 这里需要指出,这两种含义都是就哲学上探寻事物**第一本原**的层面上而言的,而不是就日常语言的层面上而言的。在对话中,当布鲁诺借泰奥菲(主要对话人)之口向其他谈话者表达自己对质料的理解时,是循循善诱、循序渐进的,随着谈话的进行,质料的两层含义逐渐展开。

作为本原的质料,首先是在**基质**(Substrat)的含义上被引入讨论的,这也是质料自古希腊哲学以来的主要含义。我们对于基质的理解,主要来源于对手工技艺的观察和类比,这一类比是两方面的。首先,技艺是对某种材料的加工制作,技艺对它们进行加工,就会产生具有不同造型、形状的物品,例如木工技艺的对象是木头,木头承受技艺加诸其上的技艺形式(桌子、椅子等)后,就成为某种木制品。② 与技艺对象类似,基质意义上的质料——布鲁诺也称其为"自然质料"③——就是形式作用于其上的基底和对象。其次,技艺对象在加工制作的过程中承受不同的形式而自身保持不变,例如木头无论被制作成桌子还是椅子,木头依然是木头,基质也是如此,它是存在与变化当中的不变者,"它不会消灭,不会失去存在","所失去的只是偶然的、外在的形式"。④ 但是以技艺质料来类比基质也有不恰当处,因为基质作为形式的承受者,是全无形式的,因而是本原意义上的质料,而技艺的对象(如木头)总是已经具有了被自然赋予的某种形式。⑤ 这种形而上的、作为万物存在之基底的质料,是通与对现实可见的材料进行类比而被认识的,它是理性的对象,而不是感觉的对象。

作为本原的质料的第二层含义,是从**能力**(Vermögen)、**可能性**的意义上来理解的。但是,这能力绝非我们对于能力一词的日常理解,它不是我们在第五章第二节中分析过的亚里士多德"潜能"概念的三层含义当中的第二

---

① 布鲁诺:《论原因、本原与太一》,第 82 页。
② 同上书,第 70 页。
③ 同上。
④ 同上书,第 74 页。
⑤ 同上书,第 71 页。

层,亦即某物所具有的某种能力,例如青铜具有成为雕像的能力,而是作为个体能力之基础和本原的大能,这是布鲁诺吸收库萨"能-在"学说后对于质料的全新理解。布鲁诺认为,质料的"基质"含义在"能力"含义的基础上才得以可能①,因为后者是更深层次上的本原,基质要能够作为基质,作为被动的接受力,没有一种绝对能力的奠基是不可能的。布鲁诺也将能力区分为积极的能力和消极的能力,但是他指出,作为万物的本原,两者"归根到底是一回事"②,因为——布鲁诺在这一点上也追随库萨关于被动潜能的思考——就绝对者而言,被作用、被产生、被创造的能力,与作用、产生、创造的可能性是互为前提的,是同一个创造行动的两面,事物被创造的可能性(消极的能力)同时就是创造者的创造的可能性(积极的能力)。关于两者的同一,库萨曾举"写书"的例子加以解释:在写书这个活动中,主动的能(posse activum),亦即"写书",与被动的能(posse passivum),亦即"书的被写",是同一个活动所打开的两个方面,共同构成了同一个整体活动。③ 这个例子只是对于上帝的绝对能力的一个类比,因为人的创造离不开自然质料,不能从无生有,而在绝对能力那里,万物生成的可能性则完全同时就是创造能力的展现。布鲁诺看到,消极的可能性并不标志着事物的缺点,而是证明它的能力和效用,消极的能力和积极的能力是同一个能力的两面,两者在作为第一本原的能力那里是完全同一的。

在作为太初本原的绝对能力那里,不仅主动能力与被动能力合一,而且能力与现实存在也是合一的。④ 能力不是与现实存在相对待的、潜在的未完成状态,而同时就是现实本身。通过借用库萨的"能-在"思想,布鲁诺对于潜能的理解已经不同于古希腊哲学了:我们在前文关于亚里士多德的思想中已经提及,"潜能"(Dynamis)与"实现"(Energeia)一道成为描述事物如何生成之根本机制,但是在古希腊思想中,相比现实存在,潜能是存在的不完满状态,或者说还没有现实地存在出来,因而尚需向现实存在的方向发展;而在布鲁诺和库萨那里,"能"不再是消极的、不完满的、待指引的,而同时就是完满的实现本身,具有和现实存在同等的地位,两者没有高下之分,因为"能"同时就是"现实存在"。**绝对能力,就是能、现实存在以及两者的联结,构成三位一体,造就和规范着万事万物**。这个作为本原的能力,是绝对的可能性和绝对的现实性的统一,因而包含一切可能性和现实性在自身之中,它是所可

---

① 布鲁诺:《论原因、本原与太一》,第82页。
② 同上书,第83页。
③ *Trialogus de possest*, n.29.
④ 布鲁诺:《论原因、本原与太一》,第83页。

能是的和所是的一切①，它无所不包，是"宏伟之物""庞大之物"。② 它是存在者得以存在的根本框架，任何事物，要获得存在，无论从可能性上还是从现实性上讲，都是从它而来，或者说，是它的展开。其中的道理，我们在分析库萨时已经说明，此处不再赘言。

至此，布鲁诺就颠覆了我们对于质料的传统理解。质料是一种**绝对**的力量，是"能-在"，是第一宇宙本原。布鲁诺也看到，这种对于质料的新理解，"庸俗的哲学家"是不会理解的，因为他们"都是亚里士多德的观点教育出来的"，他们"一向把质料理解为自然物的基质"。③ 因此在"第四篇对话"的开头，布鲁诺嘲笑传统思想对于质料的理解，他要向传统的理解开战。以往，质料被等同于罪恶的原因、自身不存在的东西、无规定者、接近于无的东西、缺乏理性的混沌，甚至女人等等。中世纪神学思想更是有这种倾向，认为质料要为罪恶负责，就如同原罪被归于夏娃一般。质料由于没有形式，因而缺乏善。形式之于质料，犹如光明之于黑暗，后者需要前者的救赎和引导。在哲学传统中，质料和形式是一对互不分离的范畴，布鲁诺要颠覆质料的内涵，就不能回避质料与形式的关系这个问题。

对于形式，布鲁诺也有两个定义：第一种形式指的是我们日常见到的事物具有的种种偶性与实体性，像是红色、沉重、钢笔乃至美德，这些属于**现实性形式**、具体形式；第二种则是像真、善、太一等**终极形式**，它们是"超越的"。④ 二者的地位不一样，在生活中，人人都承认前一类形式的存在，也必须与它们打交道，但后一类形式则不是谁都能认识到的。第一种形式在基质中引起区别，从而造成事物间的差异，使事物具有各自的种属和偶性。第二种形式则是终极本原意义上的，例如柏拉图哲学中的至善，新柏拉图主义中的太一，都是如此；它是一种纯粹的理性力量，是将整个世界凝聚起来的统一之力，借着这最高的形式，世界才呈现出统一的、完满的秩序性。没有终极的最高形式，具体形式也就不可能起作用，因为终极形式是具体形式的根据、动力和最终归宿。比如在普罗丁那里，具体形式的作用来自于终极秩序的自上而下——理性灵魂、植物与感觉灵魂、质料形式⑤——的展开和自下而上的引领回归，以这种流溢和回归的方式，太一就充满了世界，造就了世界的整体秩序。

---

① 布鲁诺：《论原因、本原与太一》，第84页。
② 同上书，第85页。
③ 同上书，第87页。
④ 同上书，第97页。
⑤ 同上书，第57页。

布鲁诺在自己的学说里,将这种终极形式称为"**世界灵魂**",它是万物中的太一:"世界灵魂——这乃是宇宙以及宇宙万物的起形成作用的形式本原",它充满全部质料(基质),为质料赋形,如同生命一般操纵着质料。① 它整个儿地处于整个世界之中,也整个儿地处于世界的每一个部分之中,就如同动物的灵魂整个儿地处于整个有机体之中。②世界灵魂在万物之中的方式是精神意义上的,而不是形体和空间意义上的,否则就会产生如柏拉图那里理念在万物中如何被分有的难题。世界灵魂作为精神处于一切事物之中,从而使得万物都是具有生机和生命的。③ 这种万物有灵的观点,并不是说事物都会说话、会思考,而是一种象征性的说法。由于世界灵魂的内在支撑,万物都表现得好像有生命一样,它们朝向善的、美的方向存在着。布鲁诺举钻石为例,它们被打磨得晶莹剔透,就具有了使精神高尚的能力,能在观者的心中唤起新的情操和热情。④ 钻石的这种向善的作用性就是它的内在生命,而这内在生命归根结底是源于世界灵魂在它当中的内在存在。万物都是如此,因而世界整体就表现出有秩序、有生机的景象。

终极形式(世界灵魂)和由它而来的具体形式,以给质料(基质)赋形的方式,将整个世界建构和凝聚为一个统一体。那么这终极形式与本原意义上的质料(绝对能力)是什么关系呢？世界是否源于两个不同本原的共同作用呢？答案是否定的。布鲁诺在分别分析了形式与质料的多重含义后,认为作为绝对能力的质料与终极形式是二而一的。真正的质料与真正的形式既不是相互外在的,更不是糅合起来的,它们二者为一。⑤ 质料作为绝对的能力,它不是从自身之外获得和接纳形式的,形式就在质料的内部,质料包含形式、囊括形式在自身之中。⑥ 质料之所以能够囊括形式对世界的统一之力在自身之中,是因为质料不再是消极的基质、等待被形式赋形的基底。布鲁诺已经将质料改造为一种能动的力量,一种活动着的能力,质料作为一切能力及其实现的统一体,它本身就是**最强大的力量**。绝对质料与终极形式丝毫没有差别,它同时就是太一,就是世界灵魂。⑦质料是一种不停顿的能力,万物都从它的运动中生成,它是"现实的源泉"⑧。布鲁诺批评自亚里士多德以来对

---

① 布鲁诺:《论原因、本原与太一》,第54页。
② 同上书,第50页。
③ 同上书,第52页。
④ 同上书,第53页。
⑤ J. Lewis McIntyre, *Giordano Bruno*, p. 161.
⑥ 布鲁诺:《论原因、本原与太一》,第109页。
⑦ 同上书,第100、106页。
⑧ 同上书,第111页。

质料的看法,后者在基质意义上理解质料,认为质料是不更新、不变化的,它等待接受形式成为复合物,具体事物就是质料与形式的复合。① 而在布鲁诺看来,形式从质料中来,而不渗入质料,质料并不追求形式,反而是形式之源。这个质料,由于它是终极的能力,就是事物的实体和现实性根据。布鲁诺举例说,木头的实质不在于它所获得的形式,例如床的形式,而在于它的能力,在于它成为一切木头制品的可能性。② 也就是说,质料是万物的最终实体,一切都从质料中生成,并且这种生成不是混乱和任意的,而是指向最高的善,因为这质料同时就是理性的太一,是世界灵魂,是宇宙的逻各斯,质料本身就是善和秩序。

在布鲁诺这里,质料已经**取代了造物主的地位**,成为世界的终极主体和万物的母亲,质料本身具有了神圣性。但是,当布鲁诺说质料就是世界的终极本原的时候,我们不要以基督教上帝的角色来理解它,不可将质料理解为世界存在之前的某种存在者,例如上帝或者混沌,世界从它当中生长出来。质料不是世界之外的主体,从自身中创造出世界,质料不具有这种世界之外的维度,不具有超越性。但是另一方面,我们也不可将布鲁诺的质料理解为世界之内的某个东西,世界从它里面生出来,好比桌子从木头而来。质料不是任何一种存在者,而是一种绝对的力量,是布鲁诺用来描述世界何以成为这个世界的那个根本动力,或者说,质料就是世界本身的生命力。质料虽然不是任何一个存在者,但它同时又具体地表现为世界当中的每一个存在者,因为它的运动就是万物的生成,万物的存在都是从它那里而来的,并且从它出发而被理解的。

我们看到,通过对质料概念的改造,在哲学史上布鲁诺罕见地对世界的内在结构给出了一套系统而彻底的解释,他正是凭此充当了使中世纪哲学彻底转向近代哲学的开端性人物,赋予近代哲学一些根本特征。下面我们简要谈一下他对近代哲学发展的关键意义。

第二节　布鲁诺质料学说对近代哲学的意义

本节将通过说明布鲁诺的质料学说对近代世界观造成的一些具体影响,来显明它的近代意义。

布鲁诺在提出系统的质料学说作为世界根本结构的同时,就洞见到这一

---

① 布鲁诺:《论原因、本原与太一》,第 111 页。
② 同上书,第 108 页。

学说在世界观方面会造成巨大变革。既然质料就是世界内部的根本动力,世界的本原不在世界之外,那么世界内部一切的生成和运动,其原因就是世界自己的生命力,在这个意义上,布鲁诺说宇宙是自足的,宇宙本身就是太一。① 在《论原因、本原与太一》中,布鲁诺探讨了质料之终极含义后,便在最后一篇对话里开始向我们展现他对于宇宙的理解。宇宙不是世界之外的太一的流溢,宇宙也不单单是所有被造物的总和,宇宙本身就是最终的实体和能动的主体,就是质料概念所表达出来的那个根本动力,是万物背后的奠基性力量。因此布鲁诺认为,宇宙本身是自足的,传统意义上的上帝已经远离了这个世界,世界本身就是神,就是终极主体。它不需要外在的推动力和外在的目的。宇宙本身就是那个同时是一切可能性和现实性的"能-在"结构,所以,宇宙"能够是一切",并且也"在一切之中"。② 布鲁诺由此推出了类似于**莱布尼茨**单子论的"万物在万物之中"的结论:"全部存在处于一切之中,但不是完完全全地和以一切样式处于每个之中。"③宇宙作为终极力量,它内包了所有的存在和存在样式,而个体事物只具有某种存在样式,个体事物的存在是宇宙太一的自身展开,宇宙在每个个体中都以该个体独特的方式存在着,也就是说,宇宙整体内在于每一个个体之中,并且在不同的事物中,以不同的存在样式存在着。虽然每个事物都是太一的表达,但是只是在某种存在样式上的表达。

因此,在布鲁诺看来,"只存在着一个实体,一个神明的、不灭的本体",万物是这同一个终极实体的不同存在样式。④ 这一观点与后来**斯宾诺莎**泛神论的亲缘性也不言自明。质料概念表达了宇宙的内在力量和内部的存在动力,宇宙就是唯一的实体,它没有自身以外的开端,也不受外物的制约,宇宙内部的万物就是宇宙的"样式和多形性",它们并不为宇宙增添什么,因为它们只是"标示"和展现宇宙的力量,它们是最终实体的展开,使后者表现为"多样的、多形的、多状的"。因此,布鲁诺和斯宾诺莎一样,都认为作为最终力量之展示的万物,只是"纯粹的偶性、纯粹的形状、纯粹的补充",它们都只是同一个实体的变化,布鲁诺说,我们"不应该认为,世界上有着众多的实体和真实存在",到处存在着的都是这同一个实体的不同样式,并且在任何样式中都有"全部世界灵魂","就像整个灵魂完全地包含在它的每个部分中一

---

① 布鲁诺:《论原因、本原与太一》,第115页。
② 同上书,第118页。
③ 同上书,第119页。
④ 同上。

样"。① 宇宙这个太一是永恒的、不变化的,因为它是自足的,它不缺乏任何东西,因而不需要变化,发生变化的只是它的样式,是"同一个实体的各种不同的外观"②。万物都来源于并最终归于这个统一,它内包了一切存在样态,万物都是它的展开。也就是说,在布鲁诺这里和在斯宾诺莎那里一样,创生的自然(natura naturans)与被生的自然(natura naturata)是实体与样式的关系③,或者说是实体及其显示的关系,而不是原因和结果的关系,两者在根本上是一体的。④

在此世界观的基础上,布鲁诺得出的一些大胆的宇宙论结论,例如宇宙是无限的,宇宙没有中心,或者处处中心,这些观点影响了他之后的很多自然科学家,例如**伽利略**和**开普勒**。只是伽利略不敢承认这段渊源,而开普勒则坦白指出,在宇宙理论的形而上学基础方面,以及在认识论方面,伽利略只是将布鲁诺提出的观念加以发挥罢了。⑤

另外,**笛卡尔**和布鲁诺的思想关联也不容小觑。布鲁诺的质料学说看似没有涉及人的认识问题,但实际上隐含着以下两个基本点:(1)世界的本质是可以认识的⑥,(2)人从自己的理性出发,将世界构想为具有统一性的质料演变过程,即世界依自身的秩序而演变的一个总体性过程,世界中的一切必须被人的理性所认识,它的存在才能获得承认。我们发现,笛卡尔的"我思,那么我在"和怀疑学说,其精神实质和布鲁诺的这两个基本点是一致的。没有布鲁诺所提供的世界图景,笛卡尔的哲学也是不可想象的。

以上只是几个具体的例子,表明布鲁诺和近代哲学家在世界观方面的亲缘性。但是布鲁诺的影响还远不止于此。布鲁诺对近代哲学最大的影响是,他承接库萨以"能-在"学说为标志的内在性思想,同时又抛弃了库萨对超越性维度的关切,将世界的根据问题转变为如何描述世界内部的支撑性结构的问题。近代人或许并不完全否认世界秩序有超越性的来源,如笛卡尔、贝克莱,但他们并不关心这来源如何具体地将其力量渗透到和表现为世界的种种现象;他们或者断言世界秩序的来源等同于在世界上起统一作用的这个秩序本身,如斯宾诺莎、黑格尔,但这实际上等于人为地将问题消解掉了,因为他

---

① 布鲁诺:《论原因、本原与太一》,第121页。
② 同上书,第122页。
③ 斯宾诺莎:《伦理学》,贺麟译,北京:商务印书馆,1997年,第29页。
④ J. Lewis McIntyre, *Giordano Bruno*, p.179.
⑤ Ibid., p.333.
⑥ 当然这种可认识性发展到后来,情形有些复杂。因为可认识性是就理论上而言的,联系人的实际认识能力来说,它既可以表现为可知论也可以表现为不可知论——近代以来的所谓不可知论其实只是向着未来被延宕了的可知论。

们无法令人信服地说明这个秩序本身是否还有其来源;他们中还有一些明确规定秩序的来源问题并非人的认识能力所及,人最多只能预设这样一个来源的存在,但不能证明之,比如康德。从上文对布鲁诺的质料学说所体现的内在性思想的梳理可知,如此种种都是承布鲁诺思想之余绪而来,如果没有布鲁诺这关键的一环,近代思想中的秩序观就是不可想象的,近代哲学史也是不完整的,但是关于近代秩序观方面的研究只能留待以后了。

第八章　我思、上帝与世界
——论"笛卡尔循环"的内在性根据

在《第一哲学沉思集》中，笛卡尔用普遍怀疑的方法对一切可疑的事物加以怀疑，包括感觉、记忆、物体、形状、运动、数学，甚至上帝，直到发现那个可靠的、不可怀疑的东西——"我思"（cogito），以及由我思所彰显出来的"我在"（sum）为止。借着这一由我思主动开展、经过严格且毫不留情的普遍怀疑、最终又回过头来确立我思在确定性方面的优越地位的尤利西斯之旅，笛卡尔奠定了近代哲学的基本原则，也因此被后世标榜为近代哲学的开山祖师。然而后世的这种叙事更多地只是涵盖了笛卡尔沉思集的开始部分（第一和第二个沉思），笛卡尔接下去要说的话，在他自己看来或许是更为重要的。而这些更重要的部分实际上与我们通常不假思索地认定的"我思"之独一奠基地位相冲突，却又常常为后来的研究者们所忽视。

这个由普遍怀疑最终确立下来的可靠的我思，其实并不是自足的终极原则。正如一些西方学者所言，我思所开展的事无巨细、无所遗漏的怀疑，可能恰恰表明了我思的无力和有限性，表明它无法保证笛卡尔所需要的那种根本的确定性。① 在第三个沉思中，笛卡尔急于证明上帝的存在，以上帝作为我思的保证者，也就是说，第一沉思中的普遍怀疑和第二沉思中我思的确立，要以上帝作为前提。在笛卡尔看来，没有上帝的创造和持续创造，我思就不能存在，也无法进行它那彰显自身存在的怀疑活动。在第五个沉思中，笛卡尔指出，我思不仅在存在上时时刻刻依赖着上帝，在认识方面亦然。②

笛卡尔的这后几个沉思是否意味着，他最终回到了传统经院哲学的神学窠臼中，和阿奎那进行着同样性质的神学思考？③ 笛卡尔的我思是否只是众

---

① Walter Schulz, *Der Gott der neuzeitlichen Metaphysik*, Verlag Günther Neske, Pfullingen, 1957, S. 24.
② 笛卡尔：《第一哲学沉思集》，庞景仁译，北京：商务印书馆，1986年，第74页。
③ Alexander Koyre, *Descartes und die Scholastik*, Bouvier Verlag Herbert Grundmann, Bonn, 1971, S. 26. 作者认为笛卡尔晚年回到了经院哲学。

多上帝证明中的一个路向?① 究竟我思和上帝,哪一个在笛卡尔的思想中才是奠基性的? 是否如众多研究者所指出的,甚至如笛卡尔的同时代人所质疑的那样,笛卡尔的思想中存在着所谓的"笛卡尔循环"(Cartesian Circle)?② 这些问题不仅在笛卡尔本人的表述中没有明确说明,在笛卡尔同时代的读者群中也引起了困惑与质疑,后来的笛卡尔研究者们对此亦聚讼不休,似乎如何回答它直接关乎笛卡尔近代哲学开山者的地位稳固与否。简而言之,单纯的我思是否能保证笛卡尔作为近代哲学开山的地位? 是否还需要将上帝的作用考虑在内? 问题还不止于此,笔者以为,就事论事地简单争论自我与上帝何者在先的做法是有局限的,二者在笛卡尔那里对于确保根本的确定性固然都很重要,但更重要的是要考察二者背后所预设的那个世界结构,只有后者才能真正澄清自我与上帝的存在论地位。

第一节 我思与上帝证明

在"第一沉思"中,笛卡尔从普遍怀疑出发,只接受那些最清楚明白而无法怀疑的东西,清算全部旧见解,对一切有疑问的、可疑的东西,决不轻易相信。任何我们早先信以为真的见解,决不能因为亲熟和习惯,就逃过审查。甚至为了破除习惯和偏见,必须首先假定它们都是错的、假的。③ 笛卡尔首先怀疑对外在世界的感性认识,认为感官所获得的对物体、形状、广延、运动和地点的认识,都可能是人内心虚构的产物,外部世界于是就根本不是什么可靠的东西,有可能都是我的幻想;第二,我的身体,例如眼睛、脑袋、手等其他部分,有可能也是想象出来的;此外,我们一般认为比较靠得住的、与广延性物体无关的科学,比如算术、几何学,也有可能是某个邪恶的妖怪所设置的欺骗和假象。④ 在这个意义上,通常人们认为确定的外部世界、我的身体、科学乃至上帝的善意都受到了怀疑。

在"第二沉思"中,笛卡尔发现,唯有一点是无法怀疑的,即进行怀疑的

---

① Anthony Kenny, *Descartes: A Study of His Philosophy*, Thoemmes Press, England, 1993. 参见第六章,作者认为笛卡尔在第五沉思中对上帝的证明是一种存在论证明,而在第三沉思中的上帝证明是一种宇宙论证明。不同于托马斯的宇宙论证明的是,笛卡尔的证明不是从可见上帝开始,而是建立在思维及其观念的基础上,但依然是一种宇宙论式的上帝证明。
② 参见著名笛卡尔专家肯尼(Anthony Kenny)的文章,"The Cartesian Circle and the Eternal Truths", in *The Journal of Philosophy*, Vol. 67, 1970, No. 19, pp.685—700。
③ 笛卡尔:《第一哲学沉思集》,第19—20页。
④ 参见《第一哲学沉思集》中的第一个沉思。

那个思维本身。那个与我的身体相分离的、我的思想活动，是确定而非虚构的。我所感觉、想象、认识和怀疑的东西有可能是假象，是受到蒙蔽的结果，但"我是一个在思维的东西"，我正在进行怀疑、领会、判断、愿意、想象、感觉等思维活动，这一点却是无可怀疑的。相比于有广延的事物和身体，我们的精神是更确定的，外部事物和身体都可以被怀疑，都可以被假定为不存在，但我的思维不能被我怀疑，它不能和"我"分开，它必须存在，否则"我"就"停止了存在"①。或者说，"没有什么对我来说比我的精神更容易认识的东西了"②。

如果笛卡尔的沉思止步于此，他的形象和我们通常想象的还没有太大区别。然而，令一些同时代思想家和后来的研究者感到不解的是，在接下来的"第三沉思"中笛卡尔开始着手证明上帝的存在，按笛卡尔自己的话说，第三沉思要"从他（引者按：上帝）的效果上"来证明他的存在。③ 在"第三沉思"中，笛卡尔首先从已经确定无疑的我思出发，找到了一条确定真东西的总原则："凡是我们领会得十分清楚、十分分明的东西都是真实的。"④接着，笛卡尔将思维中的各种观念从来源上分为三类：与我俱生的、外来的和由我捏造的。⑤ 其中，关于动物的观念、关于天使的观念、关于他人的观念，都可能是我的幻想或者是我自己所捏造的，由其他观念混合而成⑥；但是，我心中有一个关于上帝的观念，亦即那个"无限的概念"，这个上帝观念是如此清楚明白，因而是完全真实的。而这个观念不可能是我自己产生的，因为无限的概念不可能产生自有限的我，既然我自己不可能是我心中的这个真实的上帝观念的作者，那么这一观念的作者只能是我之外的上帝本身。因此，笛卡尔说："单从我存在和我心里有一个至上完满的存在体的观念这个事实，就非常明显地证明了上帝的存在。"⑦我心中的上帝观念，是上帝在创造我的时候放在我心里的，是与我俱生的。

在确立了我思作为一切确定认识的起点之后，笛卡尔却从我关于上帝的观念反证了上帝的存在。让我们现代读者意想不到的是，在笛卡尔那里，上帝决不仅仅——像我们可能以为的那样——是我思彰显和确认自身力量的一块试金石，而是对我思起着无条件的奠基作用，我思这个看似确定无疑的出发点，是以上帝的支撑为前提的。没有上帝，我就不可能时时存在，它"产

---

① 笛卡尔：《第一哲学沉思集》，第 25—27 页。
② 同上书，第 33 页。
③ 同上书，第 123 页。
④ 同上书，第 35 页。
⑤ 同上书，第 37 页。
⑥ 同上书，第 43 页。
⑦ 同上书，第 52 页。

生我,创造我,也就是说保存我"①。"单就……具有这个观念(引者按:指上帝观念)的我是存在的,我就得出上帝是存在的而我的存在在我的生命的每一时刻都完全依存于他这样的结论。"②上帝不仅仅在存在上起着奠基作用,在我的认识中亦然。在笛卡尔看来,在我的所有观念中,如果我不首先确定我对上帝的观念的真实性,并确认上帝的善,那么我对外部事物的观念,以及我的那些与外部事物无关的观念,比如数学,依然有可能是虚假的。因为尽管我对我的观念有清楚明白的认识,但如果这一点是源于恶意的上帝的欺骗,那我的其他观念就依然可能是不真实的。

于是,上帝证明就成为对笛卡尔来说非常关键的前提。在确立了我思原则之后,笛卡尔就立即着手进行上帝证明,而不是如一般读者所期望的那样,在我思的基础上讨论认识的真假对错问题。后面这个步骤反而必须在上帝证明之后(即"第四沉思"中)才能够进行:在我思原则以及由我思确认的"善的上帝现实存在"的基础上,先前遭到怀疑的对象,即我心中关于外部的广延性事物、我的身体等观念才能成为确定的,只要它是清楚明白的,并且与外部事物相符合的——而这种相符合最终是由上帝确保的。

在第五个沉思中,笛卡尔还提供了关于上帝存在的另外一个证明——存在论证明:我不能领会一个不带存在性的上帝,因为存在性是至上完满性之一。③ 笛卡尔的这一上帝证明与哲学史上著名的安瑟尔谟存在论证明有相似之处:(1)我的心中有一个关于上帝的无限完满的观念,这个观念对于我是非常清楚明白的,因为正是通过这样一个观念,我才发现了自身存在的有限性和缺陷,虽然我作为有限者,不能理解无限者的本性,但是我清楚地拥有这样一个关于无限完满的观念。(2)而我所具有的无限完满的观念,并不来自我自身,而必须来自无限完满的存在者本身,也就是上帝,因为我认识到自身无法达到完满性本身,无法现实地将完满性实现出来——无限完满性在我这里只以潜在的方式存在。笛卡尔认为,潜在的无限完满者是无法产生完满性的观念的,这一观念只能由一个现实的无限完满者产生。

经过又一次的上帝证明,由于对上帝的认识,使我不再怀疑其他一切领会得清楚、明白的事物的真实性,"即使我睡着了,凡是明明白白出现在我心里的都是绝对真实的",因为,一切知识的可靠性和真实性都取决于对真实的上帝的知识。④ 既然清楚明白地证明了上帝的存在和他的大能,他对我的

---

① 笛卡尔:《第一哲学沉思集》,第50页。
② 同上书,第55页。
③ 同上书,第69—71页。
④ 同上书,第74页。

存在和认识的支撑作用,那么我的其他认识也就因此得到保障了。因此在第六个沉思中,笛卡尔才能放心自在地谈论物质性的东西、肉体与灵魂的区别、感觉、想象等一般认识论当中涉及的问题。现在笛卡尔已经发现,不仅我思由上帝奠基,大自然也不是别的,就是"上帝本身",自然就是"上帝在各造物里所建立的秩序和安排",就"我"来说,自然(本性)就是"上帝给我的一切东西的总和","作为精神和肉体的总和"①。在认识到上帝的存在和至善之后,笛卡尔放心地宣称:现在我们可以把"一切怀疑都抛弃掉",因为"上帝不是骗子"②,"上帝里边不可能有欺骗",因为骗人是"一种缺陷或恶意"③。笛卡尔的沉思之旅至此圆满结束。

第二节 质疑与答辩

我们可以看到,笛卡尔首先质疑的是人的所有认识,也就是关于外部世界(包括人自己的身体)所获得的所有观念,以及人所产生的与广延性物体无关的观念。通过广泛怀疑这些观念的真实性,他发现了我思这一原则的不可怀疑性,并通过反思我心中的上帝观念而确认了上帝的存在,对上帝的确定性认识使得之前受到怀疑的我的认识都重新获得合法性和确定性。针对笛卡尔的沉思,研究者们质疑在笛卡尔的论证中是否存在着一种循环:上帝的存在是由我思确认的,而我思的存在和思维活动又是由上帝创造和保证的,那么在笛卡尔的思想中,我思和上帝究竟哪一个才具有根本的奠基性?

上帝在笛卡尔思想中的位置颇为尴尬,如果我思是第一位的,那么上帝是不是由于笛卡尔思想保守,没有和过去的经院哲学完全决裂,而没有摘掉的一顶已经不合时宜的帽子?甚至有研究者认为,笛卡尔只是为了讨好当时的基督徒,才给他的思想奠定了这么一个已经过时的神学基础。④ 确实,在笛卡尔生活的时代,寻求确证上帝的奠基作用的做法实属过时之举。在笛卡尔与他的同时代人的往来反驳与答辩中,我们就已经看到,同时代人对他的理论的质疑都不约而同地聚焦在上帝证明以及由此而来的"循环"上:

"第一组反驳"的作者称赞笛卡尔的怀疑和由此确立的我思,以及笛卡尔在我思的基础上建立起来的原则:领会得清楚明白即真。但是他们认为我

---

① 笛卡尔:《第一哲学沉思集》,第 85、87 页。
② 同上书,第 94 页。
③ 同上书,第 56 页。
④ 参见 Kenny, "The Cartesian Circle and the Eternal Truths", p. 697.

们并不能从这一基础出发证明上帝存在。因为首先我心中根本没有一个清楚明白的上帝观念，我不能清楚认识无限者①，而且即便有清楚的上帝观念也不能推出上帝存在②，也就是说，即使我心中有清楚明白的上帝观念，也只能得出上帝存在于理智的理解里，而推不出上帝存在于自然中的结论。因为上帝观念只是一个纯粹的符号，与存在无关，没有客观实在性。

"第二组反驳"的作者认为，我心中关于至上存在者的观念可以是我自己产生的，我自己就可以是这一观念的作者，那么上帝观念根本就不指涉现实的存在，上帝可能只是我自己的虚构。在此基础上他质疑笛卡尔关于上帝对我思之奠基性作用的论说：为什么要以上帝作为我思的清楚认识的前提？为什么对思维的认识取决于上帝的认识？他指出，否认上帝并不妨碍我们可以有清楚明白并且正确的认识。③此外，和第一组反驳相同，第二组反驳的作者也认为，我们对上帝的认识并不是清楚明白的，他否认笛卡尔上帝证明的有效性。

"第三组反驳"是由当时已成名的哲学家霍布斯给出的。霍布斯从他的经验论立场出发，否认笛卡尔上帝证明的有效性。霍布斯认为，我们对于上帝本身没有任何观念④，我们心中的上帝观念并不是天赋的，不是上帝放在我们心里的，而是我们通过与外部事物的类比得来的，并且观念也只是一些名词而已，所以我们根本无法按照笛卡尔的方法确认上帝的存在。与其他反驳者不同，霍布斯不仅质疑笛卡尔的上帝证明，而且质疑笛卡尔经由普遍怀疑所确立的我思。霍布斯说，从我在思维，只能推出"我是有思维的存在"，而推不出"我是一个思维"，笛卡尔论证的错误在于把主体和它的行动或功能当成了一回事。霍布斯认为，思维根本不是一个实体，不是一个主体，而只是物体实体的一种功能。⑤所以我思并不能作为认识的一个稳固的出发点，上帝亦然。

"第四组反驳"的作者是神学博士阿尔诺先生，他并不反对笛卡尔在"第三沉思"中证明上帝存在的论证理由，即：上帝存在，因为他的观念在我心里。⑥但他不同意我思只能由上帝那里获得存在的结论，和"反驳一"的作者一样，阿尔诺认为精神在某种意义上可以由其本身而存在⑦，甚至说上帝由

---

① 笛卡尔：《第一哲学沉思集》，第101页。
② 同上书，第102页。
③ 同上书，第128—129页。
④ 同上书，第181页。
⑤ 同上书，第173—175页。
⑥ 同上书，第209页。
⑦ 同上书，第211页。

其自身而来的那种存在,也必须限制在某个层面上才行,并且这会引起许多的困扰和疑难。① 最后,阿尔诺更是直截了当地指出,在笛卡尔的证明中存在着一个"循环论证":一方面,我们之所以肯定上帝存在,仅仅是因为我们对这件事领会得非常清楚、非常明白;另一方面,只有由于上帝存在,我们才肯定我们所清楚明白地领会的东西是真的。②

"第五组反驳"的作者伽桑狄也是笛卡尔同时代的哲学家,其理论以常识和感觉为出发点。笛卡尔不无鄙夷地将自己和伽桑狄之间的论辩称为"精神和肉"的辩论③。在伽桑狄看来,思维或精神,并不是一类和肉体、感官大不相同的东西,"并不是……一种完全不同的性质,……一种精神的或非物质的性质"④。由于对精神作了这一物质性的理解,伽桑狄否认精神具有与生俱来的观念,而认为所有观念都是外来的,"它们是由存在于理智以外的事物落于我们的某一感官之上而生起的"⑤。关于上帝的观念也是如此,我心中的上帝观念并不是上帝放在我心里的,上帝观念是我们从各种有限的东西的观念组成然后加以扩大而得来的。⑥ 也就是说,我们心中的无限实体观念只不过是一个"空名"⑦,这个观念并不和一个无限的实体挂钩。上帝与我们的产生和存在无涉,我们并不需要一个原因不断地创造我们,我们才能得以持续存在。⑧ 伽桑狄由此否证了笛卡尔的上帝证明以及上帝对我思的奠基性作用。

以上的反驳无一例外地指向笛卡尔建立在我思基础上的上帝证明,有的将矛头指向上帝观念的来源,有的指向进行上帝证明的我思自身,有的则指出整个上帝证明当中的自相矛盾和循环论证。面对同时代人的种种反驳,面对不同的哲学立场,笛卡尔的答辩显得有些苍白无力,似乎并不能够说服这些反驳者。笛卡尔在进行答辩时,很可能也感到自己有些"鸡同鸭讲",他在答辩中只是表明了对反驳者观点的不认可,而他拿来作为证据的不过是对自己在沉思中的观点与思路的重提和细化罢了:关于我思、观念、上帝、想象力、思维和物体的关系等的观点。双方的这种不认同在根本上乃是哲学立场的不同,而不是相同立场下不同观点的对与错的问题;笛卡尔要处理的是重新

---

① 笛卡尔:《第一哲学沉思集》,第211—216页。
② 同上书,第216—217页。
③ 同上书,第387页。
④ 同上书,第272页。
⑤ 同上书,第282页。
⑥ 同上书,第290页。
⑦ 同上书,第298页。
⑧ 同上书,第304页。

为形而上学奠基,提出新的第一哲学的问题,而不是不加质疑地接受那些流行的思想前提,在一些细部上零敲碎打,进行学院化的争论。

和同时代人相比,笛卡尔显得比较保守。正如我们在前文中指出的,在一些反驳者看来,笛卡尔确立的我思原则是毋庸置疑和值得称赞的。但不同于笛卡尔的是,他们认为,我思是一个自足的原则,无需上帝的奠基。无需上帝,我思就能产生清楚明白并且正确的认识,我的存在和认识并不需要上帝的保障。上帝观念只是一个名词、一个符号,无关现实的存在。经验论者霍布斯和伽桑狄跟其他反驳者一样,同样质疑上帝的存在和作用,这两人的观点和笛卡尔以及其他反驳者的观点的不同之处仅仅在于,作为出发点的"我"究竟是纯粹精神性的实体,还是一种物质性的存在。也就是说,在同时代人那里,"我"是第一位的;而笛卡尔却格格不入地引入了上帝,并反过来又将上帝作为我思之存在的基础。那么,和这些同时代人相比,笛卡尔是不是就不那么"现代"了呢?他的现代哲学奠基人的地位,是不是值得商榷?上帝在笛卡尔的哲学中到底占据怎样的分量?

这里所涉及的问题对于整个近代哲学非常关键。关于近代哲学,我们通常认为,我思或者思维占据一个最高的支配性的位置,似乎它占据了中世纪的上帝先前占有的地位。但从笛卡尔这里我们看出,问题远没有这么简单。我思内在地思考世界,在认识上占据领先的位置,而上帝则在存在上占据领先的位置,这一结构最晚在奥古斯丁那里就已经被建立起来了,这种形式上的雷同并不意味着笛卡尔对前人亦步亦趋,也就是说,这里并非简单地是我思先于上帝还是上帝先于我思的问题,而是二者在世界这一整体结构中分别具有什么意义,以及它们何以能具有那种意义的问题,只有澄清了这一点,我们才能明了笛卡尔思想独特的现代性。对此我们不妨将视野拓宽一些,从单纯的概念辨析走向哲学史的察勘。

第三节　笛卡尔循环的历史渊源:以奥古斯丁与库萨为例

德国学者科伊勒(Alexander Koyre)在《笛卡尔与经院哲学》一书中认为,笛卡尔晚年完全回到了他曾想要走出的经院哲学,[①]并且所谓的"笛卡尔循环"——一方面,上帝是我们直观的对象,上帝观念比任何其他观念都要清晰,其存在比任何他物都要确定,由此通过理性演绎地证明上帝的存在,即我

---

① Koyre, *Descartes und die Scholastik*, S. 26.

思先于上帝；另一方面，上帝又是我们的存在与认识本身的最终基础、标准和合法性根据，即上帝先于我思——也不是笛卡尔的理论所独有的。科伊勒认为，所有寻求认识之客观价值的认识理论当中都会有这样的循环，认识在反思自身时都会触及一个绝对者。尤其在笛卡尔所追随的奥古斯丁-波纳文图拉-神秘主义者这一新柏拉图主义神学传统中，更是可见这一相似性。① 确实，在认识问题上，我思和上帝的关系是一个古老的话题，在基督教哲学中，从早期的教父开始就不能逃避对这一问题的讨论。但是这一相似性是否表明笛卡尔仅仅是中世纪经院哲学的继承者呢？本小节试将笛卡尔与同样处于新柏拉图主义传统中的奥古斯丁和库萨对这一问题的看法略作比较，以澄清笛卡尔思想的独特性和本质。

（1）上帝与灵魂是奥古斯丁讨论最多的两个主题。奥古斯丁在《独语录》中曾将二者作为他的学问宗旨，"我渴望知道上帝和灵魂"，除此之外别无其他。② 而奥古斯丁对灵魂的大量讨论，在很大程度上是为了认识和显明上帝。例如在《论自由意志》一书中，奥古斯丁认为，为显明上帝存在，必须考察人对自身的意识。在回答"上帝之存在是怎样显明的"这一问题时，他说，"为了把很明白的东西作为我们的出发点"，需要先回答"你自己存在吗"，对于这个问题我们害怕出错，而"我怕出错"（颇类似于笛卡尔的"我怀疑"）这一点就足以表明我存在，因为如果我不存在，我就不可能出错。③ 这也就是说：我意识到自己可能出错（即我在怀疑），故我存在，这是无可怀疑的。正是在这个意义上，奥古斯丁被视为"我思故我在"这一思想的先驱，把正在思考着的我作为确定无疑的出发点。奥古斯丁指出，我存在、我活着、我理解，是存在的三件事，都是"显然的"，是确定无疑的。④ 同时完全拥有这三者的就是人类心灵，或曰理性灵魂。⑤

奥古斯丁将灵魂作为确定的出发点，完全是为了认识上帝。灵魂是奥古斯丁思想中仅次于上帝的核心概念，他希望通过认识人的理性灵魂而寻得上帝。奥古斯丁认为，只要我们的理性灵魂仅凭它本身就认识到某种比理性更完美的永恒不变之物，它就会承认自己的低等，而认那永恒不变之物为它的上帝。所以只要理性灵魂可以证明有某物高于理性，"上帝之存在就得以显

---

① Koyré, *Descartes und die Scholastik*, S. 96-97.
② 奥古斯丁：《论自由意志》，成官泯译，上海：上海人民出版社，2010年，第8页。
③ 同上书，第103页。
④ 同上。
⑤ 同上书，第110页。

明了"①。理性通过发现真理和智慧,证明了"比理性更优越的上帝确然存在"②。同样,《独语录》一书也开始于对灵魂的讨论,因为既然灵魂是比其他造物更接近于上帝的,那么认识了灵魂在很大程度上就是认识了上帝。理性是灵魂的凝视,通过信、望、爱,它能够认识上帝,上帝是理性凝视的最终目的。③

一方面,从理性灵魂自身寻得确定性,以便认出上帝,证明上帝的存在;另一方面,灵魂的存在和认识又无时无刻不被上帝支持和引领。"我的天主,假如你不在我身,我便不存在,绝对不存在。"④灵魂能够认识上帝,这种能力本身也是由上帝赋予和引导的,"智慧(即上帝)自身治愈眼睛(即灵魂)使它被看见"⑤。这一模式看起来和笛卡尔循环颇为相像,实则仍有不同。在笛卡尔那里,经由普遍怀疑所确立的我思原则才是不可还原的出发点,对上帝的发现和证明都是从这个基础出发的。而在奥古斯丁那里,理性灵魂必须完全弃绝自我,才能够认识和接近上帝(真理、智慧),"坚定地相信上帝吧,尽可能地把你完完全全交托给他。所以说,不要选择作你自己的主人,受你自己的统治,而要表明你自己是他的仆人"⑥。"当我们勉励以求变得智慧时,难道我们不是……抛却一切时空牵连而把握始终同一的东西?……灵魂的有福生命即是上帝"⑦。

这种自我贬斥、自我弃绝在《忏悔录》中表现得淋漓尽致。奥古斯丁描述自己早年的内心体验,回忆过去生活中的污秽、淫乱、堕落、漫无节制、纵情肉欲,甚至他所获得的广博和自由的学术成就,也被他深刻反省为一种骄傲、狂妄和巧言令色。一个敏锐的灵魂在探索求知,痛苦挣扎,直到那个神秘的时刻到来,直到上帝的恩典降临,奥古斯丁顿觉一道恬静的光射入心中,感到自己被上帝接纳,这个奇迹的发生完全来自上帝的恩典,个人再孜孜以求都无法获得,恩典并不为人的意志所左右,而是突然降临到人的灵魂之上。面对恩典的降临,个体灵魂唯有感恩。感谢和赞美上帝是奥古斯丁的基本主题之一。因此,奥古斯丁的忏悔是一种仰望,是对超越于自身之上的神圣声音的聆听,意味着绝对的谦卑,意味着对超越的神性权威的优先接受。

我们可以看到,在奥古斯丁这里,个体灵魂和上帝的关系,是走出自我,

---

① 奥古斯丁:《论自由意志》,第111页。
② 同上书,第127页。
③ 同上书,第14—15页。
④ 奥古斯丁:《忏悔录》,周士良译,北京:商务印书馆,1963年,第4页。
⑤ 奥古斯丁:《论自由意志》,第24页。
⑥ 同上书,第29页。
⑦ 同上书,第129页。

舍弃自我,是完全的投入,是绝对的一跃。在这一关系中,上帝是绝对的主导,而灵魂只能由上帝引领着,谦卑地遥望和向往。我虽然可以思考上帝和他在世界上的表现,但无论是我还是世界,其美与善都来自上帝,都不及上帝。"凡在自然中发现为该受称赞的,不论是值得大称赞或小称赞,都应指向对其造物主的难以形容的无上赞美。"①上帝在万物当中,在世界当中,在我当中。另外很重要的是,上帝并非创造万物后便功成身退。"天地存在着,天地高呼说它们是受造的"②,"我的生命充满了你,才是生气勃勃"③。

(2)如果说在这个主题的论述上,奥古斯丁那里更多地是一种诗意的描述,库萨则借用了新柏拉图主义有关无限精神(上帝)和有限精神(人)之关系的思想进行系统的哲学论证。库萨把精神区分为两种:一是无限精神(mens infinita),二是这一无限者的肖像(imago infiniti),也就是人类精神(mens homonis)。④ 库萨关于人类精神与上帝关系的论说,集中体现在他的"猜想"(coniectura / Mutmassung)学说中。

猜想是人进行认识的必然模式,是人类认识的根本特点。我们对上帝、对外部事物、对自身的任何认识,虽然都是对真理的某种把握,但是都达不到真理本身,都只是猜想。这就是人类认识的猜想特性。究其原因,在于上帝与人、世界之间的既内在又超越的格局。一方面,上帝是人的认识的根本预设和确定性之所在,是人进行认识的动力和最终目标;另一方面,作为人类认识之起点和终点,上帝又是超越的,不可最终达到的,这两个方面共同构成了人类进行认识时所无法跳出的根本情境,是认识之猜想性无法消除的根源。

我们可以看到,在猜想学说中,库萨对于人类认识与上帝之间关系的论说,与笛卡尔的怀疑以及由此而来的循环呈现出某种相似的模式:(a)库萨也是从人对自己的认识的怀疑和反思出发的。在猜想的过程中,人的所有认识方式都受到质疑,因为人所获得的关于外部世界和上帝的认识,都是人的主观猜想,而不是对认识对象的完全把握。(b)人的认识的有效性和正确性最终也是由上帝确保的。对于笛卡尔和库萨来说,上帝都是人的思想的确定性和真实性的关键,上帝是绝对的确定性和真理本身,上帝的存在确保了人的认识与外在的现实性之间的关联,确保人对外物的认识,以及人自身所创造的认识(比如数学)不是一种虚假的臆想。(c)库萨和笛卡尔都承认,上帝

---

① 奥古斯丁:《论自由意志》,第 132 页。
② 奥古斯丁:《忏悔录》,第 234 页。
③ 同上书,第 209 页。
④ Nicolaus von Kues, *De coniecturis*, in *Philosophisch-theologische Werke*, Lateinisch - deutsch. Mit einer Einleitung von Karl Bormann, Band II, Felix Meiner Verlag, Hamburg, 2002, I, 2 n. 7.

是人的认识无法完全达到的。

但是,在这种表面类似的背后,笛卡尔的怀疑与库萨的猜想实际上是非常不同的,这一点可以从深浅不同的几个层次来讲。

首先,笛卡尔怀疑的最终目标是为了不怀疑,通过质疑一切未经反思就接受下来的观念,最终达到认识的确定无疑的出发点,给予人的认识以合法性。也就是说,对笛卡尔来说,怀疑是工具性的,是人在达到确定点之后就可以扔掉的,无需继续怀疑;而在库萨那里,怀疑(猜想)是人的根本境遇,就是人的生存的基本处境,人无法摆脱,人始终都能够意识到自己的认识的局限性和不确定性。

其次,在笛卡尔的怀疑中,虽然上帝对于我的认识的确定性有至关重要的作用,但是与库萨相比,神性在笛卡尔那里更多地是一个辅助概念,是为了确保人的认识的正确性。而且笛卡尔是通过追问人所具有的上帝观念的原因而反证上帝的存在,即从上帝的作用(留在我当中的印记)而追问到其原因(上帝),这种追问更多地是人从自身出发,对无限者之地位进行的一种设定。而在库萨那里,神性本身是毋庸置疑的,上帝是一切人类精神活动的前提,是使一切思想活动,以及世上万物的生成与毁灭得以可能的根本动力。没有上帝就根本没有怀疑可言,它不是可有可无的,而是一切存在、一切活动的绝对前提。我们的认识的真理性是可以怀疑的,但是上帝的存在和他对我们的善意是无可怀疑的。

由此,库萨和笛卡尔的怀疑的根本差异在于,在库萨这里,上帝对于人和万物的内在支撑,以及万物对上帝的绝对依赖,是人在怀疑自己的认识时无法跳出的根本情境,这是人进行怀疑的根本前提,因而是不可怀疑的,人的一切活动都要基于上帝的内在作用之上才能进行。而在笛卡尔这里,他的怀疑则跳出了这一情境,人在上帝的作用之外重新设立了一个新的立足点,也就是我思本身。从这个点出发,人外在地以一种看似非常客观的、冷眼旁观的视角来看待和审视上帝对于我们的意义。可以说,这种新视角实际上已经脱离了对于中世纪人的生存而言不可缺失的上帝这一维度,脱离了中世纪人生存和思想的基本土壤。

综合上面的几点,我们可以发现,在表面的相似性背后,在人类认识与上帝之间的关系这一点上,库萨和笛卡尔的看法是全然不同的。当然,我们并不是要从上述比较中,在他们之间一较高下,或者判定谁是正确的,谁是错误的。因为思想史的发展往往是不同的世界意义结构之间的释义学转换,无法用简单的对错来衡量,我们只是试图通过上述的比较来表明,库萨和笛卡尔两人的时代情境不同,思想的目的不同。笛卡尔只是要通过人的怀疑最终找到人可以从自身出发安心进行认识的方式,是为了可以从自己的思想出发,获得确定的观念。而库萨那里的怀疑则是为了以人所能够达到的方式尽力去理解神性,理解神性与自己、与世界之间的息息相关,有限精神认识的内容和目的就在于挖掘上帝与万物的关系,而不是在寻得的确定基点之上认识、定义乃至掌控一切。

库萨与笛卡尔两人生活的时代相去不远。但在库萨这里,我思不能成为一个确定无疑的出发点,认识和行动着的人对自己的内心是不确定的,人的内心和外部事物始终是以人无法完全地、真正地把握的方式而存在的。因为无限者内在于每一物当中,所以每一物都不是可被完全理解与把握的——即便在理论上而言。彻底的确定性在人类精神这里是绝不可能找到的,人只能战战兢兢地以猜想的方式,尽可能地去接近真理、去猜想存在于万事万物当中的上帝。

小　结

现在我们可以回过头来审视一下笛卡尔循环了。毋庸置疑,与同时代人的一般看法颇为不同的是,上帝在笛卡尔循环中依然占据重要的一环。舒尔茨正确地指出,在笛卡尔那里,上帝与人依然处在同一种存在整体关联(Seinszusammenhang)中,在人的认识中,上帝不可或缺,只有通过上帝,有限的我思才能获得对事物的最终的确定性,否则一切认识都可能只是自我的构想,或者是某个恶魔的欺骗。人虽然可以怀疑一切,但却不能凭自己的力量对事物达到确信(Sicherheit)。[1] 永恒真理并不取决于"人的理智"或"事物的存在",而是"仅仅取决于上帝的意志"[2]。在这个意义上我们确实可以说,对于人类认识而言,笛卡尔循环是必需的和必要的。因为正如科伊勒所分析的那样,我思作为有限的存在,其一切观念都预设了无限观念,因而后者是不可怀疑的,并且对任何观念的分析都会引向上帝观念。[3] 但是笔者认为,我们并不能因此得出结论说,笛卡尔在根本上又回到了他想要走出的经院哲学。和中世纪哲学相比,上帝在笛卡尔哲学中的地位已经大不相同了,上文中与奥古斯丁、库萨思想的对比已经澄清了这一点。

和中世纪上帝自身具有崇高地位不同,在笛卡尔这里,上帝之所以能具

---

[1] Schulz, *Der Gott der neuzeitlichen Metaphysik*, S. 23-28.
[2] 笛卡尔:《第一哲学沉思集》,第421页。
[3] Koyre, *Descartes und die Scholastik*, S. 112-113.

有创世主的地位,乃是以理性的承认与设定为前提的。笛卡尔指出,一个无神论的数学家也能正确设想勾股定理,但是当他遭遇怀疑时,就无法获得确定性,原因在于勾股定理真正的基础在上帝那里。因此数学的正确性必须要由一个善意的上帝加以保证。① 笛卡尔著作中固然也不乏对上帝的赞美,但这仅仅是出于对知识的确定性的寻求。当有了对"上帝不是骗子"的确信之后,我们就可以抛掉怀疑了,我思就可以运用自己的力量放心大胆地去获得关于外部世界、关于自身、关于上帝的知识了。在这个意义上我们可以说,对于笛卡尔而言,只有当人承认上帝及其理性时,才能获得此确定性。笛卡尔那里真正的确定性的获得需要以人对世界格局(包括上帝在内)的理性承认为前提。

上帝,在笛卡尔的眼中,就是自然,或者是"上帝在各造物里所建立的秩序和安排"②。上帝作为造物主,是制定世界规则的力量,对于我思来说,上帝的存在保证了世界的规则性和可把握性。世界上的东西之所以是好的,"其理由取决于他(引者按:指上帝)愿意把它们做成这样"③。我思作为有限的存在,固然还不能取代上帝的地位,但是我思却可以基于对世界秩序性(上帝)的确信,去理解和把握这个世界。笛卡尔的我思相比上帝虽然是有限的存在,不及上帝那么完美,但是却有了以自身为出发点寻得确定性,理解和把握世界秩序性的力量和思路。表面看来,笛卡尔的我思依然尊敬上帝,尊敬无限的秩序自身,但是这种尊敬已经没有了中世纪那种全身心仰望和投入的情形。这也是为什么近代人都开始将自然当作上帝手写的书,在自然中去发现规律、发现上帝,为什么近代神学日益成为自然神论直至成为无神论的原因所在。

近代哲学的特点之一就是,思想的主体越来越把外部世界编织进自己的自我的内部,从而尽可能地摆脱外部的束缚,人在自己的内部才能获得自由。这是自笛卡尔以来的趋势。相比而言,先于笛卡尔两个世纪的库萨尚未处在这个趋势之中,在他那里,和在奥古斯丁那里一样,人是被上帝(无限精神)引领的,他更多是要在自身中、在外部世界中处处发现神性,进而寻求向神性上升,并且这种向神性的上升才是通向自由和救赎的道路。比照之下,在某种意义上甚至可以说,笛卡尔和启蒙的那种自以为能够建构一切的主体,可能在中世纪人看来就反而是一种脱离根基的抽象主体。

简言之,笛卡尔认为,就人与上帝之关系问题,我们可以说人在认识的意

---

① Schulz, *Der Gott der neuzeitlichen Metaphysik*, S. 60-61.
② 笛卡尔:《第一哲学沉思集》,第 85 页。
③ 同上书,第 420 页。

义上优先,而上帝在存在的意义上优先。因为我如果不思维,一切都无法向我显现,就连上帝也是可以怀疑的;反之,如果上帝不赋予我存在,不赋予我如此这般思维的能力,上面这种确定性也是不可能的。但问题的关键是,我们与其追问我思与上帝何者优先,以及在何种意义上优先,不如追问一下中世纪到近代之问题情境发生转换的根本原因,因为只有那种原因才决定了二者各自在哪种意义上具有哪种优先性。因此比上述关于两种优先性的结论更好的一种说法是,二者都不是绝对优先的,二者都以一个涵括了双方在内,并赋予双方以各自的地位和意义的一个彻底内在的世界整体结构为前提。

笛卡尔自己没有彻底澄清,而对后来的整个近现代哲学又影响至深的一个问题是,自我与上帝这二者在笛卡尔那里处于一个内在世界中,都以这个内在世界为前提。所谓"内在的世界",是相对于人的理性而言的,它表示这个世界上的万物在原则上都是理性可以理解、定义乃至可以掌控的,事物无论崇高与卑下,无论美与丑,无论善与恶,都不是因为其本身才崇高与卑下、美与丑、善与恶,而是因为理性承认它们如此这般,才能如此这般;中世纪意义上完全超越于理性之外的那些因素,比如某个面向上的上帝,在近现代世界观里是找不到的。而那些不被理性承认的事物,也有其特定的领域,因为它们被界定为虚幻、蒙昧或不科学的了。在理性看来,这个内在世界有一整套合法性规则,理性的任务并非认识那些完全陌生的事物(因为一切都处在理性的辖域之内了,即便不被理性承认的事物,也都有其定义,在这个意义上而言,原则上不存在理性完全陌生的事物),而在于确定这些合法性规则(笛卡尔那里对规则的最典型说法就是"清楚明白",以及他的《谈谈方法》和其他许多方法论论述)。而近代思想史上种种思想体系与学说之间的争论,无非是关于规则之类型(天赋的还是经验的,先验的还是历史的,比如莱布尼茨批评笛卡尔关于"清楚明白"的标准,说那只是意识的标准,而不是事物本身的标准,但他自己只是进一步补充了这个标准而已,并没有质疑内在的世界结构)的争论,而不是规则之有无,或内在世界之存废的争论。

不难发现,后世延续了这样的内在世界观,比如斯宾诺莎的实体-属性-样态三个层面的世界结构,莱布尼茨先定和谐的单子世界,康德的先验认识结构,都是在内在世界中找到的一些合法性规则,它们的目的都是为了给理性提供确定性,使人能以一种独一审核者的姿态安居于世。他们的自我观和上帝观,也是以这个世界结构为前提的,因而问题的焦点在于一个整体性世界结构,而不在于作为整体之组成部分的自我或上帝。

第九章　斯宾诺莎实体学说的内在性预设

正如韦伯(Max Weber)的新教研究和泰勒(Charles Taylor)对拉丁西方世界信仰变迁的系统考证所表明的,近代早期的宗教、政治、伦理都开启了一个大规模世俗化的过程。在那个自然神论与泛神论大彰的时代,斯宾诺莎《政治神学论》的出版令宗教界惊骇莫名,大加挞伐,这当然不难理解;可是他的《伦理学》分明又赋予上帝极其崇高的地位,这似乎能证明他依然在坚守传统的上帝形象。难道这两部著作相互抵消了吗?究竟斯宾诺莎的上帝是中世纪式的超越性人格神,还是在内在性的基础上被重建起来的世界秩序的顶点?这个问题不仅仅涉及对斯宾诺莎的某个文本或问题的单纯考据,还间接涉及整个近代思想的定位。我们不妨将斯宾诺莎的实体学说(含实体-属性-样式的层级结构,下同)当作典型案例,借以透视近代思想中的绝对者究竟居于何种地位,以及近代人的世界构想有何结构性特征。斯宾诺莎的思想极具古风,强调形式的引导与奠基作用,另一方面又和近代众多思想家一道主张世界的内在性,古今许多线索在他那里纠缠在一起,殊难把握。本章先梳理从笛卡尔到斯宾诺莎的实体学说及其要害,再考察斯宾诺莎所体现出的近代思想的一个根本特征,即理性的无限性与实体的内在性这二者之间相互支撑的整体格局,最后以身心关系为例展示这种内在性的结构。

第一节　从笛卡尔到斯宾诺莎

关于笛卡尔那里究竟上帝优先还是我思优先的问题,西方学界素来有"笛卡尔循环"之说。该说法认为笛卡尔先是通过普遍怀疑确立了"我思故我在"这一根本原则(《第一哲学沉思集》"第二沉思"),可是随后由于需要上帝保证外部世界的实在性,又将上帝从"后门"放进来了("第三沉思"),这里面有一种深刻的矛盾。正如笔者在他处考证过的①,所谓的"笛卡尔循环"其实算不得什么矛盾,因为它只是某种更深刻的统一性的貌似"矛盾"的外在表现而已,那种统一性便是内在性世界本身。这就是说,只有在一个原则上能被人的理性彻底理解的世界中,才能有意义地谈论我思对于上帝的怀疑与再度接受,也才能有意义地谈论上帝对于身外之物的实在性的保障,至于内在性世界之外的因素,那就不再是笛卡尔以降的思想家所关心的事情了。②

自此以后,思想界关心的是内在性世界中是否有恒定的秩序,如果有,又该如何认识它。换句话说,人们关心的是该如何在这个世界上为自己建立起一套密不透风的合理性结构来,万物因为被关联于这个结构之中而具有了确定性。那是一种普遍的秩序,或者用黑格尔在《精神现象学》中的话来说,那是作为类的事物的规律或本质。只要认识了普遍秩序,个别的事物即便再纷繁复杂,也无非是那秩序的外在表现。为了达成这个目标,人们采取了各种不同的路线,比如经验论和唯理论在这个问题上就堪称异曲同工。经验论看似用原原本本的感性经验来衡量知识的真伪,实际上在经过现象学和分析哲学洗礼的当代人看来,它所谓的感性经验其实也是理性的一种建构物。其实单凭这一点并不足以驳斥经验论,因为感性经验是可以按照当代哲学的思路加以细化和修正的,这一点也并不妨碍经验论以感性经验为尺度来衡量知识真伪这一方法本身的有效性。经验论实际上是在人类理性的主导下,通过对经验的发生学考察,从最直接的感知出发逐步生发出更抽象的知识,它是内在性秩序观常见的两条路线之一,即从感性的、质料的一端走向共相的、形式的另一端。笛卡尔之后的唯理论则不同,它更强调形式一面(如天赋观念)的在先性。它并不是直接将经验论颠倒过来,认为天赋观念生发出了感性经验,而是根本超出了发生学的思路,它重视的是实体(斯宾诺莎)或先定和谐(莱布尼茨)的根据性和引导性——其实这一思路中已经颇见康德先验演绎论的雏形了。经验论和唯理论采取的路径虽然不同,但其终极旨趣却是相同的,它们都希望在世界内部找到一个能贯穿世上所有层级的事物的整体性结构,只不过经验论强调的是这个整体性结构只能在世界内部生成,而唯理论

---

① 李华:《我思、上帝与世界——论"笛卡尔循环"的内在性根据》,载《云南大学学报》(社会科学版)2015年第6期。
② 实际上正如有的学者所表明的,笛卡尔那里依然保留了上帝的超越性一面,而且这一面似乎对笛卡尔的论述构成了挑战,见雷思温:《笛卡尔永恒真理创造学说的内在悖论》,载《世界哲学》2015年第3期。但如果考虑到笛卡尔实际上颇有保留地将自己的关注点限制在内在性世界的范围内(正如该文后面部分引用的话所表明的),那么其实并不存在"内在悖论"。

则强调它独立的、普遍的根据性。

在此背景下再来看斯宾诺莎，我们就容易抓住他的实体学说的要害了。① 拿后人对斯宾诺莎的印象来说，有三种观点最流行：通常人们以斯宾诺莎强调必然性的一些句子为依据，认为他那里全无自由，只有绝对的必然性；康德判定斯宾诺莎的哲学是理性的独断论，这种说法在后世的哲学史叙事中沉淀下来，人们普遍认为康德纠正或超越了斯宾诺莎；黑格尔从他关于"真的东西既是实体也是主体"的立场出发，反过来认定斯宾诺莎的实体缺乏主体性，是一种惰性的自然事物。这些看法在后世的影响都很大，但笔者以为，这三种观点虽然多少都反映了斯宾诺莎实体学说的某个侧面，却并没有抓住这一学说的内核，而只是在描述这一内核的某种外部表现。下文试分别论之。

斯宾诺莎在自由与必然关系问题上的论述颇见古风。在他看来，一方面人当然不是石头、树木或动物等相对比较惰性的存在者，人有强烈的自发性和自主性，但另一方面人的自由意志又不是任意胡来，它以实体本身为依据，而实体本身就代表一种方向。斯宾诺莎并不是一个宿命论者，他不认为人没有违逆此方向行事的能力，而是说真正的自由意志必须以实体为根据，必须照此方向行事，才能成全自身。其实他的这一论述并非后继无人，恰恰相反，我们在康德实践哲学关于自由意志、道德与理性之间的关系的看法中分明能看出这一思想的回响，德国观念论对斯宾诺莎的思想继承更不用说。斯宾诺莎在人的自由意志②与下坠的石头之间所作的著名类比，或许会让后来的思想家们激愤不已，但这并不妨碍他与许多主张意志自由的人在思想实质上的相通性。

康德说斯宾诺莎哲学是独断论，主要是批评他没有以自我的体验为基点进行系统的先验演绎，即没有通过时间或图式在人类切己的感性表象与普遍概念之间建立一条连贯的通路。但康德或许没有想到，斯宾诺莎本来就不是站在主体意识的立场上对世上万物进行合理性审核，因而在他那里并不存在是否要进行康德式的先验演绎的问题。我们既然可以接受晚期费希特、谢林和黑格尔走出主体意识立场之外的尝试，为什么就不能站在内在性世界本身这个近代思想之"最大公分母"的基础上，将斯宾诺莎的实体学说当成在此世界上建立合理而完整的内在性秩序的一种努力呢？斯宾诺莎的确没有致

---

① 这里所说的"要害"，既是指斯宾诺莎本人所认为的实体学说的核心，更是指站在一定的历史间距外的我们从这一学说中看到的问题的关键。
② 实际上，斯宾诺莎将将自由等同于"依理性的指导而生活"，亦即主动依从世界的内在秩序而生活。见斯宾诺莎：《伦理学》，贺麟译，北京：商务印书馆，1997年，第222页。

力于打通主体意识与实体,而是将前者作为一个能动的因素嵌进实体的整个结构中去了,但这种做法依然是近代理性审核世界并建立整体秩序的一种尝试,是内在性世界观的产物。关于康德对斯宾诺莎的判定是否公正的问题自可另行讨论,这里只需看到斯宾诺莎并没有像我们通常以为的那样提出一些连他自己都不能说服的主张,他的"独断"做法的背后其实有更深层次的理据。

最后,以黑格尔的立场观之,斯宾诺莎只见实体,未见主体。黑格尔所说的当然不仅仅是前述第一种观点所关注的自由意志问题,而是实体本身是否具备主体性的问题。如果我们抛开哲学史上"谁战胜了谁""谁纠正了谁"这种简单的图式化偏见,稍稍留意一下斯宾诺莎与莱布尼茨的深层次关联,就会发现斯宾诺莎那里不是没有主体性,他只是更强调实体的根据性,而将主体性"埋"进实体的根据性中了,或者说从这种根据的方向界定主体性(比如对善的欲求)而已。他的学说其实与学界公认的强调主体性的莱布尼茨学说在基本架构方面颇有相通之处,二者绝不是水火不容的关系。他的学说只要往主体性方面稍作推进,就可以发展出莱布尼茨那类以先定和谐为根据的主体观来,这一点容后再论。

对于当代人而言,斯宾诺莎实体学说的要害其实是有限与无限的问题,即内在性问题:斯宾诺莎认为理性的权能是无限的,而不像谢林之后的现代哲学认为的那样是有限的,而理性的无限性又与实体的内在性构成某种相互支持的整体格局,正是这一整体格局在根本上规定了斯宾诺莎哲学的近代性,使之不可能意识到理性的有限性。具体而言,个体之人无论从意志、情感还是理智来看,他在生活中都无法穷尽实体于万一,然而哲学家却能代表人类理性"在永恒的形式下看待事物",故而既能使上帝(实体)归于最崇高之位,又能洞彻一切个体事物通过层级式表现与欲求实体而扎根于实体之中的情形。由于这种理性与实体相互支持的整体格局明显塑造了此后的近代思想,并构成现代思想意欲批判的目标,因而我们接下来要考察的问题自然是:这种整体格局究竟是如何可能的?

第二节 理性的无限性与实体的内在性

在唯名论、人文主义与启蒙思想盛行的近代前期,理性的无限性并未成为人们系统关注的一个主题,相反人们往往因为并未明确区分人类理性本身与个人的理智,同时由于看到个人理智承认自身的有限性,将绝对者推崇到极高的地位,因而看不到理性的无限性。然而卢梭以及受其启发的德国古典哲学逐渐使这个问题大白于天下,谢林的"肯定哲学"对此问题探入尤深。斯宾诺莎没有反思理性的无限性,而且没有意识到上帝的至高地位其实是以理性的承认为前提的,换句话说,他没有看到理性才是一切的总根据,反而认为理性之人对上帝的称颂与追求,对上帝在世界内的种种"表现"的描述,才是世间之人对待生命与上帝的正途,由此人可以通达至善与至高幸福。但他没有意识到,他客观上将一个权能更大的第三者——人类理性——嵌入到个人与上帝之间,甚至可以说以这种理性为个人和上帝的共同根据了。我们先考察斯宾诺莎那里理性的无限性,以及由于这种无限性而自然产生的局面,即他对人的生存与善恶、幸福等相关问题的定位,然后在此基础上探究理性何以具备这种无限性,以便引出实体的内在性的问题。

众所周知,斯宾诺莎毫不犹豫地将上帝等同于自然,或者更准确地说,等同于我们所生活的这个世界内部蕴涵的永恒秩序,而且直言这种永恒秩序是理性可以彻底认识的。这里且抛开主张神的人格性存在的那些神学家与哲学家对他的指责不谈,我们只关注斯宾诺莎本人要表达的意思。

人们常将斯宾诺莎称作泛神论者,这主要是鉴于他将上帝等同于自然:"那个永恒无限的本质即我们所说的上帝或自然。"①正如前文所说,这里所说的自然并非直接指我们眼下的一个个具体的自然事物,它的关键在于作为其本质的内在秩序。而斯宾诺莎确立神的非人格性的主要根据是,上帝在自然的这种内在秩序之外并不具备任何独立自主的存在:"因为若是一面谓自然及自然秩序出于上帝的命令(ordine)②,而一面又谓上帝能令自然及自然秩序改观,……这无异于说除了现有的意志与理智外,上帝尚有别的意志与理智。"③这恰恰是作为近代人的斯宾诺莎不能接受的,因为他认为作为自然的上帝在理性面前应当是透明的:"一切事物,如果不能通过他物而被认识,就必定通过自身而被认识。"既如此,理性必定明白一切事物之所以如此这般存在的原因,"自然中没有任何偶然的东西,反之一切事物都受上帝的必然性所决定而以一定方式存在和动作"。即便那种认为上帝创造自然的计划有缺陷,因计划的缺陷而造就了自然界中的一些缺陷之物的看法也是不可接受的,因为"在自然界中,没有任何东西可以说是起于自然的缺陷,因为自然是永远和到处同一的"④。这就是说,理性所认识到的内在秩序就规定了

---

① 斯宾诺莎:《伦理学》,第167页,译文有改动,以下对该书的引用也偶有改动,不另说明。
② 值得注意的是,在许多西文(包括拉丁文)中,秩序与命令往往是同一个词。
③ 斯宾诺莎:《伦理学》,第34页。
④ 同上书,第4、29、97页。

自然的一切，自然没有在理性面前隐藏任何部分并使该部分不受这秩序的管辖，一切事物的规律与本质本身都没有缺陷和中断，缺陷唯在于体现规律与本质的个体事物。① 这并不是我们的过度解读，因为斯宾诺莎本人明确说过："一切事物……有秩序地紧密联系在一起竟致没有真空"②。或许有人会对理性的无限性提出质疑，说斯宾诺莎明确讲过神"有无限'多'属性"③，但我们不要忘记，斯宾诺莎同样还主张我们只需在人类理性所能理解的两种属性下看待神，那两种属性便足以表现神，因为"每一个属性都各自表示它的某种永恒无限的本质"④。由此可见，判定理性的无限性的关键并不在于哲学家是否宣称上帝有其超越性的一面，而在于他是否只以理性能理解的方式看待绝对者，并认为这种方式是完满具足的，至少对于人类在世间的生活而言是完满具足的。

有了对上帝这个最关键因素的界定，万物的情形便都不在话下了，斯宾诺莎认为，上帝是万物的内在因、始因、致动因和持存因。⑤ 换言之，我们对万物的本质及其原因的探求只需在这个世界内部便可完成。理智与科学的任务无非是摸清楚世界的内在秩序与尚待解释的具体现象之间的通路与脉络。而且我们在探索之前其实就可以断定，那样的通路与脉络是确乎存在的。这里且不说其他事物与上帝这个实体的关系，我们仅以人的生活与幸福为例来演示这一点。

斯宾诺莎在主题性地考察理智时显然并没有想到我们谈论"理性的无限性"时所说的那个理性，他想到的是个人的现实的理智（intellectus actu），他认为这种理智固然可以追求向神的无限思维发展，但毕竟是以后者为前提，最终以内在的永恒秩序（上帝）为前提的，也就是说它是从思维属性一面表现那永恒秩序，就像意志、欲望、爱一样，因而它只能算作"被动的自然"⑥。意志惟其是这种表现，因而在根本上是受永恒秩序规定的。这就意味着，人固然可以任性地随意行动，但不顺乎永恒秩序的那种意愿已经不能算作意志，而是一种动物式、质料式的无方向状态。正是在这个意义上，斯宾诺莎才说"意志不能说是自由因，只能说是必然的"⑦。（当然，斯宾诺莎在论证的时候不仅从这个根本的层面着手，他还提到在现实生活中意志受各种具体原因

---

① 这一思想与后来莱布尼茨的"完满世界"说和连续性学说无疑是相通的。
② 斯宾诺莎：《伦理学》，第17页。
③ 同上书，第3页。
④ 同上书，第10页。
⑤ 同上书，第22、26页。
⑥ 同上书，第30页。
⑦ 同上书，第31页。

的牵制,这一思路与我们的讨论并不矛盾。)由此明显可以看出,斯宾诺莎并不是一个宿命论者,人的主动性在他看来不仅是必要的,而且还是人的生命得以成全的唯一道路,因为人如果像服从宿命一般听任身外之物的摆布,无所作为,那就会产生恶。①

反之,努力追求认清世界中的永恒秩序,并依从这种秩序的要求而生活,那才是"至善或最高幸福""最高快乐或幸福"②。而这恰恰合乎理性的本性:"理性的本性在于在某种永恒的形式下来考察事物。"③可见斯宾诺莎所谓的追求对上帝的知识,并不是在世界之外去设想一个玄妙高远的东西,而只是探求每一事物与永恒秩序的关联,即了解每一事物在这个世界内部所当处的地位与所当是的状态。

在大体弄清理性的无限性及其与生活之路的内在关联之后,紧接着便须思考理性的无限性究竟何来的问题。从历史的角度追问理性如何从中世纪"信仰的婢女"的角色中挣脱出来,逐渐具有如今这般巨大的权力,这个课题当然极有趣味也极富挑战,但并非本章的目的。为了更全面地看清理性的实质,我们不妨看看事情的另一个面向,即实体的内在性,它与理性的无限性构成了一体之两面,而且双方互为证明:理性的无限性向人们表明一切都应纳入它的理解之下,实体作为内在性秩序的核心,当然首当其冲;而实体的内在性,即它与属性、样式这三者之间逐层表现与逐层追求的层级结构,也反过来证明我们完全可以在世界内部用一套合乎逻辑的话语来描述这个世界,并解释一切具体的现象。这就是说,万物的真理和本质就在世界内部,这样一来,我们完全不必像古代和中世纪那样在人的理性之外去设置什么更高的秩序了。我们接下来通过考察实体的层级结构,看看实体的内在性。

斯宾诺莎认为世界的核心秩序就是实体-属性-样式的三级结构。对于这三个层级之间的关联机理,近世学者多有讨论。18世纪初以来以倍尔(Pierre Bayle)为代表的传统学者认为属性和样式是"寓于"或依附于实体的,但20世纪60年代末以柯莱(Edwin Curley)为代表的一批学者批评传统学者将斯宾诺莎的实体混同于从亚里士多德直至笛卡尔为止的传统实体概念,即将斯宾诺莎的实体也当成承载多种性质的主体了,但这种理解并不适用于斯宾诺莎。柯莱认为,斯宾诺莎的实体不是诸性质依附其上的基底,而是存在的原因,因而属性、样式与实体之间的关系是一种因果关系。但因果性解释的短板是将实体仅仅当作创生的自然(natura naturans),将它与作为被生的自

---

① 斯宾诺莎:《伦理学》,第229页。
② 同上书,第94、228页。
③ 同上书,第84页。

然(natura naturata)的样式截然分开了,这就直接与斯宾诺莎关于实体既是创生的自然又是被生的自然的说法相矛盾了,而且使得实体仅仅成为样态的外在原因,而不是内在原因(这也与斯宾诺莎本人的说法相冲突)。因此柯莱的解释模式在最近三十年来虽然占据了主流地位,却也无法说服贝内特(Jonathan Bennet)等一批依然拥护倍尔观点的学者。①

这两种解读方式都有一定的道理,因为"寓于"与"因果"本是内在性秩序的题中应有之义,都可以在斯宾诺莎那里找到相当多的文本"依据",然而问题的关键在于:我们是否并未站在西方层级宇宙观的漫长谱系中来理解斯宾诺莎及其创新之处,而是以今人熟悉的一种外在化、现成化的方式在理解这里的"寓于"与"因果",因而无意中将本不属于斯宾诺莎的意思读进他的文本中去了?我们看到,即便两种解读中相对比较强调各层级之间内在关联的倍尔一派,其实也犯了时代倒错的外在化解读的错误,因为在近代内在性世界观下,斯宾诺莎的实体其实成了世界本身自我投射而成的一个核心或本质,它虽然极力追求古代或中世纪意义上的那种秩序的实在性,却难以成为古代或中世纪意义上的那种主体,而只能与作为它的表现的个体事物互为解释。这种局面恐怕是倍尔未曾明确反思过的。

在斯宾诺莎研究界,除了上述两派之外,德勒兹的名气也不可谓不小。他慧眼独具,发掘出"表现"这个主题,他对各层级之间关系的解读也每每令人拍案叫绝。然而很不幸的是,他将过多的后现代主义去中心化、去结构化的思维读进斯宾诺莎,同样掺进了许多原本不属于斯宾诺莎的意思。②

层级宇宙观在西方是一个古已有之的传统,绝不是什么新鲜事物。撇开神学界的讨论不谈,在哲学思想界影响比较大的就有普罗丁与库萨的层级结构。而要奠立这类结构,就必然会涉及各层级之间的关系问题,对此他们给出的解释分别是"产生-回返"与"内包-外展"之说,后者虽然在基督教语境下产生,但也受益于前者颇多。两种学说都认为在上的层级既是在下的层级的根据与源头,又是在下层级的追求目标,因此世界上同时存在着两个方向的运动:由太一(普罗丁)或上帝(库萨)向具体感性事物下降的运动和由后者向前者攀升的运动,事物总是同时处在这两种运动中。比照之下我们不难发现,这条线索一直延续到19世纪谢林的天启哲学那里。而斯宾诺莎便是这个大的谱系上的一环,他用来解释实体、属性、样式三个层级之间关系的"表现-欲求"模式同样是这个思想谱系的产物。与普罗丁、库萨相同的是,

---

① 吴增定:《斯宾诺莎哲学中的实体与样态》,载《云南大学学报》(社会科学版)2013年第4期。
② 同上。

斯宾诺莎同样将上帝作为万物的根据和目的,而没有像现代唯物主义、经验主义或实证主义那样以经验、现象或社会生活为归宿;但与前人不同的是,斯宾诺莎是要在一个彻底内在的世界中建立起一种实体与样式互为支撑的秩序结构,换句话说,上帝虽然是根据与目的,但这个根据与目的又是在世界之内的、理性的理解范围之内的,上帝作为各种形式中最高的形式,却是以内在性世界本身为母体的,在这一点上他又与谢林站在了同一阵线上。

斯宾诺莎在解释各层级之间关系时,秉持的是一种相当古典的形式观。和现代唯物主义、经验论等习惯于从"质料生出形式"的角度解释形式不同,斯宾诺莎承继了巴门尼德以来将形式当作引导性、规定性的本原的前现代思想传统,认为形式不是后发的、被质料生出的,而是对事物的存在起着根本定向作用的根据,它在源初性程度上丝毫不比质料低。在这种古典思想的影响下,斯宾诺莎认为现实世界的存在本身便是对万事万物的内在秩序的最有力显示,世界的内在秩序是世界的必然性条件。因而在斯宾诺莎看来,作为最高形式的实体必然存在,或者说它的本质就包含了存在。[1] 甚至可以说一切存在者都存在于上帝之内[2],这并不是在神学的上帝创世说的意义上讲的,而主要是因为实体才是使得一切样式能被设想的形式根据。

其实这个思想并不难理解。可以设想,在一个没有"笔"这个形式存在的世界,比如在原始人的世界,即便我们拿一支笔过去,它也不可能作为"笔"而存在。这还只是"笔"这一种形式不存在的情形,在原始人那里,笔不作为笔存在,却还可以作为武器存在,但我们完全无法设想一个所有这些形式全都不存在的世界,尤其是善恶、真假、美丑这些根本形式更不能缺乏。而实体其实就是世界上的一切形式的根本统一性,或者说善恶、真假、美丑这些方向性形式的总方向。在这个意义上说,一个没有实体的世界是完全不可设想的。

具体事物即是在两个面向——思维和广延——分别表现这实体的结果。用斯宾诺莎自己的话说,属性是实体的表现,而特殊事物作为样式又是对神的属性的表现。[3] 当然斯宾诺莎并不是一个只喜欢抽象概念的人,他看到世界的复杂性远超上述这种抽象的描述,他明确指出,从根本原因上讲,具体事物的存在固然是对它的本性(即根本形式)的表现,但从具体原因上讲,生活中的种种具体关系、自然规律也是事物如此这般存在的理由。[4] 但正如前文

---

[1] 斯宾诺莎:《伦理学》,第10页。
[2] 同上书,第15页。
[3] 同上书,第10、27、28页。
[4] 同上书,第11页。

已经揭示过的,自然规律的存在并不意味着人就要像其他没有自主意识的物种那样随波逐流,恰恰相反,人只有发挥自己天赋的理性能力与实践能力,追求与自然秩序的和谐一致,才不至于陷入恶行。①

这就涉及层级宇宙观中在下层级向在上层级的欲求(conatus)②的问题了。斯宾诺莎所说的欲求决不仅仅限于人,而是涵括了一切物类,只不过不同物类欲求的方式不同罢了,人的欲求方式最自觉而富于理智。在上层级对于在下层级的奠基同时就意味着在下层级对于在上层级的欲求,否则在下层级根本无以维持其自身的存在,在这一点上斯宾诺莎实体学说与古典思想中的层级宇宙观是完全一致的。但和古典思想中形式一极对于质料一极的绝对优先性以及在上层级对于在下层级的绝对自主性不同的是,实体与样式在斯宾诺莎这里实际上是相互支撑的。这并不是说每一方都靠另一方创造出来,而是说每一方的意义与功能都只能在它们双方构成的那个整体结构中才得以存在。因此在斯宾诺莎这里,事物欲求实体的原因和目的都被解释成自我保存,而且自我保存被规定为事物的"现实本质",它甚至被视为德性的根据,而德性则被当作力量。③ 这完全是一套功能化的术语。熟悉近代哲学的人固然不至于将这里的"自我保存"简单等同于自私自利,但实体与样式相互支撑的关系格局作为内在性世界的最终目的这一点已经昭然若揭。作为极有古风的近代思想家,斯宾诺莎固然也强调对上帝的知识就是至善和最高幸福④,但这位上帝在他眼中已不是古代或中世纪那种凭其自身便居于终极根据地位的最高形式,而是被他称作"本性"的一种内在性秩序的顶点,既然这种秩序内在于世界,它的顶点便无法单凭其自身就占据终极根据地位,它的至高地位的确立实际上依赖于另一极的具体事物对它的追求。

所以斯宾诺莎出现下面这些论断,就再自然不过了:对事物的好坏的判断源自于人的欲求,人欲求的对象便被判定为好;具体事物的善恶只是指对于我们人的存在的补益或妨碍,关于善恶的知识只是我们所意识到的情感本身。⑤ 这里功能化的意味极为明显。这不是由于斯宾诺莎太过机械化,或迷信现代的自然规律胜过古典的永恒秩序,而是因为他眼中的世界是一个由内在性秩序彻底贯穿了的功能化世界,当他自以为在哲学中将上帝奉为至尊时,天国的门实际上已经对这个世界关闭了。

---

① 斯宾诺莎:《伦理学》,第235、229页。
② 当然,斯宾诺莎区分了两类欲求,与心灵相关联的欲求永远善,其他欲求可善可恶。为了论述的方便,本章中主要涉及前一种欲求。
③ 斯宾诺莎:《伦理学》,第106、148、183、171页。
④ 同上书,第94页。
⑤ 同上书,第107、176页。

第三节　身心关系的例子

如果我们的考察就此止步,未免稍嫌抽象宽泛,下面我们以斯宾诺莎的身心关系学说为例来进一步深化前文中的考察。内在性作为斯宾诺莎实体结构的基本预设,对他的思想的各个细部都产生了根本性影响,身心关系便是一显著的例证。通常我们认为笛卡尔奠定了身心二元论,这种二元论纵贯整个近现代思想,造成了后来康德、胡塞尔的先验意识困境,也反过来为强调语言之公共性的一派分析哲学(以后期维特根斯坦为代表)提供了大展才华的舞台。① 这种看法因袭已久,几成"定论"。但斯宾诺莎会给我们展示出问题更复杂的实情:早期近代哲学固然强调身心作为两种实体或两种属性的差异性,但这并不意味着它那里就一定有了先验哲学深陷其中的或维特根斯坦急欲克服的那种关于封闭性内心的构想。

斯宾诺莎的身心关系论可以简单概括为"同一实体的两种属性"模式下的身心不二论。这就是说,身与心虽然隶属两种不同的属性,二者不可直接沟通,但它们毕竟是对同一个实体的表现,它们都对这个实体开放,并通过它而间接地成为一体。我们的确可以说,在后世更强调有限性的某些思想形态中,当这种实体的实在性失落后,身与心失去了统一的基础,遂断裂为无法沟通的两极,由此更衍生出主体与客体之间的断裂。但我们却不宜以后世的演变反过来责备斯宾诺莎,认为他也主张主客分裂意义上的身心二元论。相反,在他看来,虽然心灵接触与理解的总是事物形式的一面(即思维属性,或者今人常说的事物的"可理解性"或"公共意义"),但这并未使得心灵与身体永隔,因为正如前文说过的,由于形式一面可以按自身的方式完整地表现实体,心灵便可以通过对事物形式一面越来越深入与系统的把握而抵达实体,而由于实体规定了广延与思维在结构与秩序上的一致性,思维便能通过实体的中介把握住身体以及身外之物,这使得我们人的生活世界不会分裂为两个世界。身体通过实体与心灵相统一的道理与此类似,此处不赘。

以上所述为第一方面。第二方面则是他与主张超越性秩序的前现代不同,而与主张内在性秩序的许多近代思想相同的地方:身-实体-心灵这一三元结构是一种功能性的相互支撑关系,换句话说,实体这一根本性中介的地位与身体、心灵两种表现形式的关系之间,又是相互支撑的。斯宾诺莎对

---

① Ernst Tugendhat, *Traditional and Analytical Philosophy*: *Lectures on the Philosophy of Language*, trans. by P. A. Gorner, Cambridge, et. al.: Cambridge University Press, 1982, p. 68.

这种三元结构的探索给我们留下了可能远超出他预料的更多的思想遗产,比如我们甚至可以超出斯宾诺莎主动强调的中介形式(实体作为身体与心灵之间的中介),发现身体或心灵也能在某种次一级的意义上充当另外两者之间的中介,从而塑造三者之间更丰富的关系。这种三角关系究竟从何而来,又如何影响了近现代思想,这是值得当代学者大力发掘的一个问题,本章只进行最初步的一点探讨,权当抛砖引玉。我们先通过实体的中介作用了解身心不二,再分别看看身体与心灵如何充当类似的中介,并反过来塑造斯宾诺莎的整体思想。

斯宾诺莎认为,身心不能直接相互决定,但身心又是同一的,心灵的命令、欲望和身体的决定是同时发生的。[①] "心灵与身体是同一个体,不过一时由思想这个属性,一时由广延这个属性去认识罢了。"[②] 打个不太恰当的比方,就像硬币的两面一样,身体与心灵在斯宾诺莎眼中是一体两面的关系,这两面永远不相见(不直接相互作用),也都无法以自身的方式探知对方的存在(因而我们甚至不能说身体与心灵是直接结合在一起的,而只能通过这个整体来理解它们的结合);但就整枚硬币而言,它某一面的情状(比如弧度、凹凸、硬度等)一定是与另一面的情状相统一的(身心也是如此)[③];而且单就这枚硬币而言(即在我们生活的这个世界内部而言),如果没有了这两面,那个"一体"也就不存在了,这两面也都无法单凭自身便成为一个整体。因而单就我们生活的这个世界内部而言,就像我们完全不必到思想与广延这二者之外去设想某个单独存在的"实体"一样,我们也不必在身体和心灵之外去设想人的存在还有没有什么额外剩余的东西。斯宾诺莎认为,人虽然只能借助身体情状才能知觉外界物体,但这种知觉并不像我们一般想象的那样是人的心灵直接感知到身体的状态,并借此感知到外物,因为一般而言人心并不知道人身,心灵只能认识思想类的东西。心灵若要认识外界事物,得借道于上帝,否则人对外界物体与身体之任意情状就只能有一些错误的想象,而正确的知识即完满的知识并不仅仅是与对象的符合。[④] 真正完满的知识只在上帝中。在这个意义上,我们不能说身体与心灵中的任何一方直接充当了对方的原因,因为它们各属一个独立的秩序链条,比如观念中形式的存在,其原因是上帝,而不是观念所涉及的那个对象。[⑤]

---

① 斯宾诺莎:《伦理学》,第 99、100、103 页。
② 同上书,第 67 页。
③ 比如斯宾诺莎就说过,观念与物凭着上帝而同一。斯宾诺莎:《伦理学》,第 49 页。
④ 同上书,第 70、66、71、72、82 页。
⑤ 同上书,第 48 页。

在此我们不应以前述封闭内心的模式去理解斯宾诺莎。他并不是有意要将我们的身体和灵魂"隔离"开来,更不是鼓励我们闭上眼睛,单凭头脑中纯主观的想法去寻找上帝,通过上帝这个"隘口"之后再跨入外间世界的大门,认为那时人才能真正领略世界的美妙。其实斯宾诺莎并不排除"通过人的身体因感触而起的情状的观念"[①],但那又如何?那样的观念根本算不得圆满的知识。对于熟知古典运思方式的斯宾诺莎来说,关键根本不在于我们偶然生发的感触,而在于思维和广延各自的秩序如何,它们各自的秩序又如何能和谐地共存于同一个世界中。我们不妨以康德为参照来理解这个问题。身体以及外部事物都依照广延的属性,服从康德所谓的自然因果性,如果我们仅仅以自然因果性的方式理解这个世界,我们便无法看到自由的可能性;而心灵最独特的地方不在于它能感知,而在于它能自主地从事对形式之物的理解,而不像自然界事物那样仅仅外在地并列杂处。而理解一定是对可理解的形式的理解,换句话说,它所见到的对象已经不仅仅是单纯的广延或质料,而是事物中的形式了。

以上所讨论的是最根本的中介现象,即上帝成为身体与心灵的中介与根据。虽然斯宾诺莎本就没有封闭内心的想象,因而对他而言根本不存在如何避免这种想象的问题,但对于当代读者而言,了解建立于上述最根本的中介现象之上的两种次一级的中介现象,既有助于避免那种想象,又可以领会斯宾诺莎思想更丰富的面向。下面我们分别讨论身体(以及它所代表的广延之物)和心灵(以及它所代表的思维之物)的中介作用。

实际上斯宾诺莎不仅不主张封闭的内心,还承认外间世界的内容与意义作为形式和内容并不能凭借先验的抽象推理从实体概念本身当中演绎出来,而是取决于广延的物质世界本身的情状,它经过心灵理解后,在极大程度上影响着心灵,而心灵在善恶之间的取舍根本上就是对这些形式与内容的取舍。斯宾诺莎对心灵有相当细致的分疏,对于后世所划分的意志、知识和感情三方面都各有论述。前文中说过,在实践中与我们打交道的许多具体事物的善恶似乎取决于我们主观的好恶,这当然离不开对事物具体规定性的理解,但根本意义上的善恶也并不是直接拥抱或排斥我们心目中构想出来的一位上帝那么简单,它取决于我们对人的本性与事物的自然规律这两个方面的理解,并需要我们在这两个方面之间作一抉择。除了实践智慧之外,斯宾诺莎在知识方面认为每一个个体事物的观念必然包含它所属的种的本质,正确的认识实际上是沿着这个本质的方向除去芜杂的枝蔓,进行抽象概括,知识

[①] 斯宾诺莎:《伦理学》,第 66 页。

同样是对实体的欲求。① 至于人的情感,他认为不能靠知识来克制,因为只有情感才能克制情感。② 可以说意志、知识、情感都是思维属性的不同样式,它们就像思维与广延这两种不同属性一样,是不能直接相互作用的,但它们又有着相同的根据。总体来看,无论思维的哪种样式,都不能通过直接返回内心,抽象地追求实体,而向实体迈进,它们都必须经过外间世界种种事物的形式的洗礼,方可真正达到斯宾诺莎所谓的"对上帝的知识"和"幸福"。

心灵的中介作用则采取另一种路径。世界虽然纷繁复杂,内容无限丰富,但如果没有心灵对于事物的形式进行把握,事物便不会呈现其与实体相通的内在结构,甚至不会显现各自有序的形式规定性,而会成为无序的纯质料(我们实际上从未见过那种状态)。具体事物存在的原因固然包括自然界的规律等具体因素,但实体的完满性(亦即自然规律这种表面秩序背后更根本的内在秩序)才是对它们的真正成全:"完满性不但不取消一物的存在,反倒是肯定它的存在。而没有完满性正足以否定一物的存在;所以我们所最深信不疑的存在,除了绝对无限、绝对完满的存在,即上帝之外,没有别的东西了。"③具体事物固然都有偶然的一面、仅仅可能的一面,但我们之所以如此界定它们,是因为我们的知识还不足以了解这些所谓"偶然""可能"的表面背后真正必然性的秩序,换言之,偶然性和单纯可能性只是相对于我们的知识而言的,并不是就事物本身而言的。④

不可否认,后面这两种中介现象并非斯宾诺莎要作为主题重点表达的思想,只是我们从他对其他主题的讨论中抽引出来的附带结论——但这并不意味着它们不重要。在斯宾诺莎的世界里,人既有作为万物之灵的优越感和能通达终极秩序的自豪感,又如勇士般承担着世事的重任,如苦行僧般经历着感性欲望的考验。

小　结

本章通过展示斯宾诺莎实体学说与当代思想迥然有异的三个特质,显明了这一学说的内在性预设。(1)它在世界的核心之处看到了一套严整的层级体系,这套层级体系以实体与样式之间同时共存的双向动态关系为主要架

---

① 斯宾诺莎:《伦理学》,第85、79页。
② 同上书,第180页。
③ 同上书,第13页。
④ 同上书,第170页。

构,是实体与样式、表现与欲求互为支撑的一种功能结构体。前现代形而上学中的善恶、幸福等超越性要素由于被吸收到这个功能结构体之中而在我们的生活世界中落地生根,而这又反过来强化了世界的内在性,让现代人有一种"生活的真理与根据就在世界中"的信心。这种内在性世界观在斯宾诺莎之后又被进一步强化,直到当代依然在以一种虚无化的形式起作用:真理与根据虽然虚无化了,但无论对世界的希望还是失望,其本身依然运行于世界这个平台上,没有人怀疑世界的内在性本身。(2)心灵与身体(以及它们分别代表的思维之物与广延之物,下同)通过上述同一套秩序与实体相贯通,并通过实体的中介而统一起来。在这种最根本的中介现象的基础上,心灵与身体又各自充当了对方与实体之间的中介。(3)在斯宾诺莎看来,人所理解的这种层级体系就是事物的全部本质——换句话说,理性的呈现能力是无限的。这种无限性由于一种虚幻的信念而愈发巩固了:它以为将终极性秩序因素(实体、至善等)置于个人理智之上,就使得万物各得其所了,而这种设置恰恰是更根本的人类理性的承认活动,换句话说,高于个人理智之上的事物的地位恰恰是以理性的承认活动为前提的,理性才是最根本的。

通过历史的回溯,我们似乎也不难理解斯宾诺莎何以能深深吸引莱布尼茨,何以能通过雅可比的介绍广泛而深入地塑造德国观念论,甚至还能在尼采和德勒兹那里产生回响——根本原因在于,他已经在相当大的程度上为他们埋下了思想的种子。斯宾诺莎关于"一切事物……有秩序地紧密联系在一起竟致没有真空"和"一切事物都是有灵的(animata),不过有着程度的差异罢了"①的思想,分明预示了莱布尼茨的先定和谐说和单子论。他关于"心灵对神的理智的爱,就是神借以爱它自身的爱"的说法②,与谢林、黑格尔的说法何其相似乃尔! 最后,他偶尔也曾明言德性即力量、目的即欲望③,这也足可成为推崇尼采的那批后现代思想者的灵感来源。

---

① 斯宾诺莎:《伦理学》,第 17、56 页。
② 同上书,第 260 页。
③ 同上书,第 171 页。

余论　内在性思想的现代历程

一个人坐在书斋中阅读现今学界流行的种种哲学史叙事,或许会觉得中世纪的晨祷和晚钟离我们实在太远了,因为即便像海德格尔、德里达这些现代思想家,似乎也在当代日新月异的趣味变迁中急速远离我们,遑论中世纪。然而思想的迷误一旦形成,可能会比日常生活中的执着更顽固。当我们漫游于欧洲大大小小的城镇,细心体味人们生活的底色,还是会发现往昔的许多东西沉淀为不易发觉的底色了,尽管西方人自身可能对这些底色漫不经心,甚至颇不以为然。然而作为中国人,我们对那个底色却不可视而不见。

本书只是在近现代内在性世界观的研究方面起了一个微不足道的头。那么库萨之后的内在性世界观应当如何研究?研究库萨的以及一般意义上的内在性世界观对于现时代有什么意义?对于这两个问题,我们在此作一最简略的探讨。

正如笔者在"导论"部分粗略勾勒过的,内在性世界观是早期近代哲学中的一个基本预设,但往往是近代人日用而不知的一种生活背景,并不被哲学家本人拈出来当作一个核心主题来探讨。当我们将视野放大到整个近现代,会发现源自库萨的内在性世界观几乎在迄今为止的整个近现代哲学中都扮演了非常重要的角色。以下试分三个大的阶段论之。

(1)早期近代思想家除了间接受到库萨影响的那几位(见本书第三部分)之外,其余的也都普遍以内在性世界观为不言而喻的思想前提。这个阶段的内在性世界观的主要特征是:思想家们以不明言的方式预设了世界有一种内在的理路,这种理路既先于认识主体及其认识活动,也先于被认识建构起来的所谓"客观对象"而存在,思想家本人并不将这种理路拿出来作为主题进行探讨,因而往往认为自己身处的是与前现代相同的那个世界,所不同者仅仅在于人类将其潜在的理性和自由发挥出来了而已。撇开已经探讨过的三位思想家不谈,我们看看其他人的情形。

在天主教教规尚有极大约束力的15—16世纪,居然会在佛罗伦萨锤炼出马基雅维利这样一位极重君主权力和现世功利,甚至以与此相应的优异品质为"德性"的政治思想家，这不能不说是一个极值得反思的现象。人们或许会以"政治总是现实的"为理由，推说马基雅维利倡导的政治理念不过是他在历史上第一个站出来大胆揭示了古今政治本有的通则而已，甚至反过来将柏拉图、奥古斯丁的政治学斥为"理想化""抽象化"。但这依然不能回答马基雅维利时代何以普遍出现一种现象，即人们安然以权力为德性。如果世界不是人们安居其中并积极营建的家园，现世功利是不可能成为政治的终极尺度的。

在笛卡尔之后，维科批评他关于"清楚明白"的真理标准只是意识的主观标准，而且不满意笛卡尔只通过数学-物理学的认知方法关注自然世界，他自己则提出"创造即是真理"，将研究引向了历史与人文领域。细考维科思路后不难发现，他所谓的"创造"并非上帝创世般从无到有的创造，而是人将他生活于其中的意义世界有序地体验一番。其实从内在性世界观的角度来看，他和笛卡尔所做的工作的实质是相同的：他们都是从理性出发有序地描述世界的合理性结构。

针对欧洲科学与文化误入歧途之后的一些堕落衰败现象，卢梭倡导回到自然，但他实际上并非真的像狄德罗后来讽刺的那样要"四足着地爬行"，因为自然只是他悬设在远方、用于批判现实社会的一种理想图景，他真正重视的依然是社会，而且诉诸个人自由意志构成的共同体（公意）——我们都知道，这种构想后来深深吸引了康德。卢梭之所以提出这种构想，并非出于个人的随意遐想，而是以他对人性的基本信念为前提的：人性中有一种自然向善的目的论结构，因而教育和文化都只需保育襄助这种向善的趋势自然而然生长出来，而非强迫灌输什么道德教条。从这个意义上说，卢梭的政治哲学与他的教育哲学是一体的。人性的这种目的论结构当然是理性可以理解并在生活世界内部助成的。卢梭偶尔也会提到上帝的作用，但就像其他近代思想家那里的情形一样，他提到的上帝所具有的至高地位实际上是以理性的认可为前提的。

弗朗西斯·培根所开启的近代英国经验论则是从人的感性经验的角度出发探索世界的合理性结构的典范。感性经验当然与笛卡尔的我思不同，但二者也有相同之处：它们都是理性主体感到确定的出发点。因而由一个确定的出发点开始逐步而有序地摸索出世界结构而描述之，这也构成了二人共同的方法或路径。尽管在具体结论上双方或有极大的不同，比如经验论决不会接受令笛卡尔感到确定的一些天赋观念，但双方都希望按照确定性的标尺为内在世界画出一幅详尽无遗的结构图或路线图来。从这个意义上看，经验论与大陆哲学之间的裂痕或许并不像人们容易认为的那么大。

（2）相比于早期近代哲学，德国古典哲学有一个鲜明的特征：它开始直面世界问题了。在康德首开端绪之后，世界问题分别在费希特、谢林和黑格尔那里走了一条越来越观念化的道路，晚期谢林才将这个势头扭转过来，开始怀疑理性本身是否真正能触及现实。

康德坚守笛卡尔"第二个沉思"中我思的立场，并认同经验的实在性，他虽然不认为世界是一个可以正面认识的对象，但在将其设定为理念的时候，他实质上已经深度涉及世界问题了，尤其在《判断力批判》考察目的论判断力的部分中，更是构想了世界的整体目的论（而不是某一人群或某一物种的目的论）。这给后来的德国观念论提供了极丰富的思想养分。

费希特早期虽然是一个先验观念论者，主张从先验意识出发看问题，但他的知识学"弹性"很大，这使得他在中后期能多次修改知识学，使得"自我"一步步"扩容"，以至成为存在本身了。这背后的根本原因在于费希特的自我学说为描述事情本身的那种自我设定并由此逐步扩大自身的过程开了一扇门——他后期的存在学说已经可以视作这方面的尝试了。世界的合理性结构不再是像康德那里一样是一次成型的单一层次构造，而是动态的多层立体式结构。在这一点上，虽然谢林和黑格尔经常抨击费希特哲学的先验性，但在客观上而言依然与它有巨大的亲缘性。

谢林自然哲学原本是以在先验主义立场上补足费希特实践哲学的面貌出现的，但它蕴藏的能量也极大，根本原因在于他为德国观念论打开了一个新局面：他真正开始尝试从世界本身出发描述各种现象和意义的生成了。和更重视形式性因素（如精神）的引导作用的黑格尔相比，谢林更强调作为自然的质料性因素的生成作用。当然，与斯宾诺莎类似的是，这个自然决不仅仅是古代那个意义上毫无形式的纯质料状态，而是绝对者的一种变形，它自身内就蕴涵着各种形式的萌芽。谢林思想的另一个特别之处是，它一开始就埋下了近代理性批判的种子。谢林对于完全从理性出发看待世界，即对于追索世界的合理性结构（如黑格尔那里的逻辑学），始终保持了一定距离。这种倾向到了后期尤为明显，以致他公然宣称理性根本无法接触现实。[1] 他自己则主张叙述世界本身源自于上帝的那种潜能实现自身的过程，并考察世界上的各种形式是如何在这个过程中生成的。这一思想当然有相当浓重的基督教底色，但它对近代理性的批判，以及对现实的重视，都被现代哲学继承下去了。

黑格尔提出了近代思想史上最彻底也最细密的合理性世界结构，在这个

---

[1] F. W. J. Schelling, *Philosophie der Offenbarung*, in *Sämmtliche Werke*, 2. Abteilung, 3. Band, J. B. Cotta'scher Verlag, Stuttgart und Augsburg 1858, S. 171.

结构允许的范围内,他对他之前的意识哲学进行了彻底批判,展示出从事情本身出发的必要性。在某种程度上说,黑格尔之于谢林,犹如亚里士多德之于柏拉图,因为谢林的目光更多地投注到整体结构及其转换、跳跃上,他那里的一切因素都急速地向着最终目标汇流,而黑格尔则更细致入微地展示出近代理性在每一个层次上是如何看待事物的,以及这种看待方式有什么局限,在此过程中以思辨的方式展示出这种理性所未曾看到的世界本身的结构。他让我们看到,近代以来的那种在世界上寻找规律和本质的思维,以及在人际关系中直接寻求承认的传统做法,还有以世界为家园以便推行某种合理的科学图景或道德规范的做法,都恰恰不像它们表面宣称的那样是"客观""公正""科学"的知识,而只是人类理性外在化地在世界上攫取它所认可的一张表皮,并以此表皮代表事情本身的自欺之举。无论黑格尔自己提出的思辨理性在现代哲学中受到多大攻击,无论现代生活自认为离黑格尔的体系哲学有多么遥远,只要我们依然身处现代性之中,那么黑格尔对近代理性的反思和批判就永远是有意义的,堪称空前绝后。

(3)正如"导论"中梳理过的,现代哲学的各家尽管对内在性世界采取了各不相同的态度,无论它像尼采、海德格尔那样通过种种方式寻求克服虚无主义之道,还是像德里达、南希等少数激进的后现代主义思想家那样将虚无性视作理所当然的基本情境,它都依然立足于内在性世界这个基点之上。

现代哲学尤喜以传统哲学反叛者的姿态出现,但如果考虑到它的内在性世界观底色,便可发现它所反叛的主要是近代哲学,而对前现代哲学则可能鞭长莫及。或者换句话说,它自以为在批判整个传统哲学的时候,很有可能是将它对近代哲学的印象投射到前现代哲学上去了。比如尼采所谓的"酒神精神"概念之所以引起维拉莫维茨这样的正统古典语文学家的不满,恐怕主要并不是因为希腊文化中找不到酒神一类的精神气质,而是因为尼采不适当地把生命哲学的诉求投射到古代世界去了。而生命哲学本身其实是在现代思想谱系下,在作为对近代理性主义的反叛时才有可能出现的。又比如海德格尔在黑格尔的体系中看到一种他所谓的"存在-神-逻辑机制",便反过来说这种机制一直隐含在西方形而上学史中,只是到黑格尔这里才达到极致。德国有学者便指出,这是不适当的反向投射。① 如果我们不是固执的海德格尔主义者,而是尽量冷静客观地分析比较,就会发现海德格尔的确有将柏拉图以来的整个形而上学史塞入同一个格式化图景中的嫌疑,柏拉图的理

---

① J. Grondin, "Der deutsche Idealismus und Heideggers Verschärfung des Problems der Metaphysik nach *Sein und Zeit*", in H. Seubert(Hrsg.) , *Heideggers Zwiespräch mit dem deutschen Idealismus*, Böhlau Verlag, Köln Weimar Wien 2003, S. 53.

念、亚里士多德的神与隐德来希、奥古斯丁的恩典之神、托马斯由存在的类比所见的上帝,以及斯宾诺莎的内在性实体,是否都可以放在同一种模式之下来理解,这其实是很可疑的。海德格尔毋宁是由于要确立他自己的有限性视域,才将整个形而上学史不适当地格式化了。由是观之,德里达所谓的传统哲学都是"逻各斯中心主义""语音中心主义"的说法,也未尝不可以怀疑。

如果系统地开展这方面的工作,我们的整个近现代哲学史恐怕都要大大改写了。我们在阅读近代和现代这两个时期的哲学著作,思考其中的问题时,至少必须分别注意两个问题:

其一,当我们讨论近代的那些思想主题时,比如主体、我思、理性、知识、信仰、上帝等,一方面不可将其直接与它们在前现代思想谱系中的那些"先驱"等同起来,甚至不宜将这两方直接进行对比;另一方面也不要浮于表面,就事论事地谈论这些主题之间的相互关系,而一定要考虑到内在性世界观这个更根本的整体根据或整体背景,以及这个根据或背景对于这些主题的"改写"或"重置"。这当然不意味着近代的一切都是内在性的,近代同样有超越性因素,就像古代同样有零星的现代性现象一样,但它往往不再具有过往的那种地位了,也不再能代表近代的本质特征,而只是零星地、私人地出现的一些现象。

其二,当我们接触现代思想中的那些主题时,比如意志、此在、身体、现象、他者、话语、踪迹、延异等,不要以为它们与近代以及之前的一切时代之间构成了绝对的断裂,甚至认为这些是以往时代不曾达到的"创新"或"进步"。因为当我们同样将它们放回到内在性世界这个整体根据或整体背景中之后,就会发现它们并不像表面看来的那样是无根据的彻底断裂,而是依附于现代性之上的某种变体形式罢了。依照巴门尼德、芝诺以来的古老智慧,连续性或存在乃是断裂和虚无的前提,现代乃至后现代的那些思想中看似离经叛道的新异思想,其实依然是在近代遗留下来的那个舞台上上演的。

附录　费尔巴哈的内在性物质观
——费尔巴哈与马克思思想关系辨正

关于费尔巴哈和马克思思想的关系①，研究者们最常引用的是《德意志意识形态》中马克思对费尔巴哈的那句经典的批判："当费尔巴哈是一个唯物主义者的时候，历史在他的视野之外；当他去探讨历史的时候，他不是一个唯物主义者。在他那里，唯物主义和历史是彼此完全脱离的。"②也就是说，费尔巴哈的唯物主义不是彻底的唯物主义，或者说不是历史唯物主义，而他的历史观又是唯心主义的。但对于什么是二人眼中的唯物主义，什么又是二人所见的历史，人们却常常从一百多年后才定型的马克思主义原理教材中的教条化模式出发加以解释，这种做法难免失当。笔者认为，有必要重新梳理问题史，将费尔巴哈放在与中世纪上帝观、近代泛神论和德国唯心主义的关系背景下，来考察二人的继承关系与分歧点。

鉴于此，笔者将首先从思想史出发追溯费尔巴哈唯物主义的核心动机，探究费尔巴哈批判旧哲学、创立新哲学的根本旨归，然后澄清马克思和费尔巴哈的新、旧唯物主义的分歧和差异，以期说明马克思究竟在什么意义上认为费尔巴哈的唯物主义依然是不够彻底的和带有唯心论色彩的。

第一节　费尔巴哈的问题意识

人们都知道费尔巴哈强调感性、直观、爱，但是却容易拿教材中"感性-

---

① 或许有读者会对一部研究内在性思想的书为什么以这样一篇讨论费尔巴哈和马克思的思想关联的文章为"附录"感到疑惑，这里需要略加说明。身处青年黑格尔派阵营的费尔巴哈的《未来哲学原理》和《近代哲学史》均以近代哲学的总结者口吻言说，实际上他的学说本身也的确可以算作这种总结的践行。在这个意义上说，将他的质料(物质)概念与奠定近代哲学基本格局的布鲁诺质料学说进行对照是很有意思的，因为他的质料概念展现出内在性世界观在近代末期的一种走向。本书并不从事这种对比，而只是将二者各自呈现出来，供读者自行比照和评判。

② 马克思、恩格斯：《马克思恩格斯选集》第一卷，北京：人民出版社，1995年，第78页。

知性-理性"三步飞跃的模式来衡量他的这些观点,认为费尔巴哈只是抽象地截取了这个模式中占据最低位置的那个"感性",而马克思则全面地讨论了感性、知性、理性三个阶段。这样一来,就完全丢失了费尔巴哈颠覆中世纪以来直到黑格尔为止陷于上帝/绝对者的主体性(即费尔巴哈所谓的"精神""思维")之中的做法,寻求这种主体性之前就已经存在的物质性,进而在此基础上为世界秩序作论证的苦心孤诣,也就看不到马克思究竟继承了费尔巴哈思想的哪个方面。本节打算追溯这个思想史发展过程。

费尔巴哈洞见到,近代哲学,包括黑格尔的唯心主义思辨哲学,都是从中世纪开始的基督教神学发展而来的。近代哲学不是无源之水,而是基督教神学的后裔。诚然,近代哲学的主要趋势表现为"一种反基督教的、反神学的趋向",也就是说,"唯物论的趋向"①,但是,近代哲学所重视的物质,是作为理性思维之对象的物质。近代人对物质的重视,源于对理性的重视,因为"如果没有物质,那么理性就不能刺激思维,就不能给理性以材料,就没有内容"②。而对精神和思维的重视,又与基督教的上帝观是同一枚硬币的两面。也就是说,中世纪以来的基督教上帝观,为后来的近代思想、唯心主义埋下了种子。费尔巴哈认为,中世纪基督教的一神论必然会走向泛神论,也正因此,整个近代哲学都带有泛神论的色彩③,斯宾诺莎的泛神论只是这一路向最突出的表现而已。而近代哲学(尤其是泛神论),由于其内在的自我矛盾,即"物质的感性实体"对"非物质实体"的矛盾,必然会走向泛神论的一个高级发展形态——唯心主义。唯心主义在根本上依然是泛神论的,黑格尔的哲学特别是如此。泛神论与唯心主义的差异只在于:"泛神论站在客观实在论的立场说话,而唯心论站在主观的或唯心论的立场上说话。"④通过对西方思想这一"有神论-泛神论-唯心主义"的发展脉络的思考和梳理,费尔巴哈得出了惊人而深邃的结论:**上帝是唯心主义最初的创始人**。⑤ 可见,费尔巴哈对旧哲学的批判和对他自己的"新哲学"的阐发,是着眼于中世纪基督教神学以来的整个思想流变的,而不是只盯着黑格尔的唯心主义。唯心主义的问题,是基督教神学的必然结果,所以对旧哲学的批判也必须从其根源上着手。

基督教神学中那个作为世界之创造者、维持者以及最终目的的上帝,是一个绝对的主体。在基督教思想中,上帝被设想为一个活生生的人格,他通

---

① 费尔巴哈:《未来哲学原理》,洪谦译,北京:生活·读书·新知三联书店,1955年,第24页。
② 同上书,第28页。
③ 李毓章:《费尔巴哈泛神论理论的特色》,载《云南大学学报》(社会科学版)2009年第2期。
④ 费尔巴哈:《未来哲学原理》,第28页。
⑤ 同上书,第30页。

过自己的意志、精神,将世界从自身中创造出来。上帝是整个世界的开端和原则,世界的物质存在及其秩序性都是上帝之意志的实现。上帝是绝对的主体,因为他是纯粹的主动性和活动性,没有任何事物能够先于上帝而存在,成为上帝的界限。世界的一切存在与秩序,都是上帝的意志与安排的结果,也就是说它们都是上帝之思想和观念的体现,纯粹的精神、思维、观念、理智,就是上帝的本质。物质虽然是上帝的造物,却被排除在上帝的本质之外,也就是说,物质一方面是由上帝的观念规定的,另一方面又不够符合上帝的本质,只有理智的东西才足够符合上帝的本质。(这种物质与后来费尔巴哈那里的物质不同,后者是用来限制上帝的观念性的,处在上帝的观念性之外,而且是自来就有的,没有任何力量能够将它造出来。)在这种框架下,人的一切科学与认识,无非就是对上帝的理智与观念的探索与理解,这是中世纪基督教思想的基本特征。

进入近代,表面看来人们较少讨论上帝,但近代思想基本上还是在为绝对者在世界内部的存在进行辩护①,或者,至少是为那个纯粹思维性的存在("自我"或"我思"等)对物质世界之掌控力量进行辩护。近代泛神论所讨论的绝对者虽不可简单等同于中世纪基督教的上帝,但上帝的主体观念性作为一种看待世界的方式,却流传下来,融贯到整个近代泛神论中了。这种观念性在近代化身成为"实体""理性""绝对精神"等,从而使得世界万物的存在与意义都取决于它在这种主体所设定的整体结构中的地位,而这种整体结构又是人的逻辑与思维所能理解的。这就是近代的种种哲学体系的由来,因为,一个纯粹思维的主体,还只是一个空虚的、想象的主体,它必须现实化为物质和感性的主体,才能表明主体性的真正的、完满的实现。近代哲学,尤其是泛神论,正是这种空虚的有神论的现实化。

费尔巴哈抓住这一点,认为中世纪以来的整个西方思想,都处在人这个主体的思维与精神的管辖范围内,是人的精神与思维赋予了事物以意义。②在他看来,这一思想传统乃是作茧自缚,它没有看到在它之前就已经有物质存在,后者才是事物的本真面貌。费尔巴哈的这一做法,等于将中世纪与近代人认为实在的种种客观秩序全部纳入人的思维成果的范围内了,这样做对他们而言未必公正,因为在西方思想史上,最早只是在笛卡尔与维科那里,人才开始具有"世界万物之意义的审核者"的地位,甚至直到黑格尔,哲学家们都认为自己的思考只是"代行其职",即替事情本身说话。人的确有审核世

---

① 费尔巴哈认为,经验论更关注物质性的存在,是唯物主义的先驱,关于经验论与泛神论的关系,超出了本书的讨论范围,当另作一文讨论。
② 上帝的思维本质,无非是人的思维本质。

界秩序是否合理的义务,世界秩序也只有经过人的承认才可通行,但这并不意味着世界秩序是人的思维的产物。费尔巴哈实际上是强行将前人眼中客观存在的世界秩序压缩到人的思维中了,有对前人眼中的世界秩序进行矮化的嫌疑。

经过这样的改造,费尔巴哈就顺理成章地提出了他的物质观。在介绍这种物质观之前,我们有必要先看看它在古希腊那里的源头。——这种物质观源于古代思想的启发,这一点是经过费尔巴哈本人确认的。他自觉地接受了古代"质料"概念,并以此来建构他自己的自然观。实际上,从概念史的角度来看,德国人所说的"物质"(Materie)正是来源于古代的"质料"(Hyle)概念。他们在翻译古代作品的时候,也是以 Materie 对译 Hyle 的。费尔巴哈是这样解释古代的物质概念的:"思维**以外**存在的东西。"①因为在古希腊人看来,"思维……还不是唯一的,独立的,绝对的实在",物质世界是真实的和有意义的,是值得重视的,而非应受鄙视的。于是,古代哲学家同时是"世间的哲人",也是"生理学家,政治家,动物学家"②。也就是说,古代的物质,不是被纯思维融化或扬弃了的那种现成的、已具有形式的物质,不是被思想主体对象化了那种物质(那样的物质在费尔巴哈看来恰恰是可被思考的,也就是在思维之中的),而是思维与种种现成事物的存在论前提。比如,在亚里士多德那里,质料就是事物赋有形式与外观之前的潜在状态,它既是人的表象与思维不可达到与表现的,却又是事物存在必不可少的开端与前提。他特别重视质料"在思维之前存在"这一关键含义,并将这一含义确定为他的"自然"概念的根本特征。

这样的自然所对抗的,就是费尔巴哈所反对的那种自然,亦即作为思维主体之对象化结果的那种自然,后者的存在、秩序和意义是由一个思维主体赋予的,或者至少必须得到思维主体的审核和认可,才向人显现,才被人所理解,才是"真实"的——而这种所谓的真实,在费尔巴哈看来恰好是虚假和幻象,因为它是如下思维活动的思想后果:真正真实的自然,被思维主体扭曲为一种任思维摆布的幽灵和空虚③,真实的存在在思维中被抽离了一切性质,成为一种臆想出来的存在。费尔巴哈认为,思想对真实自然的这种桎梏和扭曲,尤其表现在黑格尔的泛神论的思辨哲学当中(在前文中我们已经指出,这是费尔巴哈的误解)。而费尔巴哈的自然,则接续了古希腊人对于世界的理解,是最为丰富、本身最具意义的存在之本身。

---

① 费尔巴哈:《未来哲学原理》,第49页,黑体为引者所加。
② 同上。
③ 同上书,第44页。

我们不应把自然当作纯粹理智的敌对者或外在界限，比如有神论中那样使得自然成了无法解释的烫手山芋；也不应把自然视为绝对精神的一个环节，如同近代泛神论一般，以思想的方式把自然还原到精神内部，从而消解自然本身。在这两种情形下，自然都是活动的思维主体必须克服的敌对者，而所谓的自由，正在于摆脱、克服或消解自然。在"新哲学"里，我们面对的是真实的自然，它不是思想的敌对者，不是被思想克服的对象，因此，"在与伦理自由的对立当中去把握自然，是错误的"，"自然仅仅反抗幻想的自由，而不反对理性的自由"①。自然，不仅不是思想的对立者，亦即对象，相反它还是使思想得以可能的前提，"自然不仅建造了胃的秘密作坊，也建造了大脑的庙宇"②。自然自身就是活生生的和有力量的，一切（当然包括人的思想）都从它里面生发出来。这种对自然的理解，正和古希腊人原初的"自然"概念遥相呼应，而自然（physis）在古希腊人那里的含义，就是生长、涌现。

人及其精神，也只是这个自身不断涌现着的自然的一部分，人也正是在自然当中才成其为人。在费尔巴哈看来，哲学"是关于处于其真理与总体性中的现实性之科学"，而"现实性的总概念"（Inbegriff，总体把握）就是自然。③自然，就是世界——包括人在内——的现实性整体，这个总体，不是单个事物的叠加，而毋宁是相互关联的意义总体。它本身就是有秩序、有方向、有目的的，而不是僵死的现成之物的总和。对于这个自身生长着的自然，费尔巴哈充满敬意："最深的秘密在于最简单的自然之物"④，真实的自然，真实的物质，本身就"有绝对的价值"⑤，本身就是"有意义的和合理的"⑥。

我们可以发现，突破精神、走到精神之前的自然，同时又把中世纪以来思想家们所强调的种种精神与观念纳入"人的思维"这个范畴之下，众所周知，在这一点上，马克思和费尔巴哈是一致的，这方面的文献与相应的研究已经有很多，这里就不赘举了。但对于那个自然是什么样的自然，人与自然的关系如何，他们发生了分歧。

---

① Ludwig Feuerbach, *Saemmtliche Werke, zweiter Band, Philosophische Kritiken und Grundsaetze*, Leipzig: Druck und Verlag von Otto Wigand 1846, S. 231-232.
② Ibid., S. 231.
③ Ibid.
④ Ibid., S. 231-232.
⑤ 费尔巴哈：《未来哲学原理》，第 57 页。
⑥ 同上书，第 48 页。

第二节　马克思与费尔巴哈思想差异的核心

马克思哲学和费尔巴哈的一样,也是从批判唯心主义,尤其是从批判黑格尔的哲学体系开始的。新哲学首当其冲的任务,就是必须颠倒旧哲学那种头足倒置的世界观。在这一点上,马克思不仅肯定费尔巴哈的功绩,而且赞誉有加。马克思认为,在费尔巴哈之前的黑格尔批判(施特劳斯、布鲁诺、鲍威尔等),都有意无意地拘泥于黑格尔的思想框架之中,其思想甚至语言都与黑格尔的"毫无区别"。费尔巴哈是"唯一对黑格尔辩证法采取严肃的、批判的态度的人",只有他是"旧哲学的真正克服者"。马克思所列举的费尔巴哈的功绩之一,就在于他创立了真正的"唯物主义"。[①]

我们已经了解,费尔巴哈给"物质"以及与此相关的"自然"概念重新恢复名誉,是以对自基督教有神论以来的整个西方思想发展线索的梳理和批评为基础,并因为接续基督教产生之前古希腊人对于质料和自然的原初理解才得以可能的。费尔巴哈从根源上指出唯心主义的源头——基督教上帝观——的实质无非在于"人把自己的思想特性归于上帝之独一本质"之后,也揭露了唯心主义的实质:把上帝的超越性转变为人的思维的超越性立场,并以此为基础,把现实的自然抽象为单纯的思想物、臆想出来的存在。[②]

针对唯心主义,马克思和费尔巴哈二人都将自己的思想命名为"唯物主义"。但是他们的唯物主义都不是那种被教科书简化和教条化了的"唯物主义",亦即都不主张简单的"物质决定论",即物质决定一切;而是有着改造整个欧洲哲学的宏大构想,在精神之外寻找现实物质生活作为整个哲学乃至人类历史之根基的意图。

费尔巴哈认为,整个西方哲学从基督教有神论开始就走上了一条虚假错误的道路,以致最终导致思维对存在的完全钳制,我们远离或者遗忘了那具有绝对价值的、在思想之前存在的感性存在本身。基督教以来的哲学,其整个关注点都囿于观念和精神所设置的范围内,无法超出主体观念的范围(无论这个主体是作为纯粹理智的上帝,还是被近代哲学视为中心的理性、绝对精神等),无论是上帝还是理性主体的观念和思维,在费尔巴哈看来,根本上都是人类精神与思维的产物(也就是费尔巴哈常说的"人本学")。费尔巴哈

[①] 马克思:《1844年经济学-哲学手稿》,刘丕坤译,北京:人民出版社,1979年,第110—111页。

[②] 费尔巴哈:《未来哲学原理》,第46页。

主张我们必须跳出这种观念性所钳制和渗透的领域,才能触及真正的存在本身。主体的观念性并不像它所自诩的那样,是真正"无前提的"——物质、自然、感性存在就是它的前提。因为物质是原本就已存在的前提,而不是思维主体设立的什么对象。

对于这个真实的存在,最恰当的认识方式是感性、直观和爱,而不是自中世纪晚期和近代以来被视为圭臬的理性。新哲学正是"建立在爱的真理上,感觉的真理上"①,在爱和感觉中,物质、自然、存在本身的真理和意义,就自然而然地直接向我们人显现了。之前被斥为"幻象"的感觉,在新哲学中被视为通向存在之秘密的最佳道路。费尔巴哈宣称,新哲学就是"光明正大的感性哲学"②,真理通过感性就可以被传达,我们的感性向我们传达的就是实际事物本身,而非由感性无法触及的某个超越性本质所支撑着的表象。存在就是"感性的存在""直观的存在""感觉的存在""爱的存在"③,或者反过来说也一样:感性事物即实际事物。④

但是,这里我们切勿以为费尔巴哈是要回到概念之前的神秘主义,像中世纪的神秘主义者那样,在理性和概念之外,基于神秘体验和直观,寻找通往上帝的非思想性道路,主张人要在一种不可用语言表达、因而不可思议的感觉体验中去体悟与上帝融为一体的状态。费尔巴哈当作新哲学之唯一道路的感性和爱,不是与思维相并列并针锋相对的**另一种**认识方式,毋宁说感性是通往真实存在的唯一认识方式,感性所通达的不仅有肉体,还有精神。"一切对象都可以通过感觉而认识"⑤。这个感性不是作为理性之对立面的感性,而是与理性贯通的感性,"如果旧哲学说只有理性的东西才是真实的东西,那么新哲学则说只有人性的东西才是真实的东西、理性的东西"⑥。也就是说,感性不但为理性奠基,还包容了理性,"我们只需要**不将理智**(Verstand)**与感觉**(Sinnen)**分开**,便能在**感性事物**中寻得……精神(Geist)和理性(Vernunft)"⑦。可见费尔巴哈并不反对感性在现实世界的基础上进行自我提升,他反对的只是那种像无源之水一样纯粹作为抽象的思维产物而存在的理智。现实的、生活着的人从来都不单纯是一个抽象的思维主体,而是有灵魂、有肉体的人;这个身心一体的人所感受的世界,就是他真实地生活于、扎

---

① 费尔巴哈:《未来哲学原理》,第59页。
② 同上书,第60页。
③ 同上书,第57页。
④ 同上书,第66页。
⑤ 同上书,第64页。
⑥ 同上书,第74页。
⑦ 同上书,第65页。中译文无黑体,黑体为引者依据德文原文所补加。

根于其中的世界,而不是作为一种在思想中被想象出来的存在而存在的,世界也不对人隐藏自身,而向人展现着其自身方方面面的意义。

很明显,费尔巴哈思想的中心动机,是要在物质这一新基础上重新改造与吸纳以往人们对自然、社会和精神领域的种种认识,或者说在物质基础上将那些认识重新建立起来。这样重新建立起来的认识,就不会再以思维的产物代替物质,而是直接与物质相贯通。他的物质概念并非单纯为了否定以往的文明成果而故作新奇之语,而是为了将以往那些在他看来并不稳固和真实的哲学成果重新奠定于现实生活这个牢固的基础之上。费尔巴哈强调这个概念的目的,从根本上来讲不是为了摧毁,而是为了建设。

然而,马克思进一步洞悉了费尔巴哈唯物主义的不足。正如我们在论文一开始就指出的,在马克思看来,费尔巴哈的唯物主义是非历史性、非社会性、非实践性的,也就是说,当费尔巴哈强调物质、自然以及它们与人之间的感性的、爱的关系的时候,依然是在抽象地看待人与物的关系,尽管费尔巴哈已经跳出了抽象的思想虚构之外,但他所强调的人与物之间的感性、直观、爱等活动,却没有追问人的上述活动的历史性、社会性、实践性,因而仍然是一种幻想出来的、无根基的活动,而不是现实的人的活动,那与人处于上述活动关系中的物质、自然也同样不是现实的自然,而是位于历史真空中的虚构。

固然,费尔巴哈谈到人和人的活动时,也强调社会与实践。首先,他强调共同生活的人群,而不是单个的人。"孤立的、个别的人……都未具备人的本质。人的本质只是包含于团体之中,包含于人与人的统一之中","人性哲学家,是与人共存的人"①。此外,费尔巴哈的哲学在根本上也是一种实践哲学,如他自己所言:"新哲学……本质上具有一种实践倾向,而且是最高意义下的实践倾向。"哲学不是脱离人的现实生活的纯理论,用费尔巴哈的话来说就是,新哲学作为现实生活着的人的哲学,不是"自为的、不关心人的真理",而是"为人的哲学"。

但是,费尔巴哈并未将未来哲学的中心放在人类社会上,而是设计出了一套类似康德先验哲学的哲学,其先验性不再是康德那里观念和理性的先验性,而是物质概念及基于此概念之上的人类生活构想的先验性、非历史性。马克思则与此不同,他一方面强调物质的基础性与决定性,另一方面并不抽象地单独看待物质,而总是在与人的关系、在人与人之间社会关系所处的特定历史阶段的视角下看待物质,并强调必要的时候人可以通过革命改变生产与占有关系,从而推进私有制的解体。也就是说,马克思其实将问题的中心

---

① Ludwig Feuerbach, *Philosophie der Zukunft*, Fr. Frommanns Verlag, Stuttgart 1922, S. 79.

放在了具体的社会历史关系上(国内学者对于这一问题已有相当的关注,并试图在存在论的层面上将问题延伸到马克思主义对当今现实的启示意义上①),缺少这一维度的所谓"实践"还不是真正的实践,依然只是理论活动而已。我们可以从马克思"对物的界定"以及"人与物的关系"两方面来看看马克思的唯物主义在什么意义上突破了费尔巴哈。

首先,物质世界本身不是非历史的、非社会的,我们所生活的世界,不应成为一个"在云霄中固定"的"独立王国"。我们生活于其中的物质世界、自然,不是一个与人无染的纯自然,物质和自然总是与人的一定的活动和生产相关联。在马克思看来,费尔巴哈所谈论的物质世界,不是"人的世界",而是位于人之外的"外部自然界",而且是那个"尚未置于人的统治之下的"、与人无关的自然界,这样的物质和自然不是现实的自然,而是费尔巴哈的思想虚构。马克思在批评这一点时,举了鱼与河水的关系来解释:我们当然可以泛泛地说河水是鱼的本质,是鱼的存在,但是这样的说明是脱离现实的鱼及其存在的。"一旦这条河归工业支配,一旦它被燃料和其他废料污染,河里有轮船行驶,一旦河水被引入只要简单地把水排出去就能使鱼失去生存环境的水渠,这条河的水就不再是鱼的'本质'了"②。这样的与人的活动处于特定关系下的河水,才是真实的河水,才是鱼的现实的生活环境,才是真实的物质和自然。如果我们把马克思关于河水所列举的这些情况当作反常,而把与人的活动无关的河水当作河水的真实存在,就是极大的误解和自欺欺人。也就是说,任何物质、自然都已经与人的现实活动关联着,而不是处在无人的真空中。这就将我们引向了问题的另一个更重要的方面。

其次,从人与物的关系来看,在马克思看来,不但物不是纯净之物,而是与人发生关系的物,就是说物的意义取决于物与人的占有关系,而且更进一步,人对物的占有关系又取决于人与人的关系,而人与人之间的关系更非抽象的,它总是处在人类关系史的某个特定阶段上,这就是社会的历史性,它从根本上决定了人对物的占有的历史性,以及物本身的历史性。也就是说,那个总是与物处在特定关系中的人,也不是抽象的、普遍的、无历史性的人,"人的本质不是单个人所固有的抽象物,在其现实性上,它是一切社会关系的总合"③。马克思认为,费尔巴哈在谈到人的时候,根本没有看到这一点,

---

① 吴晓明:《马克思的存在论革命与通达社会现实的道路》,载《云南大学学报》(社会科学版)2011年第6期。
② 马克思、恩格斯:《德意志意识形态》,见马克思、恩格斯:《马克思恩格斯选集》第一卷,第97—98页。
③ 马克思、恩格斯:《马克思恩格斯选集》第一卷,第56页。

费尔巴哈那里的人是被假定出来的"一种抽象的——孤立的——人的个体",人的本质被理解为"一种内在的、无声的、把许多个人自然地联系起来的普遍性"①。费尔巴哈忽视了人的社会性,人总是"属于一定的社会形式",在一定的社会关系中实际地生活着的人。

社会的人作为真实的人,是马克思的唯物主义的立脚点,成为马克思和费尔巴哈唯物主义的重要分歧。马克思本人对这一点极为看重,他在《关于费尔巴哈的提纲》中说:"旧唯物主义的立脚点是市民社会,新唯物主义的立脚点则是人类社会或社会的人类。"②这里所说的市民社会即是资产阶级的社会,它宣扬的总是普遍的人权、普遍的规律、普遍的法律等,如同费尔巴哈(市民阶级)的唯物主义所重视的物质世界以及生活于其中人们,都是普遍的、没有历史性的一样。马克思认为,资产阶级所宣扬的这种纯而又纯的物质观是不成立的,因为物总是处在社会关系史的某个特定阶段的物,只有这样的物才是现实的物。而且不仅是物,连人本身也不能抽象地看。旧唯物主义立足于市民社会的立场,忽视了或者根本不关心处在特定历史当中人与人之间的真实差别,没有看到私有制和特定生产关系带来的人与人之间的真实的不平等,而奢谈普遍的人的权利、自由等。马克思犀利地指出,根本没有什么抽象的人权和法律,现实的人总是社会的人,也就是说,是从事实际活动的人,是进行(特定)物质生产的人,是处在一定生产关系之下的人。

马克思和费尔巴哈一样,并不是一个以破坏为宗旨的人,他们同样都主张在新的基础上重建以往历史上行之有效的种种必要的秩序,只是他们的基础不一样。费尔巴哈主张在抽象的、先验的自然观的基础上重建人的认识及其种种构造物;而马克思则认为,必须将进行认识的人本身也放在社会关系史的具体阶段上,也就是放在实践中来看:"人的思维是否具有客观的真理性,这不是一个理论的问题,而是一个**实践的**问题。"③

小　结

行文至此,我们就不难理解马克思对费尔巴哈的"非历史性"和"唯心主义"指责了。

马克思所说的费尔巴哈唯物主义的"非历史性",指的是他没有足够重

---

① 马克思、恩格斯:《马克思恩格斯选集》第一卷,第 56 页。
② 同上书,第 57 页。
③ 同上书,第 55 页。

视问题症结之所在——人类社会,即被马克思视为立足点的地方,因而没有在具体人类斗争(阶级冲突)史、社会关系史上来看待物质和自然,而是抽象地、一般性地看待问题。而费尔巴哈的唯心主义,指的并不是费尔巴哈重新退回到他所批判的空的精神性、观念性,而是说费尔巴哈用一些先验的(先于具体人类实践的)一般性构想来看待人、物质以及人与物质的关系。对于马克思而言,物质和人及其相互关系都应该从实践中的社会关系史,以及人类社会的不同发展阶段出发来解释。马克思甚至可以说,费尔巴哈本人这种忽视历史实践的世界观本身,也是资产阶级市民社会的产物。费尔巴哈"停留在理论领域,没有从人们……周围的生活条件来观察人"[①],"在他(引者按:指费尔巴哈)那里,唯物主义和历史是彼此完全脱离的"[②]。正是在这个意义上,马克思认为费尔巴哈重新陷入了唯心主义。

如果说费尔巴哈还主动承袭经验论、斯宾诺莎和谢林的唯物论一面,将自己的学说视作德国观念论的一条出路的话[③],马克思则将自己的学说视作对前此所有哲学的一种反叛。通过考辨马克思对费尔巴哈的两点批判,我们可以获得历史性和唯物主义这两个考察马克思学说的切入口,而马克思哲学作为一种以人类社会为中心的人本主义,其对此前思想史构成的挑战,以及它本身所面临的思想史情境,乃至它的发展过程中将遇到的挑战,或许就更加显明了。

---

① 马克思、恩格斯:《马克思恩格斯选集》第一卷,第77页。
② 同上书,第78页。
③ 以弗兰克(Manfred Frank,著有《德国观念论的出路》)和杨克(Wolfgang Janke,著有《德国观念论的三重完成》)为代表,当前德国学界兴起了一股反思德国观念论之出路的潮流,在此潮流的背景下考察费尔巴哈和马克思的关系,对于思考那个时期德国哲学的发展特征而言,也是很有意义的。

参考文献

一 外文专著

(说明:外文文献除库萨原著外,均按姓氏字母排序。)

(一)库萨原著

(说明:本书对库萨原著文献的参考引用,主要是德国的费利克斯·迈纳出版社于 2002 年出版的拉丁语-德语对照版的《尼古拉·库萨哲学与神学作品集》,此作品集共为四卷本,收录了库萨一生中重要的十一部哲学、神学作品。本书在引用这些作品时,采用库萨研究学界惯例,直接给出作品名和所引用段落的拉丁文编码。不在这部作品集当中的库萨作品,本书在引用时则注出其出版信息和页码。)

A. 拉丁语-德语对照版库萨原著:

Kues, Nikolaus von, *Philosophisch-theologische Werke*, *Lateinisch-deutsch*, Mit einer Einleitung von Karl Bormann, Felix Meiner Verlag, Hamburg 2002.

Band 1:

De docta ignorantia / *Die belehrte Unwissenheit*

Band 2:

De coniecturis / *Mutmaßungen*

Idiota de sapientia / *Der Laie über die Weisheit*

Idiota de mente / *Der Laie über den Geist*

Band 3:

De beryllo / *Über den Beryll*

Tu quis es ⟨De principio⟩ / *Über den Ursprung*

Trialogus de possest / *Dreiergespräch über das Könen-Ist*

Dialogus de ludo globi / *Gespräch über das Globusspiel*

Band 4：

De venatione sapientiae / *Die Jagd nach Weisheit*

Compendium / *Kompendium*

De apice theoriae / *Die höchste Stufe der Betrachtung*

B. 其他版本库萨原著：

1. Cues, Nikolaus von, *Vom verborgenen Gott. De deo abscondito-De quaerendo deum-De filiatione Dei*, Übersetzt und eingeleitet v. E. Bohnenstaedt. 2. durchgesehene Auflage. Verlag von Felix Meiner, Leipzig 1942.

2. Cues, Nikolaus von, *Von Gottes Sehen*, Übersetzt von E. Bohenstaedt. Felix Meiner Verlag, Leipzig 1942.

3. Kues, Nikolaus von, *Vom Nichtanderen*, Übersetzt und mit Einführung und Anmerkungen herausgegeben von Paul Wilper, Felix Meiner Verlag, Hamburg 1987.

4. Cusa, Nicholas of, "A defense of learned ignorance (Apologia doctae ignorantie)", in Jasper Hopkins, *Nicholas of Cusa's Debate with John Wenck, A Translation and an Appraisal of De Ignota Litteratura and Apologia Doctae Ignorantiae*, The Arthur J. Banning Press, Minneapolis 1981.

(二) 外文专著

1. Aristoteles, *Metaphysik*, Nach der Uebersetzung von Hermann Bonitz, bearbeitet von Horst Seidl, Felix MeinerVerlag, Hamburg 1995.

2. Aristotle, *Physis*, Trans. by R. P. Hardie and R. K. Gaye, In *The Complete Works of Aristotle*, Edited by Jonathan Barnes, Princeton University Press, New Jersey 1984.

3. Beierwaltes, Werner, *Denken des Einen, Stuedien zur Neuplationischen Philosophie und ihrer Wirkungsgeschichte*, Vittorio Klostermann Verlag, Frankfurt am Main 1985.

4. Beierwaltes, Werner, *Der verborgene Gott, Cusanus und Dionysius*, Paulinus-Verlag, Trier 1997.

5. Beierwaltes, Werner, *Platonismus im Christentum*, Vittorio Klostermann Verlag, Frankfurt am Main 1998.

6. Benz, Hubert, *Individualität und Subjektivität. Interpretationstendenzen in der Cusanus-Forschung und das Selbstverständnis des Nikolaus von Kues*, Aschen-

dorffsche Verlagsbuchhandlung, Münster 1999.
7. Brentano, Franz, *Geschichte der mittelalterlichen Philosophie im christlichen Abendland*, Felix Meiner Verlag, Hamburg 1980.
8. Brentano, Franz, *Von der mannigfachen Bedeutung des Seienden nach Aristoteles*, Freiburg 1862.
9. Giordano Bruno, Von der Ursache, dem Princip und dem Einen, Aus dem Italienischen übersetzt und mit erläuternden Anmerkungen versehen von Adolf Lasson, Verlag von Georg Weiss, Heidelberg 1889.
10. Brüntrnp, Alfons, *Können und Sein: Der Zusammenhang der Spätschriften des Nikolaus von Kues*, München und Salzburg 1973.
11. Cassirer, Ernst, *Das Erkenntnisproblem in der Philosophie und Wissenschaft der neueren Zeit*, Erster Band. Zweite durchgesehene Auflage, Bruno Cassirer Verlag, Berlin 1911.
12. Cassirer, Ernst, *Individuum und Kosmos in der Philosophie der Renaissance*, Reprograf. Nachdr. Der 1. Aufl. Leipzig, Berlin 1927, 7. unveränd. Aufl. Wissenschaftliche Buchgesellschaft, Darmstadt 1994.
13. Clemens, Franz Jakob, *Giordano Bruno und Nicolaus von Cues*, Eine philosophische Abhandlung, Bonn 1847.
14. Copleston, F. C., *Geschchte der Philosophie im Mittelalter*, Verlag C. H. Beck, München 1976.
15. Dangelmayr, Siegfried, *Gotteserkenntnis und Gottesbegriff in den philosophischen Schriften des Nikolaus von Kues*, Verlag Anton Hain KG, Stuttgart 1969.
16. Falckenberg, *Grundzüge der Philosophie des Nicolaus Cusanus*, Breslau 1880.
17. Feuerbach, Ludwig, *Saemmtliche Werke, zweiter Band. Philosophische Kritiken und Grundsaetze*, Leipzig: Druck und Verlag von Otto Wigand, 1846.
18. Feuerbach, Ludwig, *Philosophie der Zukunft*, Stuttgart: Fr. Frommanns Verlag, 1922.
19. Flasch, Kurt, *Nikolaus von Kues. Geschichte einer Entwicklung, Vorlesungen zur Einführung in seine Philosophie*, Klostermann Verlag, Frankfurt am Main 1998.
20. Gandillac, Maurice de, *Nikolaus von Cues, Stuedien zu seiner Philosophie und philosophischen Weltanschauung*, L. Schwann Verlag, Düsseldorf 1953.
21. Gestrich, Helmut, *Nikolaus von Kues. Leben und Werk im Bild*, Dokumentation in Zusammenarbeit mit der Landesbildstelle Rheinland-Pfalz und der

Cusanus-Gesellschaft Bernkastelkues, Mainz 1990.
22. Halfwassen, Jeans, *Plotin und Neuplatonismus*, Verlag C. H. Beck, München 2004.
23. Heidegger, Martin, *Die Grundbegriffe der antiken Philosophie*, in *Gesamtausgabe* Band 22. Vittorio Klostermann, Frankfurt am Main 1993.
24. Heidegger, Martin, *Geschichte der Philosophie von Thomas von Aquin bis Kant*, in Gesamtausgabe Band 23. Vittorio Klostermann, Frankfurt am Main 2006.
25. Heimsoeth, Heinz, *Die sechs grossen Themen der abendländischen Metaphysik und der Ausgang des Mittelalters*, 3. durchgesehene Auflage. W. Kohlhammer Verlag, Stuttgart 1954.
26. Heinzmann, Richard, *Philosophie des Mittelalters*, *Grundkurs Philosophie*, 7. 2., durchgesehene und ergänzte Auflage. W. Kohlhammer Verlag, Stuuttgart Berlin Köln 1998.
27. Hirschberger, Johannes, *Die Stellung des Nikolaus von Kues in der Entwicklung der deutschen Philosophie*, Franz Steiner Verlag, Wiesbaden 1978.
28. Hoffmann, Ernst, *Das Universum des Nikolaus von Cues*, Sitzungsberichte der Heidelberger Akademie der Wissenschaften, Carl Winters Universitätsbuchhandlung, Heidelberg 1930.
29. Hoffmann, Ernst, *Nikolaus von Cues: Zwei Vorträge*, F. H. Kerle Verlag, Heidelberg 1947.
30. Jacobi, Klaus, *Die Methode der cusanischen Philosophie*, Karl Alber Verlag, Freiburg / München 1969.
31. Kandler, Karl-Hermann, *Nikolaus von Kues*, *Denker zwischen Mittelalter und Neuzeit*, Vandenhoeck und Ruprecht, Goettingen 1995.
32. Kästner, O., *Der Begriff der Entwicklung bei Nikolaus von Kues*, Verlag von A. Siebert, Bern 1896.
33. Kenny, Anthony, *Descartes: A study of his philosophy*, Thoemmes Press, England 1993.
34. Klibansky, Raymond, *Plato's Parmenides in the middle ages and the renaissance: A chapter in the history of Platonic studies*, Reprinted from "Mediaeval and Renaissance Studies", 1. 1941.
35. Koch, Josef, *Die Ars coniecturalis des Nikolaus von Kues*, Westdeutscher Verlag, Köln und Opladen 1956.
36. Koyre, Alexander, *Descartes und die Scholastik*, Bouvier Verlag Herbert

Grundmann, Bonn 1971.

37. Leibniz, *The Monadology and Other Philosophical Writings*, Trans. Robert Latta, etc. , The Clarendon Press, Oxford 1898.

38. Lenz, Joseph, *Die docta ignorantia oder die mystische Gotterserkenntnis des Nikolaus Cusanus in ihren philosophischen Grundlagen.* , C. J. Becker Verlag, Würzburg 1923.

39. McIntyre, J. Lewis, *Giordano Bruno*, Macmillan and Co. , London 1903.

40. Metzke, Erwin, *Coincidentia Oppositorum*, *Gesammelte Studien zur Philosophiegeschichte*, in Forschungen u. Berichte d. Evangelischen Studiengemeinschaft, Bd. 19, hrsg. von K. Gruender, 8. Kap: Nicolaus von Cues und Hegel, Witten/Ruhr 1961.

41. Meurer, Karl, *Die Gotteslehre des Nikolaus von Kues in ihren philosophischen Konsequenzen*, Rheinische Friedrich-Wilhelms-Universität, Bonn 1970.

42. Odebrecht, Rudolf, *Nikolaus von Cues und der deutsche Geist*, *Ein Beitrag zur Geschichte des Irrationalitätsproblems*, Junker und Dünnhaupt Verlag, Berlin 1934.

43. Plotin, *Seele-Geist-Eines: Ennede IV8, V4, V1 und V3*, Griechischer Lesetext und Übersetzung von Richard Harder, in einer Neubearbeitung fortgeführt von Rudolf Beutler und Willy Theiler, eingeleitet, mit Bemerkungen zu Text und Übersetzung und mit bibliographischen Hinweisen versehen von Klaus Kremer, Griechisch-deutsch, Felix Meiner Verlag, Hamburg 1990.

44. Ritter, Heinrich, *Geschichte der neuern Philosophie: Erster Teil*, Friederich Perthes, Hamburg 1850.

45. Ritter, Joachim (Hrsg.), *Historisches Wörterbuch der Philosophie*, Bd. 1, Hrsg. von Joachim Ritter, Karlfried Gründer und Gottfried Gabriel, Basel 1970.

46. Ritter, Joachim (Hrsg.), *Historisches Wörterbuch der Philosophie*, Bd. 4, Karlfried Gründer und Gottfried Gabriel, Basel 1976.

47. Ritter, Joachim (Hrsg.), *Historisches Wörterbuch der Philosophie*, Bd. 11, Karlfried Gründer und Gottfried Gabriel, Basel 2001.

48. Ritter, Joachim, *Docta ignorantia*, *Die Theorie des Nichtwissens bei Nicolaus Cusanus*, Verlag und Druck von B. G. Teubner, Berlin 1927.

49. Rogner, Hildegund, *Die Bewegung des Erkennens und das Sein in der Philosophie des Nikolaus von Kues*, Carl Winter's Universitätsbuchhandlung, Heidel-

berg 1937.

50. Schelling, F. W. J., *Philosophie der Offenbarung*, in *Sämmtliche Werke*, 2. Abteilung, 3. Band, J. B. Cotta'scher Verlag, Stuttgart und Augsburg 1858.

51. Schnarr, Hermann, *Modi essendi. Interpretationen zu den Schriften De docta ignorantia, De conieturis und De venatione sapientiae von Nikolaus von Kues*, Verlag Aschendorff, Münster Westfalen 1973.

52. Schneiderreit, Georg, *Die Einheit in dem System des Nikolaus von Kues*, R. Gaertners Verlagsbuchhanglung, Berlin 1902.

53. Schulz, Walter, *Der Gott der neuzeitlichen Metaphysik*, Verlag Günther Neske Pflingen, Reutlingen 1957.

54. Seidlmayer, Michael, *Humanismus, Mystik und Kunst in der Welt des Mittelalters*, hrsg. v. Josef Koch, E. J. Brill, Leiden-Köln 1953.

55. Stadelmann, Rudolf, *Vom Geist des ausgehenden Mittelalters, Studien zur Geschichte der Weltanschauung von Nicolaus Cusanus bis Sebastian Franck*, Max Niemeyer Verlag, Halle Saale 1929.

56. Stallmach, Josef, *Ineinsfall der Gegensätze und Weisheit des Nichtwissens. Grundzüge der Philosophie des Nikolaus von Kues*, Aschendorffsche Verlagsbuchhandlung, Münster 1989.

57. Stallmach, Josef, *Dynamis und Energeia: Untersuchungen am Werk des Aristoteles zur Problemgeschichte von Möglichkeit und Wirklichkeit*, Verlag Anton Hain KG, Meisenheim am Glan 1959.

58. Überwegs, Friedrich, *Grundriss der Geschichte der Philosophie, Zweiter Teil: Die mittlere oder die patristische und scholastische Zeit*, Königliche Hofbuchhandlung, Berlin 1915.

二 外文文章

1. Beierwaltes, Werner, "Dionysius Areopagites: Ein christlicher Proklos?", in *Platonismus im Christentum*, Vittorio Klostermann Verlag, Frankfurt am Main 1998.

2. Beierwaltes, Werner, "Theophanie: Nicolaus Cusanus und Johannes Scottus Eriugen", in *Nikolaus von Kues in der Geschichte des Platonismus*, hrsg. v. Klaus Reinhardt u. Harald Schwaetzer, S. Roderer-Verlag, Regensburg 2007.

3. Bocken, Inigo, "Konjekturalität und Subjektivität. Einige Anmerkungen zur Position der Geistphilosophie des Nicolaus Cusanus in der neuzeitlichen Philsophiegeschichte", in *Nicolaus Cusanus: Perspektiven seiner Geistphilosophie*, hrsg. v. Harald Schwaetzer. Roderer Verlag, Regensburg 2003.
4. Colomer, Eusebio, "Die Erkenntnismetaphysik des Nikolaus von Kues im Himblick auf die Möglichkeit der Gotteserkenntnis", in *Nikolaus von Kues in der Geschichte des Erkenntnisproblems*, MFCG 11. Matthias Grünewald Verlag, Mainz 1975.
5. Gadamer, Hans-Georg, "Epilog", in *Nicolaus Cusanus: Perspektiven seiner Geistphilosophie*, hrsg. v. Harald Schwaetzer, Roderer Verlag, Regensburg 2003.
6. Gandillac, Maurice de, "Nikolaus von Kues zwischen Plato und Hegel", in *Nikolaus von Kues in der Geschichte des Erkenntnisproblems*, Mitteilungen und Forschungsbeiträge der Cusanus-Gesellschaft 11. Matthias-Grünewald-Verlag. Mainz 1975.
7. Grondin, J., "Der deutsche Idealismus und Heideggers Verschärfung des Problems der Metaphysik nach *Sein und Zeit*", in H. Seubert (Hrsg.), *Heideggers Zwiespräch mit dem deutschen Idealismus*, Böhlau Verlag, Köln Weimar Wien 2003.
8. Kenny, Anthony, "The Cartesian circle and the eternal truths", in *The Journal of Philosophy*, Vol. 67, 1970, No. 19.
9. Rudolf Haubst, "Nikolaus von Kues und die analogia entis", in *Die Metaphysik im Mittelalter. Ihr Ursprung und ihre Bedeutung*. Hrsg. v. Paul Wilpert. Walter de Gruyter, Berlin 1963.
10. Hoffmann, Ernst, "Die Vorgeschichte der Cusanischen Coincidentia oppositorum", in *Über den Beryll*, Verlag von Felix Meiner, Leipzig 1938.
11. Hoffmann, Ernst, "Nikolaus von Kues als Philosoph", Gleitwort zu: Nikolaus von Kues, *Der Laie über den Geist*, Felix Meiner Verlag, Leipzig 1936.
12. Moran, Dermot, "Nicholas of Cusa (1401-1464): Platonism at the Dawn of Modernity", in D. Hedley and S. Hutton (eds.), *Platonism at the Origins of Modernity: Studies on Platonism and Early Modern Philosophy*, Springer 2008.
13. Ritter, Joachim, "Die Stellung des Nikolaus von Cues in der Philosophiegeschichte. Grundsätzliche Probleme der neueren Cusanus-Forschung", in *Blätter für Deutsche Philosophie*, *Zeitschrift der Deutschen Philosophischen Gesellschaft*, Hrsg. v. Heinz Heimsoeth, Band 13, Junker und Dünnhaupt Ver-

lag, Berlin 1939/1940.
14. Stallmach, Josef, "Geist als Einheit und Andersheit. Die Noologie des Cusanus in *De coniecturis* und *De quaerendo deum*", in *Nikolaus von Kues in der Geschichte des Erkenntnisproblems*, MFCG 11. Matthias-Grünewald-Verlag, Mainz 1975.
15. Stallmach, Josef, "Sein und das Können-selbst bei Nikolaus von Cues", in *Parusia-Studien zur Philsophie Platons und zur Problemgeschichte des Platonismus*, Hrsg. v. Kurt Flasch. Minerva GmbH, Frankfurt 1965.
16. Treusch, Ulrike, "Nicolaus Cusanus und Aspekete nonastischer Theologie", in *Nicolaus Cusanus: Perspektiven seiner Geistphilosophie*, hrsg. v. Harald Schwaetzer. Roderer Verlag, Regensburg 2003.
17. Tugendhat, Ernst, *Traditional and analytical philosophy: Lectures on the philosophy of language*, trans. by P. A. Gorner, Cambridge, et. al.: Cambridge University Press, 1982.
18. Vries S. J., Josef de, "Zur aristotelischi-scholastischen Problematik von Materie und Form", in *Scholastik: Virteljahresschrift für Theologie und Philosophie*, XXXII. Jahrgang. Verlag Herder, Freiburg 1957.
19. Wenck, John, "On Unknown Learning (De Ignota Litteratura)", in Jasper Hopkins, *Nicholas of Cusa's Debate with John Wenck. A Translation and an Appraisal of De Ignota Litteratura and Apologia Doctae Ignorantiae*, The Arthur J. Banning Press, Minneapolis 1981.
20. Wilpert, Paul, "Das Problem der coincidentia oppositorum in der Philosophie des Nikolaus von Kues", in *Humanismus, Mystik und Kunst in der Welt des Mittelalters*, Hrsg. v. Josef Koch. E. J. Brill, Leiden-Köln 1953.
21. Yang Hongsheng, "Die Nikolaus von Kues-Forschung in der Volksrepublik China, Ein Forschungsüberblick", in *Litterae Cusanae*, Band 8, Heft1. 2008, S. 13-18.

三　中文专著与中文译著

（说明：中文文献按姓氏拼音排序。）

1. 奥古斯丁：《忏悔录》，周士良译，北京：商务印书馆，1963年。

2. 奥古斯丁:《论自由意志——奥古斯丁对话录二篇》,成官泯译,上海:上海人民出版社,2010 年。
3. 布鲁诺:《论原因、本原与太一》,汤侠声译,北京:商务印书馆,1984 年。
4. 笛卡尔:《第一哲学沉思集》,庞景仁译,北京:商务印书馆,1986 年。
5. 费尔巴哈:《未来哲学原理》,洪谦译,北京:生活·读书·新知三联书店,1955 年。
6. 康德:《纯粹理性批判》,邓晓芒译,北京:人民出版社,2004 年。
7. 库萨的尼古拉:《论有学识的无知》,尹大贻、朱新民译,北京:商务印书馆,1997 年。
8. 莱布尼茨:《人类理智新论》,陈修斋译,北京:商务印书馆,1982 年。
9. 莱布尼茨:《神义论》,朱雁冰译,北京:生活·读书·新知三联书店,2007 年。
10. 李秋零:《上帝·宇宙·人》,北京:中国人民大学出版社,1992 年。
11. 马克思:《1844 年经济学-哲学手稿》,刘丕坤译,北京:人民出版社,1979 年。
12. 马克思、恩格斯:《马克思恩格斯选集》第一卷,北京:人民出版社,1995 年。
13. 尼古拉·库萨:《论隐秘的上帝》,李秋零译,北京:生活·读书·新知三联书店,1996 年。
14. 斯宾诺莎:《伦理学》,贺麟译,北京:商务印书馆,1997 年。
15. 唐逸:《理性与信仰:西方中世纪哲学思想》,桂林:广西师范大学出版社,2005 年。
16. 赵敦华:《基督教哲学 1500 年》,北京:人民出版社,1994 年。

四　中文文章

1. 雷思温:《笛卡尔永恒真理创造学说的内在悖论》,载《世界哲学》2015 年第 3 期。
2. 李华:《我思、上帝与世界——论"笛卡尔循环"的内在性根据》,载《云南大学学报》(社会科学版)2015 年第 6 期。
3. 李猛:《笛卡儿论永恒真理的创造》,载《哲学门》2009 年第 1 期。
4. 李毓章:《费尔巴哈泛神论理论的特色》,载《云南大学学报》(社会科学版)2009 年第 2 期。

5. 吴晓明:《马克思的存在论革命与通达社会现实的道路》,载《云南大学学报》(社会科学版)2011年第6期。
6. 杨俊:《论库萨的尼古拉的否定神学思想》,载《学理论》(2009年32期),哈尔滨:哈尔滨市社会科学院,2009年。
7. 尹大贻:《库萨的尼古拉》,载钟宇人、余丽嫦编:《西方著名哲学家评传》第三卷,济南:山东人民出版社,1984年。